基辛格传

他为美国利益代言

沈剑锋 编著

世界知识出版社

图书在版编目（CIP）数据

基辛格传：他为美国利益代言 / 沈剑锋编著．——
北京：世界知识出版社，2016.1
ISBN 978-7-5012-5143-8

Ⅰ．①基… Ⅱ．①沈… Ⅲ．①基辛格，H.A.- 传记
Ⅳ．① K837.127=6

中国版本图书馆 CIP 数据核字（2016）第 025223 号

责任编辑 龚玲琳 张 萱
责任出版 赵 玥
责任校对 马莉娜

书　　名 **基辛格传：他为美国利益代言**
Jixingezhuan: Tawei Meiguo Liyi Daiyan

作　　者 沈剑锋

出版发行 世界知识出版社
地址邮编 北京市东城区干面胡同 51 号（100010）
网　　址 www.ishizhi.cn
电　　话 010-65265923（发行） 010-85119023（邮购）
经　　销 新华书店
印　　刷 北京市媛明印刷厂
开本印张 710×1000 毫米 1/16 20 印张
字　　数 324 千字
版次印次 2016 年 4 月第 1 版 2016 年 4 月第 1 次印刷
标准书号 ISBN 978-7-5012-5143-8
定　　价 39.80 元

目录

CONTENTS

第三章 “老男孩”的哈佛学生时代

第四章 初涉政界的“哈佛政治家”

第五章 空降白宫：基尼组合

第六章 期望帮助美国走出困境——初涉越南战事

第七章 坦然面对日益胶着的越战态势

第八章 帮助美国摆脱越战泥沼

第九章 中美关系划时代的奠基人

第十章 斡旋第四次中东战争

第十一章　基辛格的非洲新战场

第十二章　“超级国务卿”的沉浮人生

第十三章 在权力边缘徘徊的基辛格

ORDER

序

基辛格，世界名人也。他是美国外交界的佼佼者，中国人民尊敬的老朋友。阅读基辛格传，对了解美国、中美关系和基辛格关于世界格局、国际问题的阐述大有裨益。

他是一位出生于德国的美国犹太人、哈佛大学博士、教授，原美国国家安全顾问，先后担任尼克松政府、福特政府的国务卿，是20世纪美国最著名的外交家、国际问题专家，与越南人黎德寿一起荣获1973年诺贝尔和平奖。不管是从其跌宕起伏的人生经历，还是从其堪称神秘且辉煌的政治生涯；不管从美国政治家的角度，还是从国际政治家的角度；不管是从其对美国政治影响的角度，还是从其对世界格局影响的角度，基辛格都是不可不提的重量级政治人物。

为名人写传，难；为中国人民耳熟能详的名人写传，更难。但作者冲破道道难关，以独特的笔法，标新立异，突出基辛格的三奇，写出了一位具有立体感的人物。

第一奇是立意奇特。给政治人物立传，尤其是给“立功立德立言”的伟大的外交家基辛格立传，其出发点自然是花大篇幅来写基辛格的政治生涯，突显其政治功绩。

研究基辛格的书籍虽然难说是汗牛充栋，但也是不可胜数。其中，大多数要么以基辛格的政治理念入手，要么以其政治谋略入手，来阐述基辛格的外交传奇故事。但是，本书作者似乎不满足于此。他并没有将基辛格捧上神坛，而是以基辛格的传奇人生为主线，以奋斗为主题，描写基辛格由犹太难民一步步荣登美国国务卿宝座，在美国政坛上、世界格局中纵横捭阖的故事。

我们都知道，基辛格是美国第一个犹太人出身的国务卿，是美国第一个兼任总统国家安全事务助理的国务卿，是“二战”后第一个由学者而非将军、政客或律师而担任国务卿要职的人。如果说，有些书籍只从基辛格成功的角度去写基辛格如何成功，该书内容却恰好相反，基辛格如何修炼自己，进而一步步走向成功的。可以说，本书不但写基辛格的传奇的政治故事，更是写出基辛格成功的人生历程，有极为明显的励志作用。

第二奇是文风奇特。给政治家立传，严肃、客观是文风的主旋律，甚至是唯一的旋律。但是，本书作者似乎却反其道而行之，在阅读此书过程中，几乎感觉不到政治的枯燥，不会有政治说教的味道，不会感觉外交的“杂乱无章”，相反，阅读政治似乎成了一种享受，作者用通俗易懂的语言，行云流水的话语，将基辛格平凡却又非凡的人生故事娓娓道来。更值得一提的是，作者并没有因为采用通俗的写作文风而流于俗气，而是在尊重历史、严肃佐证历史史料的情况下，在当严肃处严肃，在可以诙谐时诙谐。严肃写作方面，以尼克松访华时中方派出的欢迎团队人数问题为例子，基辛格在《白宫回忆录》中记载为350人左右（有中方相关人员回忆录记载为500人），很明显，作者是有权衡的、较为谨慎的，采用了约数的用法，而在双方谈判等重要场合，作者亦非常严肃地处理。诙谐写作方面，以基辛格开展神秘外交活动细节为例子，作者写基辛格与法国名人到小餐馆吃饭就显得诙谐有趣。

第三奇是内容奇特。首先，将基辛格的人生经历与美国梦结合起来。作者在写基辛格的人生传奇时，并不是单纯地写其人其事，而是将基辛格的人生放到世界大环境中去，通过大环境的变化、影响与个人的努力相互起作用来反映基辛格的传奇经历，进而呈现个人梦想的实现与国家梦想融为一体的主题。其次，历史感突出，作者在写历史事件时，都会注意历史横向与纵向，在细节处理上突显功力。比如写中美破冰之旅，作者花费了一些笔墨来梳理中华人民共和国建国初期至20世纪70年代的外交情况，比如“艾奇逊三原则”，比如中华人民共和国最高领导人毛泽东在天安门与美国人埃德加·斯诺夫妇亲切交谈等。如此一来，读者更能够真切地体会到“小球转动大球”的历史意义。又如，在写基辛格处理中东事件问题上，作者不惜笔墨，描述美国在中东的外交政策历史演变，重点阐述了尼克松时期，美国对中东的政策经历了对等平衡到威慑平衡再到对等平衡的转换过程，有助于读者理解基辛格在中东问题上的所作所为，尤其是有助于读者理解当代美国在中东的所作所为。又如，在写基辛格处理非洲事务时，作者腾出一小块篇幅，简单地介绍非洲的资源情况，从纵向简短地介绍苏联和欧美在“二战”后期在非洲明争暗斗的情况，如此，可以既可以让国人摒除对非洲的一些偏见（脏穷乱之地），又让读者更好地理解基辛格提出“新非洲战略”的意义。……

作者虽然尽量保持客观的态度来写作，但是，对基辛格的褒奖过多，而写其过失或者缺点较少。虽然基辛格是美国政治“常青藤”，是享誉世界的外交家，但是并非每个美国人都对他赞誉有加，相反，反对基辛格的人也为数不少，比如有人指责他为美国历来掌权者中“最危险的人”，说他的外交是“踩钢丝表演”，像“唐·吉诃德骑马持矛去刺风车”一样的徒劳。

基辛格对美国政局和世界格局的巨大影响力是毋庸置疑的。虽然基辛格在美国核心高层的时间不长，但是他却将他的政治理念贯穿到了美国政局与世界政局中去，影响了美国与世界的格局，也影响了中国。

作为一个现实主义外交家，基辛格为了缓解美国的战略颓势，需要中国，用他的话来说就是：“美国打开中国大门的动机是为了走出越南战争的阵痛和冷战的不祥阴影，给美国人民展现一幅和平前景。”

1971 年，基辛格作为尼克松总统秘密特使访华，这是他在中美外交中最为浓墨重彩的一笔。他前后十余次来华，多次和中华人民共和国高层领导毛泽东、周恩来、邓小平深入探讨中美关系与国际格局，并在 1972 年中美会谈中担任极为重要的角色。

中美建交后，虽然基辛格已经不在美国政府担任握有实权的要职，但是他对中美关系的影响依旧存在。几十年来，基辛格访华的次数多达数十次。2015 年 10 月 31 日，92 岁的美国前国务卿基辛格再次来到北京，站到“世界秩序与中国的角色——2015 京城国际论坛”的讲台上，对中国所取得的成就赞赏有加。

对于中美关系的未来，基辛格如是说：“当新世纪开始时，中国与美国之间的关系完全能够决定我们的后代是生活在一个比 20 世纪更糟的混乱状态，还是见证一个与普世的和平、进步渴望相一致的新的世界秩序。”

马克思有一句名言：“哲学家们只是用不同的方式解释世界，而问题在于改变世界。”在我看来，基辛格是一个既能解释世界，又能改变世界的历史伟人。他用自己的经历证明了这一点。

作者思路清晰，逻辑性强。文中史料翔实，内容丰富。此书具有很强的知识性、趣味性、可读性，是一本值得一读的好书。

2016年2月于北京

中国前驻也门、叙利亚大使，中国作家协会会员

世界知识出版社前总编辑

时延春

PREAMBLE

卷首语

基辛格：为政治而生

亨利·阿尔弗雷德·基辛格，一个享誉世界的、举足轻重的大腕级政治家。放眼全球政局，放眼这个强势的外交世界，毫不夸张地说，在已经过去的半个多世纪中，基辛格无论在朝还是在野，他的一举一动都深深浅浅地影响着美国的外交政策，或者说，在当今世界的政治格局中，基辛格的身影无处不在。

二战后，欧洲衰落，美苏崛起。美苏两国争夺霸权，全球政治格局进入长达几十年的“冷战”时期。20世纪40年代到60年代，可谓是美国在“冷战”中的黄金时期，但自20世纪70年代后，美国内外受困，面临着丢失超级大国地位的危险——美国不但经济发展缓慢，出现了滞胀的危机，更是身陷越南战争（文中简称“越战”）泥潭不能自拔。在外交上，美国不仅要应对老对手苏联大搞军事竞争、插手中东及非洲事务、进行咄咄逼人的政治布局，还得应付欧洲盟国。除此之外，亚太盟国日本走出二战阴霾，元气逐步复原，也不再唯美国马首是瞻。

就在这个时候，尼克松总统上台，基辛格被邀加盟尼克松的智囊团，自此，基辛格开始了他在朝为臣的外交家生涯。

追求美国民主的基辛格，喜欢撇开美国民主制度，搞神秘政治活动。他接受尼克松的邀请，进入白宫担任总统助理，并兼任国家安全委员会主任。他与尼克松搞起神秘的政治活动，因大权在握，很多时候秘密行事，将国务院和其他机构撇在一边，以至于许多美国政客及一些著名记者对他大加挞伐。

他看重美国信誉，却更倾心美国利益。在他担任白宫高职期间，他开口闭口就是，美国应该讲信誉，维护世界和平。然而，在越战问题上，他与尼克松却秘密扩大东南亚战争，仅仅是力求体面结束战争。

……

基辛格的政治眼光是毒辣的，他认为未来的全球政治将会是多元化格局，出现多个力量中心，而美国却抱着全面战争的心态，不能与时俱进。于是，他采取了均势外交政策，运用有限战争，以外交手段为主，实施全球战略计划，即缓和苏联，和好中国，结束越战，维稳中东，软化非洲……基辛格的一系列政治布局，使处于相对外交劣势的美国转危为安，继续维持了美国在全球的优势政治地位。到了后来，正如基辛格当初预测的那样，苏联解体了，“冷战”结束了，世界政治格局呈现多元化的发展趋势。

时至今日，不管基辛格式的外交政策遭受着世人的何种褒贬，但却没人质疑基辛格是一个有着纵横捭阖高超本领的政治家，也断不会有人质疑基辛格力挽狂澜、为保住美国超级大国的位置所做出的重大贡献。

即便离开政坛三十多年了，基辛格依旧以他奇妙的方式来牵引公众的想象力，影响着美国和美国的外交政策，并继续施行“基辛格式”的全球战略。

基辛格光荣“解甲”后，仍频频参与政治活动。退休后，基辛格并不甘心就此离开政治权力中心，而是积极从事各种政治活动，继续他的辉煌人生。按照他自己所说的便是“权力是最好的春药”。他先后在卡特、里根、布什父子等执政期间担任政府高职，效力政府。与此同时，他撰写时事评论、书籍，时而影响美国高层决策，时而影响美国公众的想象力。

从事政治活动的同时，基辛格还投身商业。他开设咨询公司，从事商业活动。他凭借广阔的人脉资源及其政治光环，给美国大公司提供政策咨询和国际形势报告，获得了巨额财富，根据相关报告，他年收入高达八百万美元。

简而言之，基辛格不仅是全球最负盛名的外交政策专家，也是全球私营企业和政治领导人推崇的顾问。

当然，这样一个传奇的人物，必定有着不一般的传奇经历。如他居高位时，便绯闻不断。虽然说，没有绯闻的名人不是名人，但这句话对政治家来说是致命的，尤其是猎艳绯闻。基辛格担任政府要职，却常常与好莱坞艳星和社会名流艳妇交往，关系密切，有时候甚至公开交往。一般而言，政客会因为绯闻而下台，可他却不仅没有下台，反而因为绯闻而声名远扬。

当然，对于一位外交教父级的人物，深究他本人的风流艳史似乎过于吹毛求疵了。不过，基辛格的成长历程——如何由一个犹太难民成为哈佛教授明星，进而荣登超级大国国务卿宝座——都是追溯基辛格暴躁、自我的独特性格，利欲熏心的政治野心，独具一格政治理念形成的根本。

当世人都将心思着重放在基辛格走过的政治道路及其政治功绩时，也许我们还该感叹基辛格的血统——美国国籍的德国裔犹太人。近代欧洲反犹运动此起彼伏，声势高涨，德国更是走上极端，将反犹运动推向了高潮——种族灭绝。基辛格一家被祖国抛弃，面对生与死的抉择，他不得不流亡美国。于是，基辛格在自由女神像下宣誓，成为美国公民。

在美国，基辛格参军入伍，还一度随军队开赴德国，治理德国城市。基辛格还是哈佛高才生。不过，谁也无法想象，作为美国影响力最大的国务卿之一的基辛格，在大学时却是个书呆子，整天只知扎身书海，尽管学习成绩名列前茅，但是他的业余生活却一团糟糕，他既不参加校园社团活动，也不与同学朋友来往，毫无外交家的气场。

其实，基辛格的内心是渴望政治权力的。所以，尽管后来基辛格成为了哈佛大学教授，著书研究，颇有名气，但是，他却不遗余力想方设法靠近高官政要，结识名流，等待机会进入白宫，跻身政治权力中心。

也是时势造英雄，基辛格终于迎来了他的时代，这样就有了英雄造时势的后话。如今，因为基辛格全球战略而产生的印巴问题、中东问题、非洲问题悬而未决，世界虽然沿着多元化方向发展，却动荡不安。而这一切，都与基辛格有着很大关系。

基辛格有着这样的哲学观点——“伟人可以创造历史”，而事实上，基辛格在国际政治舞台上的一举一动也在检验着他的哲学观点。一言以蔽之，至今，基辛格的全球战略还深刻影响着当代世界的政治格局。

第一章 犹太难民避难华盛顿

秩序是起点，秩序本身就能带来自由。

——梅特涅

成长于德国犹太之家

我们的主人公基辛格是伟大的，这点是绝对的，也是毋庸置疑的。但是，他是如何缔造了属于他自己又属于世界的基辛格传奇的呢？

很多作家、学者都在探究基辛格的成长历程，但是却很少有人重视基辛格的出生地和种族身份。之所以如此不重视基辛格的出生地，一是因为基辛格的出生地太普通了，它的平凡跟基辛格的辉煌相比实在是黯然失色。二是这个地方是基辛格童年噩梦的地方，提它似乎不合适。三是英雄不问出处的传统，于是还是不提或者少提。之所以不重视基辛格的种族身份，是因为举世皆知犹太人是世界上最聪明的民族之一，重不重视无所谓。

但是，事实上，人是环境和社会的产物。不关注一个人所生存的环境与种族身份，则难以真正了解一个人，对基辛格也是一样。他的成功不但跟乱世有关，更与其出生地和种族身份有关。可以说，没有基辛格的出生地与种族身份的存在，便不会有我们所知道的世界最伟大的外交家之——基辛格。

所以，我们的故事不从基辛格呱呱落地那一刻开始，而是从其出生地和种族身份说起。虽然基辛格是美国人，但他和为数不少的美国人一样都出生在欧洲，即他的根在欧洲。基辛格的故乡在德国的一个小地方——费尔特。

这个地方太平凡了，平凡得如果我们不拿出德国地图眯着眼睛仔细查找，可能都找不到。它既没有刘邦的出生地有天子气，没有诸葛亮卧龙岗为世人所知，也没有纽约那样号称“世界之都”的名气。

它太不起眼了，面积仅有63.35平方公里，在德国357021平方公里领土中几乎可以忽略不计；它太普通了，不像有些小城市有名气，不如宗教圣地耶路撒冷那样驰名天下，不如陶瓷名地景德镇那般海内皆知。它跟世界上无数的小城市一样默默无闻。

它是被世界遗忘的一个地方。但是，遗忘不代表不存在，不代表它没有价值。这个小小的地方书写着几千年的历史，记录着人们的生活，酸甜苦辣，悲欢离合，甚至是盛衰际遇，在千年发展中，它缔造了自己的特色。其中最有特色的便是当地的犹太人。

犹太人是世界上最为著名的种族之一，其所取得的成绩是举世瞩目的。

首先，犹太人创造了举世无双的希伯来文化，该文化成为西方两大文明之一，影响了西方文明的发展。举个例子，犹太教由犹太民族宗教转变成基督教成为国际性宗教，影响了欧洲文明的进程。

其次，犹太人经商能力众所皆知。有人曾说：世界的财富在美国人兜里，而美国人的财富在犹太人的脑子里。这并非是玩笑话。据说，在全世界最有钱的企业家中，犹太人占了一半，如，比尔·盖茨、格林斯潘、索罗斯、巴菲特等。虽然他们的人口仅占世界总人口的0.3%，但他们却操纵着世界经济的杠杆。

再次，犹太人中出了无数的名人，涉及各个行业。如果仅以诺贝尔奖获得者来算，在全世界700多位诺贝尔奖获得者中，犹太人就占了100多位。

最后，犹太人影响了世界格局。犹太人依靠着乌托邦的信念，在毫无希望的情况下奇迹般地创造了以色列国家。它是中东当之无愧的军事帝国，影响了中东格局，而美国犹太人则因为掌握财政大权而影响美国的内政外交……

可是，辉煌的背后是数不尽的痛苦。可以说，犹太人的生活史就是血淋淋的生存史。在国际环境、生存环境极为恶劣的情况下，他们艰难地生存了下来。在恶劣的环境中，他们练就了与众不同的民族性格。

只要我们去了解犹太人，不难发现，他们身上具备了无数的优秀品质：智慧、忍耐、勤劳、冒险、自信、主动、专注、不服输、永不放弃、冒险、创新等。几乎所有人类的优秀品质在犹太人身上都能够找到。

事实上，这些优秀品质一代代地流传下来，影响了犹太人后代子孙。当然，也包括我们的主人公基辛格。可以说，没有犹太人的这些优秀品质就没有我们的主人公基辛格。

公元10世纪左右，犹太人踏进了巴伐利亚地区。当时，当地的统治者大搞宗教建设，但是，宗教建设既需要大量的金钱也需要无数的人力。鉴于资源有限，当地统治者便决定招商引资。他们规定：只要有钱、有手艺的人，不分种族都可以在当地“落户”。

政策有吸引力，没多久，犹太人便蜂拥而至。在这里，他们出钱出力，在为当地建设做出了突出贡献的同时也积累了不少财富。对此，当地统治者非常满意，便下令保护他们。于是，犹太人便在这里住了下来。不过，这种保护却是带有偏见的，所谓保护就是不拿犹太人当居民。

俗话说，有钱能使鬼推磨，有钱能通神，只要舍得花钱，买个当地的“居民证”还不容易吗？但是在这里，钱似乎不起任何作用。因为，在当地统治者看来，虽然钱在犹太人手里，但是犹太人都在自己的辖区，只要自己愿意，随时都可以得到钱，何必要给他们“居民证”呢？

1276 年，当地政府与民众发起了声势浩大的反犹运动。他们不仅打砸抢犹太人开的商店，冲击犹太人的房子，歧视犹太人，甚至还杀害犹太人。后来，为了跟西班牙打仗，当地政府又鼓励犹太人回来“效力”，犹太人再次回归。

在这种反反复复的反犹运动中，犹太人饱经磨难，损失惨重。但是，在这种反复的运动中，犹太人形成了战战兢兢、如履薄冰且又与当地统治者融合的文化。只是，自始至终，他们都只是该城市的贡献者，而不是公民，甚至连姓名权都没有。

后来，拿破仑崛起，建立地跨亚欧非的大帝国，该地也成了拿破仑帝国的一部分。作为该地的新主人，拿破仑帝国政府颁布了一系列法律，规定犹太人可以上公立学校，享有公民权利，享有取族姓名的权利。

虽然，不久后，拿破仑帝国就分崩离析，但这些权利保留了下来。对犹太人来说，这些权利意义非凡，因为他们有了“公民”的身份。正如同今天奋斗于美国获得了绿卡一般。也正是因为这一点，我们的故事才能继续下去。

基辛格诞生了

得到了“公民权”后，犹太人在法律上不再低人一等，而是合法的德国公民，他们开始根据自己的族姓起名。基辛格一族是犹太人迈耶在1817年定居费尔特城后择定的。

迈耶是个传统的犹太人，秉承着犹太人的血液，他天生聪明、有志气，正所谓“好男儿志在四方”，他早年跟祖辈一样，混迹江湖，游荡世界，云游多年，辗转多地，终于在1817年来到了费尔特城。也许跟这城市有缘，他决定在这个小城市奋斗。

根据族姓，他取名迈耶·基辛格。至于为何他要起名为基辛格，基辛格有何重要意义，或许迈耶有自己的考虑，或许迈耶只是随意取姓。但是，有一点他肯定想不到，在一百多年后，基辛格会成为享誉世界的姓氏。

且说，迈耶来到该城市后，过起了找工作—租房—生活—约会—睡觉的生活。他在这里开始了属于自己的新生活。凭借自己的努力与聪慧，他成为当地一所学校的教师。不久之后，他便告别单身生涯，进入婚姻生活。在吃吃喝喝之中，他们的孩子一个个出世了。

1818年，亚伯拉罕出生了。由于没有计划生育，后来，迈耶夫人先后又产下了9个孩子。从孩子数量看，基辛格家族日后必定繁衍生息，成为大家族。但可惜的是，在这10个孩子中，9个孩子还没度过童年时光便夭折了，只有大儿子亚伯拉罕存活了下来。亚伯拉罕成了基辛格家族的唯一香火。

丧子之痛，自然不消说。迈耶夫妇将所有的爱与精力倾注在亚伯拉罕身上。在父母精心照顾下，亚伯拉罕健康成长并结婚生子。他一生有4个儿子、4个女儿，32个孙子孙女，这让迈耶很欣慰，更让迈耶欣慰的是亚伯拉罕的4个儿子一个比一个争气，都如愿当上了教师。

跟中国一样，德国非常重视教育，教师地位十分崇高与神圣，如同中世纪欧洲神父一般，受人尊敬，有地位。也因为这样，基辛格家族便跻身德国中产阶级之列，过着幸福的生活。也正是在这种相对稳定的环境中，基辛格一族认同了德国文化，成为德国人。

且说大卫·基辛格。由于他是主人公的祖父，所以我们有必要了解一下他。他是亚伯拉罕的小儿子，出生于 1860 年。从小聪明伶俐，勤奋好学，长大后不负众望，当了教师，挣了不少钱，加上长相英俊，是个实至名归的高富帅。结婚之后，他有 7 个儿子。

人家说，富不过三代，但从基辛格家族看来，这不过是玩笑话而已。作为基辛格家族第三代族人，他是成功的。在事业上，他取得了非凡的成就，继承祖父衣钵；在生活上，他又给基辛格家族增添了光彩，养育了那么多孩子。唯一遗憾的是，在 7 个儿子中，只有小儿子路易斯·基辛格继承了他的衣钵，成为教师。

这是我们主人公的父亲。跟常人一样，路易斯在吃喝玩乐和读书思考中长大。毕业后，他在一所公立女子初级中学担任教师工作和校长顾问。作为基辛格家族第四代族人，他虽然没有超越祖辈，但是也小有成就，光宗耀祖。

作为人类灵魂的工程师，他深谙教师育人的真理。为了教好书，他勤学苦练，博览群书，可以说，专业精通。为了育人，他不像许多老师严格要求学生，宽容自己，而是以身作则，遵守各种规章制度与从小事做起。

由于专业够硬，言行如一，他很快就成了学生心目中最美的老师，成了校长眼中最优秀的老师。可以说，路易斯事业有成，但是有个问题他却没有处理好：婚姻问题。正所谓，男大当婚女大当嫁，此时的他已经过了而立之年（35 岁），却依旧单身。

虽然，晚婚在时下成为常态，但是在当时，晚婚却不盛行，更何况路易斯是事业有成、才华满腹的男人呢？路易斯之所以晚婚，比较有可能的是一心扑在了教育事业上，大有成全教育、牺牲小我的精神。对此，校长非常感动。

他觉得有必要为自己的得意助手解决婚姻问题。于是，他决定当一回月老。路易斯才华横溢，踏实能干，所谓美女配英雄，只有具备同样才华的女性才能吸引他的注意力。校长思前想后，最终想起了多年前毕业的葆拉·斯特恩。

此人不但学习成绩优秀，而且性格开朗。从学习成绩上看，葆拉配得上路易斯，从性格上看，葆拉适合路易斯。因为从婚姻理论上讲，葆拉跟路易斯形成了互补性格，是一对比较理想的伴侣。

说干就干，校长便给他们搭桥牵线。至于结果如何，他并无把握，毕竟两人差距太大。但是，正所谓，身高不是距离，年龄不是问题，两人见面后，由于情投意合，很快就陷入了热恋之中。于是，跟其他情侣一样，两人在亲密、吵架的日子中过着幸福的生活。

不过，恋爱不等同于婚姻，他们离婚姻殿堂还有很长一段路要走。因为，恋爱可以是两个人的事情，但婚姻则不是两个人的事情，它至少是两个家庭的事情，还有各自的社会地位、出身背景、经济条件等等。此外，婚姻还得遵循国家政策。

其中，摆在这对甜蜜情侣面前的最大问题是：年龄问题。当时，葆拉才21岁，路易斯却已是35岁，两人相差14岁。按照眼下的说法，路易斯就是“老牛吃嫩草”。放到今天，这对情侣也很难得到女方家长的认可。

不过，葆拉的长辈比较开明，他们深知，宁拆十座庙，不毁一桩婚。所以，他们不但没有反对，反而促成了他们的婚事。就这样，路易斯通过了岳父一家的考验，于1922年在亲朋好友的祝福下，牵着葆拉的纤细小手步入了神圣的婚姻殿堂。

紧接着，他们搬进了马蒂尔登大街一所公寓，过起了二人世界的生活。

幸福家庭与动荡国家

对路易斯一家来说，1923 年 5 月 27 日是个特殊的日子，因为他们爱情的结晶出生了。这个呱呱叫的婴儿就是我们的主人公。

一般而言，伟人出生是与众不同的。伟人出生当天，要么祥云缭绕、五色光现，要么凤凰鸣叫、瑞兽群舞，要么伟人家人梦到神仙送子、送祝福等等。但是，很可惜，我们的主人公出生当天，什么事情也没有发生。

按照伟人出生逻辑，我们的主人公成为伟人的概率非常小。但是，谁也想不到，这位出生当天没有异象的婴儿日后不服命运的捉弄，审时度势，相机而动，影响美国政局，而后，凭借美利坚帝国核心官员的权力设计了世界格局，影响世界外交，造了时势。

孩子出生了，路易斯夫妇心花怒放。他们开始给这个小孩取名字。在中国，取名字是关系重大的事情，它是一门艺术。不管达官贵人，还是黎民百姓，对起名字都十分看重，尤其是中国古代。在古代中国，取名字是神圣的事情，一般都要由家族中长辈来取名，而孩子他爸，尽管是孩子亲生父亲，也是没有资格取名字的。

可是，路易斯一家丝毫没有这样的问题。他们取名字似乎比较随意。一看这个孩子长得可爱，便给他取名为海因茨 • 基辛格（后改名为亨利 • 基辛格）。从此，世界上又多了一个普通的孩子。

也许路易斯夫妇觉得独生子女对孩子影响不好，加上德国并不实行计划生育政策，所以，路易斯夫妇酝酿再生一个孩子，给海因茨作伴。于是，在工作、吃饭、睡觉之中，葆拉怀孕并于第二年生下了第二个男孩沃尔特。

一家有两个男孩，家长压力肯定很大，以前是攒钱娶媳妇（给自己），现在还是攒钱娶媳妇（给儿子）。不过，幸运的是，路易斯不需要按揭买房，不需要应付高涨不休的物价，更不用为儿子攒钱娶媳妇，因为他是德国人。

且说，这对兄弟在路易斯和葆拉的照顾下，健康成长，路易斯一家幸福快乐。然而，家庭的幸福跟国家局势息息相关。跟路易斯幸福和谐的家庭相比，外面的世界并不和谐。

第一次世界大战，德国惨败，割地赔款不说，还要忍受战败的耻辱。德国士兵从战场回来后，竟然遭到民众扔瓶子、鸡蛋，甚至遭到枪击，其惨状自不待言。

精神遭受侮辱，肉体则遭受饥饿的折磨。战败前，民众饱受战争之苦，战败后，民众不仅要应对物价飞涨，还要赔偿1320亿金马克的赔款。在当时，对德国来说是天文数字。据经济学家权威计算，德国要花费50年才能还完。

所以，吃不饱、穿不暖的德国人还得攒钱还债，日子不好过。不过，德国人是有志气的，就是饿肚子他们也能毫无怨言地熬过去，期待明天更美好。可是，祸不单行，灾难来临了。

在1929年至1933年期间，资本主义世界发生了历史上最严重的经济危机，作为其中一员，德国也深陷其中。经济急剧衰退，金融几近崩溃，失业率飙升，社会问题频发，犯罪率直线上升。各种问题犹如汹涌的海水排山倒海而来。对此，德国政府使尽浑身解数却回天无力，德国陷入了社会危机之中。

屈辱、饥饿成了对这个时期德国大众最为贴切的阐释。不过，身居德国的50万犹太人，却凭借自身的聪明才干，在经济、文化等领域表现突出，掌控着德国大部分优势资源，日子过得红红火火。这引起了德国人的怨恨，经济上的优势成了他们受到迫害屠杀的根源。

当然，犹太人遭到欧洲的排挤还有一个原因——宗教信仰。身居德国的犹太人，跟世界其他地方的犹太人一样，虽然语言、风俗跟当地融合，但是他们依旧信奉犹太教，而非基督教。这点跟信奉基督教的德国人相悖。

不过，如果说因为不同宗教信仰，德国人不待见犹太人，那就说明德国人小心眼。事实上，这里面是有故事的。据说，当年，耶稣基督的死是因为犹太人犹大出卖造成的。这点让德国人很不高兴，所以，德国人将犹太人看作是外国人、仇人。这种宗教信仰不同，是犹太人受到迫害的原因之一。

得民心者得天下。既然德国民众这么痛恨犹太人，那么说明反犹运动有市场。既然有市场，德国大兵兼政治家的希特勒便迎合了民众的口味，提出了灭绝犹太人的理论。此番理论一出，丧失了理性的民众纷纷响应。

随着反犹势力的“蓬勃发展”，以铲除犹太人为使命的纳粹党实力迅速膨胀。1921 年，希特勒成为纳粹党领袖。反犹领袖一上台，纳粹党势力便在德国各个地方猖獗活动，费尔特犹太城也不例外。

纳粹先锋团控制费尔特城，他们在费尔特展开反犹行动，他们将费尔特城所有的犹太大教堂肆意摧毁。与此同时，他们砸抢犹太人商店，并且挖掘犹太人公墓。最后，他们还对犹太人行动进行限制，即犹太人禁止参加公众集会。

幸福才刚开始，苦难却又到了家门口。原本应该开开心心过童年的海因茨命运发生了改变。

另类而刻苦的少年基辛格

英国哲学家查尔斯说："播下一种思想收获一种行为，播下一种行为收获一种习惯，播下一种习惯收获一种性格，播下一种性格收获一种命运。"

此话有一定道理，一个人的性格就是他的命运。我们主人公基辛格后来能够在世界政坛上纵横捭阖，归根结底跟他的性格有关，而一个人性格基本上是在童年时代就已经开始形成并影响其性格的最终形成。

所以，我们的故事只能沿着主人公的生活轨迹继续延续下去。孩子出生后，父母除了要养活他之外，更为重要的是要教育他。这就是中国古人所说的"人之初，性本善，性相近，习相远；苟不教，性乃迁"，换句时髦的话来说，就是"教育乃立国之本"。然而教育又分为家庭教育和社会教育。

在这两者之中，家庭教育尤为关键。一来是因为孩子的智力水平发展最快的阶段是在0—5岁；二来，"家庭是人类性格的工厂"。

跟中国一样，犹太人尤其重视教育。事实上，正是因为犹太人重视教育，所以才培养出了世界上各领域最优秀的人才。但是，跟中国教育不一样，犹太人有着自己独特的一套教育方法：从残酷现实教育开始，在民主、开放氛围中培养、完善人格。

所以，就在中国孩子读三字经、百家姓、千字文，背诵唐诗三百首的时候，犹太人的孩子则接受着这样的教育：

孩子，如果哪一天你的房子被烧了，你会带什么走？孩子会回答金钱或钻石。父母就紧接着会问：孩子，有一种没有形状、没有颜色、没有气味的宝贝，你知道是什么吗？要是孩子回答不出来，父母就会说：孩子，你要带走的不是钱，也不是钻石，而是智慧。因为智慧是任何人都抢不走的，你只要活着，智慧就永远跟着你。

我们的主人公也接受着类似的教育，这种教育塑造了他的性格。这从他的兴趣爱好及其学校生活可以看出来。

爱玩是孩子的天性，我们的主人公也有自己的兴趣爱好。现代的孩子可以玩游戏机、玩电脑游戏，可是那个时代，基辛格却没有这样的条件，他喜欢足球，并整天沉浸在足球运动之中乐此不疲。

如果说，时局没有发生翻天覆地的变化，或许世界上会多一个足球健将。但是，历史没有如果。历史的大车轮在少数人的操控下改变了大多数人的命运。随着反犹太势力的增强，海因茨连自己喜欢的足球运动也被限制了。以前，他们可以自由观看足球协会举办的足球比赛，现在他们被明令禁止进入足球场。如果违反条例，那么等待他们的将是“公正”的惩罚。

但是，少年海因茨却不愿意就此放弃。他认为，既然喜欢看足球赛，那就要不顾一切去看。所以，少年海因茨便趁着父母不注意，带着弟弟私自跑去看球赛。他们伪装成日耳曼人，躲过了别人的盘查。但是，幸运之神不可能每次都垂青他们。所以，没多久，他们就被发现了，然后挨揍了。为自己的兴趣而冒险且勇于承担成了基辛格的一大性格特点。

在学习上，基辛格也发挥了犹太人的性格特色：坚持不懈、追求智慧、永不满足。在当时，由于纳粹横行，他只能在私立学校希伯拉实科学校读书。在德国，公立学校综合实力远比私立学校强。

不过，能否取得优秀的成绩最关键在于自己。虽然上学是“被迫”的，上私立学校也是被迫的，但是基辛格在学习上却遵照犹太人的传统，主动学习，刻苦努力。在学校生活中，基辛格养成了自己的性格特点：羞怯、清高、善于观察、理性、严肃。

他因学习刻苦，学习成绩名列前茅，是个学习能手。这种追求智慧、严肃认真的态度成了基辛格日后性格的第二大特征，这也是他人生轨迹发生变化的重要原因，更是他借助时势成为英雄并造时势的根本原因。

学习成绩好，人缘却不好，这是基辛格学校生活真实的写照。在同学看来，海因茨很另类，不合群，该参加的活动不参加，该玩游戏不玩游戏，是个典型的“不识货”。在该玩耍的阶段不玩耍，基辛格似乎很不一样。

但是，这不代表海因茨不玩耍。爱玩是孩子的天性，基辛格也不例外。只不过，他玩耍要看“对象”，即他只跟自己的好朋友玩耍。海因茨·利昂，后来改名为曼纳欣·利昂。

几乎每个下午，基辛格都会和利昂一起玩。每逢周末，海因茨便会去利昂家里玩耍，利昂的父亲也会教他们犹太经文，有时还带他们出去散步游玩。可惜的是，这份纯真的友谊不久后就遭遇“危机”。

在当时，准时回家，天黑之后不在外面逗留，是不能违反的规定。但我们的主人公因为和女生玩过头了。有一天下午，海因茨和利昂带着女同学去公园游玩，由于玩得太过忘情，结果忘了时间。

回到家后，等待海因茨的不是面包与牛奶，而是惩罚。路易斯是典型的严父，他认为国有国法，家有家规，既然海因茨犯错了，就必须接受惩罚。于是，路易斯在言语责备的同时，还顺便用皮带“抽”了海因茨。

看着路易斯如此打骂孩子，葆拉心疼得眼泪都快掉下来了。如果这个时候，海因茨顺势哇哇大哭，或许就不用继续“享受”父亲的皮带了，但是，海因茨没有哭。这不是因为他不怕疼，而是他再次明白了，违反规则就得付出代价。勇于承担是基辛格性格中的第三大特色，这种勇于承担使得他人生平步青云。

被父亲揍了一顿，海因茨毫无怨言，但是，“玩耍事件”并没有因此结束。路易斯刚揍完海因茨，利昂的父亲就找上门来了。他责备海因茨带坏了利昂，并规定海因茨与利昂一周不许来往。不久之后，利昂的父亲便将利昂送到捷克斯洛伐克参加夏令营，阻止海因茨和利昂来往。

没有好朋友，海因茨便跟弟弟在家里后院玩。后来，他的表弟约翰·黑曼因为家附近没有犹太学校，到海因茨家里寄宿，三人很快玩到了一起。他们在后院玩足球、单挑，度过了快乐的五年。

在约翰·黑曼看来，海因茨是个要强的人，每次单挑，海因茨都十分重视结果。要是赢了，他会很开心，要是输了，他就要求继续单挑，直到自己赢了为止。这种好胜的性格是基辛格性格中的第四大特色。这也是他日后扭转越南死局的根本原因。

时光易逝，海因茨很快从学校毕业，进入了伍尔兹堡的犹太神学院，开始了一段新的生活——幸福而充实的书院生活。不过，这种幸福生活抵挡不住残酷现实的影响。就在海因茨接受教育的过程中，外面的局势越发严重，海因茨一家陷入了两难的选择——离开祖国或者死在祖国的怀抱。

后来，路易斯一家选择了离开祖国，到美国避难。从此，我们的主人公开始了美国生活。

成为难民中的“美国梦”

有人说，人生是无数次选择，但是，有一样是没有办法选择的：出生。每个人的出生都是被选择。海因茨没有办法选择是出生在日耳曼人家庭还是犹太人家庭中，他唯一能做的就是顺从。少年遭遇种族磨难，这也是他没办法选择的，但是他可以选择逃避伤害，西漂华盛顿。

从大西洋一岸到另一岸，虽相距千里，但却密切联系着。自从西方人发现新大陆后，驴友、犯罪者、异教徒、拓荒者、求学者、裸官者、寻梦者……纷纷踏上美洲这块宝地。经过几百年的发展，美国俨然是20世纪地球上不能忽视的强大的国家。

路易斯一家到达美国后，便得到了葆拉表姐热情地接待。尽管接待场面有些冷清，远远不如日后基辛格出国搞外交受到隆重接待的场面，但是路易斯一家倍受感动。短暂的寒暄过后，他们搬进了一套三居室的公寓。公寓虽然不大，但是却很安全，路易斯一家再也不用担心睡着睡着就被杀害的情况。

路易斯一家所居住的地方，可以说是风水宝地。从政治上讲，该地是名胜古迹。1776年10月，美利坚合众国国父华盛顿率领几千美国人在此抗击英军、保卫曼哈顿，虽然战败，但是意义重大。

从居住文化角度来讲，该地是犹太之家。20世纪初，就有犹太人在此居住，经过百余年的发展，该地建立了密密麻麻的犹太社区，成了犹太人聚居的场所。为此，有人将此地戏称为“第四帝国”。这种美国文化与犹太文化融合的文化影响了基辛格一家。

既来之则安之，路易斯一家便开始入乡随俗。新环境，新生活，路易斯一家反应各不一样。顶梁柱、年过半百的路易斯似乎对美国新环境不太习惯。由于他社交能力相对较差，没有交上几个朋友。

俗话说，在家靠父母，出门靠朋友，朋友多了路好走。其实，朋友就是人脉，而人脉就是金钱。交不到朋友，意味着人生路不好走，路易斯就是如此。由于他精于教育，所以，他决定继续搞教育，即择业优于就业。

可是，理想很丰满，现实很骨感。虽然路易斯搞了几十年教育，教学经验丰富，但由于不善沟通，求职屡屡遭拒。择业不成只好先就业。在德国老乡的帮助下，最终他找到了一份临时的工作——图书管理员。

既然是临时工，工资自然高不到哪里去。路易斯所挣的钱微乎其微，不足以养家糊口。作为曾经颇有成就的男人，路易斯异常苦闷。但，苦闷解决不了问题！由于他能力有限，维持家庭的重任便压在了葆拉身上。苦难面前该怎么办？海伦·凯勒说，人生最大的灾难不在于过去的创伤而在于把未来放弃。

葆拉没有放弃未来。她相信只要不放弃，面包会有的，牛奶也会有的。凭借自己高超的烹饪技术和开朗的性格，她成功扎根餐饮业，成为“创业”模范。葆拉的成功证明了她适应了美国的社会，也给基辛格兄弟带来了生活保障。

而基辛格呢？父母替他做了件当时不大不小的事情——改名字。海因茨·基辛格改名为亨利·基辛格。海因茨·基辛格不再存在，而亨利·基辛格（文中简称“基辛格”）开始了全新的美国生活。

然而，过去的梦魇还依旧存在。有时候，走在曼哈顿大街上看到非犹太人迎面而来，他都本能地往路边靠，礼让“纳粹”，直到他们从自己身边无视地走过，他才意识到他是在美利坚合众国，而不是在德国。

但是总的来说，基辛格的生活稳定。生活稳定后，便是教育问题。经过申请，他进入乔治·华盛顿高中学习。在当时华盛顿高中赫赫有名，是最著名的私立学校，师资力量全市第一，就好比中国首都的北京四中一样。

在这所学校里，基辛格被认定“语言有障碍”。富裕的生活远去了，熟悉的家园没有了，现在还被认定是“语言有障碍”的人。基辛格会自卑沉沦吗？正如泰戈尔所说，如果你因为错过太阳而流泪，那么你将错过群星。

基辛格没有自甘堕落，而是奋发有为。除了英语口语有点巴伐利亚特色外，他的学习成绩特别优秀，90% 的学科成绩都是优秀。难道基辛格天生是学习能手？其实，不是的。基辛格的优秀是勤奋换来的。数学老师安妮·辛德白感叹地说：“他是德国难民中学习最认真、最优秀的一个。”

的确，无家可归，沦落异国他乡，由典型的德国中产阶级沦落到德国难民，由富二代变成了屌丝，巨大落差让基辛格难以接受。想要改变现状，混日子、得过且过是不行的。正所谓知识改变命运，他只能靠着读书这条路来改变命运。

春去秋来，转眼间，基辛格毕业了。毕业后，基辛格面临着新的选择：是缴付昂贵的学费进入公立大学学习，还是进入纽约私立大学，半工半读。进入公立大学能受到更好的教育，将来能得到更好的工作，家里名声也好，但是基辛格选择了纽约私立大学。残酷的现实让他明白，名声不能当饭吃，面子不如包子。他相信，是金子总会发光的。

虽然纽约私立大学不如公立大学好，但它也不是二流大学、野鸡大学。它成立于 1847 年，比中国的北京大学还早几十年，是专门为有特殊才能的学生提供免费教育的高校。经过近百年的发展，到 1940 年，这所学校拥有在校生 3 万多人，其中四分之三都是犹太人，因此，这所学校被称为“犹太人进入美国精英阶层的培训基地”。

在学校，基辛格一如既往地学习。业精于勤荒于嬉，行成于思毁于随。基辛格的付出换来了回报。除了历史课获得“B”之外，其它课程成绩都是“A”。大学毕业后做什么？这涉及到理想问题。

每个人都有理想，比如爱迪生说，我的人生哲学是工作，我要解释大自然的奥妙，为人类造福。我们主人公基辛格也有理想，只是他的理想并不是自己的理想，而是父亲的愿望。他父亲希望他当个会计师。作为长子的他也就决定以后当个会计师。

事实上，他的这个选择是出于现实的考虑。根据马斯洛需求理论，人有五种需求：生理需求、安全需求、归属与爱的需求、尊重需求和自我实现需求。其中，生理需要是前提，即生存是最重要的。基辛格的这个选择很显然是出于生存的需要。

只是，谁也想不到，这个想着当会计师的犹太人日后却会走上美国政坛，影响世界格局。

业余生活：挣钱、兴趣、恋爱三不误

在学习之余，热情奔放的美国青年花前月下的花前月下，搞社团的搞社团，忙得不亦乐乎。但是，这些跟基辛格无关，作为家里的长子，基辛格最好的选择就是在外做兼职挣钱，帮助家里维持生计。

其实，早在华盛顿高中学习期间，他就开始做兼职挣钱，为家里分担。他在利奥波德·阿舍毛刷公司上班。这是一个专门从事剃刀刷制造的公司。在这里，他主要负责漂白环节。根据工序，猪毛要蘸进酸性水中，而基辛格负责将拿出来的猪毛挤掉。这样的工作，基辛格每周可以拿到11美元，后来工资涨到了30美元。

如果说，美国的教育给他提供了全方位的训练，为他日后学术研究奠定了基础。那么，兼职生活则为其日后从政工作打下了坚实的社会基础。

按照一般的程序，孩子出生后，按照国家和家庭的计划，快快乐乐过完童年，无忧无虑步入少年，在接受校园教育后才步入社会。这种学校教育是先教给学生知识，让学生在步入社会前树立一种理想的价值观、道德观、世界观。这种教育的出发点是好的，但是效果并不好。

基辛格则是双线并进教育。他在接受教育的时候，体验了现实的残酷、生存的压力、生活的艰难，明白了真实的社会——丛林法则。在残酷的现实中，他学会了应对现实的办法。他的这种社会学习比单纯的学校教育来得更有效。

当然，在其他业余时间，基辛格也参与社交活动。这对他日后也产生了极为重要的影响。

对宗教教徒来说，定期做礼拜是必不可少的宗教活动、社交活动。路易斯是传统的犹太教教徒，他要求基辛格必须每周前去犹太教堂用心祈祷，基辛格虽然按照要求前去祈祷，但是并非真心，是典型的人到心不到。

之所以如此，想必是因为在最艰难的时刻，他所信奉的神并没有给他现实性的帮助。除了定期做礼拜外，他还有自己的社交活动，不是踢足球也不是谈恋爱，而是加入了犹太革新派建立的组织贝斯·希勒尔。

这个组织的参与者多数是他的老乡——巴伐利亚难民，每周都有聚会活动，时常有犹太社区领袖，包括政治家前来演讲。在这里，他遇见了同是避难的老乡，认识了不少志同道合的朋友，更为重要的是他接触到了政治，了解了政治。

在这里，基辛格碰到了同桌同学奥本海姆。此前，奥本海姆不仅生活在费尔特城，他跟基辛格还是同校，并是同一年级且同桌。后来，他也搬到华盛顿高地，搬到华盛顿后，他们两家又成为了邻居。

有其子必有其父，奥本海姆喜欢政治，他父亲也喜欢。奥本海姆的父亲是个政治迷，是民主党富兰克林·德拉诺·罗斯福的铁杆粉丝。之所以如此，是因为美国民主党政策符合犹太人的利益。

但是，基辛格似乎并不“买账”。每次聚会，他总是滔滔不绝地与奥本海姆父亲辩论。据奥本海姆回忆说：“虽然像我们这样的难民都支持民主党，但是亨利却是个共和党。他总是在我家待到很晚，跟我父亲谈论、争辩。他总是读历史类的书籍，总是相信威尔基（曾经是美国总统罗斯福的特使）的主张，我不知道是为什么。”

虽然基辛格倾向于共和党是少年时的观点，但是他可能没有想到这会影响到日后他的政治前程，后来，他就是在共和党政府中任职。不过，政治是严肃的，为何基辛格会关注政治呢？原来，德国的经历让基辛格明白，国家局势掌控着个人的幸福。所以，基辛格才更加关注政治，成为小政治迷。只是，他也许没有想到想做会计的自己居然当了职业政治家。

不过，所谓青春时期该做青春时期要做的事情，恋爱是青春最美的事情。正值青春期的基辛格在荷尔蒙的刺激下也开始了自己的恋爱旅程。在那时，没有QQ、微信、漂流瓶，大学恋爱都是在学校完成，在校园芳草萋萋的小路上邂逅，在课堂上相遇，毕竟近水楼台先得月嘛，但外交教父基辛格的恋爱却是在政治组织里开始的。

在组织里，基辛格认识了安妮丽丝。安妮丽丝是来自纽伦堡的难民，在逃离德国之前，父亲经营鞋店，颇有名气，生活富裕，她是典型的白富美。可惜，后来政局动荡，其父亲惨遭迫害，精神失常。

无奈之下，她们一家背井离乡来到美国华盛顿高地避难。安妮丽丝本人知书达理，琴棋书画样样皆通，是典型的窈窕淑女。不仅如此，她还十分能干，不仅会制作衣裳，还会照顾孩子老人，是个贤妻良母型的女孩。

每个男人几乎都有恋母情结，基辛格对于安妮丽丝也是如此。安妮丽丝的聪明、才艺、乐观跟葆拉相似，刚好符合基辛格的理想恋人标准，因此，基辛格开始追求安妮丽丝。然而千金易得，美女难求。

此刻追求安妮丽丝的人很多，帅的，丑的，富有的，贫穷的，数都数不过来，其中就有风度翩翩的奥本海姆，竞争激烈程度可见一斑。所以，想要抱得美人归并非易事，搞不好会成为别人的“炮灰”。

但是，基辛格迎难而上，“有语言障碍的”他凭借三寸不烂之舌，在“过五关斩六将”后，打败了奥本海姆，赢得了美人的芳心，两人很快过起幸福的恋爱生活。

虽然如此，但是，屌丝基辛格并非是全才。据学校老师、朋友供述，基辛格在考驾照方面能力不突出。尽管驾校考试内容，他讲得头头是道，但是一到考场，他却从未跨过60分这条合格线。在舞蹈方面，基辛格也不是很在行。每次比赛，人人起码能得一两个奖，他却一次也没有得过。如果说硬要给他颁个奖，那就是“最佳慰问奖”。

俗话说，尺有所长，寸有所短。每个人只有扬长避短，才能够成就一番事业。

第二章 美国大兵血战纳粹

不论是国内的还是国外的，他总是善于操纵敌对势力的怨恨，以此对各方加以约束，新的世界秩序就是为这位天才量身打造的。

——《百色革命者》基辛格 1968年

应召入伍当大兵

如果说，德国政府的行为毁掉了基辛格的幸福家庭，那么美国政府的行为则改变了基辛格一生的命运。跟德国屠刀相比，美国政府很温柔，它只向基辛格发来了一封信。这封信不是政府的聘用书，而是服兵役通知书。

二战爆发后，美国并未着急参战，而是在战争爆发三年多之后才参战。这里面倒是有一段故事。

德国军国主义崛起，威廉一世渴望建立霸权，联合奥匈帝国等国，发动一战，英法各国损失惨重，后来中、美等加入，扭转战局，德国战败。英法美等战胜国建立国际联盟，维持战后秩序。

然而战后秩序并不和平。一方面，战胜国钩心斗角，互争利益，甚至因为内部分赃不均而明争暗斗；另一方面，战胜国对战败国实行不均等策略，如瓜分领土、天价赔偿等，引发了战败国上下不满，表面和谐的世界秩序犹如大海中的一叶小舟飘摇不定。

20 世纪 30 年代，资本主义经济危机爆发，波及全球。德国民众情绪高涨，军国主义复苏，希特勒借机利用种种有利因素建立了纳粹政权。意大利和日本也因经济危机相继采取了扩张战略，走上了侵略他国的这条不归路。

对于德、意、日侵略他国，挑战凡尔赛—华盛顿体系，英、法、苏、美各国装聋作哑。掌控着国联的日不落帝国和法兰西帝国沉默了。一战还未远去，战争的惨烈历历在目，战争的代价极其高昂。他们害怕了，害怕战争再次烧到自己的国土。

正所谓，国家利益至上，英法帝国便不顾他国利益，采取绥靖政策，纵容德、意、日侵略他国的行径。

作为社会主义头号强国的苏联则极力想要避免战争，它几次向英、法、美抛出橄榄枝，希望能够与这几个国家构建同盟，共同遏制德、意、日的侵略行为，但遭到了这些国家的冷遇。无奈之下，苏联便与德国、日本签订了协议。

作为20世纪最有影响力国家之一的美国也对国际大局睁一只眼闭一只眼。跟一战一样，它继续执行美利坚合众国国父华盛顿定下的国规——孤立主义政策，即不参与战争，静观事态发展。这个政策让美国在一战中尝到了甜头，美国大发战争财，由一开始的债务国变成了债权国，一举成为世界大国。

不过，不管绥靖政策也好，孤立主义政策也罢，说到底是逃避。问题出现了，逃避解决不了问题的。只有面对才能解决问题，否则就是隔岸观火也会“惹”火烧身。这不，没多久，欧美强国都为逃避买单了。

法国亡国了，英国固守一隅，苏联损失惨重，而远在欧洲战场之外的美国也不例外。早就将美国视作大敌的日本知道美国迟早会参战，便决定先下手。1941年12月7日，日本偷袭珍珠港，几乎毁了美国海军军事基地。虽然有资料说，这是美国故意让日本轰炸珍珠港，但不管怎么说，经此耻辱，美国上下参战呼声高涨，罗斯福总统顺势宣布，立刻参战。

随后，美国政府进入了战时总动员。这种动员是级别最高的动员，即所有男性，不论年龄大小、健康状况如何，一律服兵役保家卫国。跟其他成千上万美国居住民一样，虽然基辛格并不是美国公民，但是他也因为要为正义事业贡献自己的力量而受政府的“邀请”名列其中。

远离“龙潭”不久，还没过上几天安生的日子，就又要为了正义而进入“虎穴”，这对基辛格来说，未免太过不幸。此外，虽然“男儿应当带吴钩，收取关山五十州”，虽然血染疆场，马革裹尸还才是男儿本色，但是弃笔从戎对他来说似乎有点儿残酷。

这倒不是他像许多书生一般手无缚鸡之力，也不是他贪生怕死，而是他要面对的敌人是他曾经的同胞。虽然他是住在美国，虽然纳粹毁掉了他的幸福生活，但是回自己的故乡跟曾经的同胞作战，基辛格还是感觉怪怪的。

不过，正所谓“人才是块砖，祖国哪里需要往哪搬”。还在高校学习的基辛格响应美国政府的号召，脱下蓝呢便服，穿上黄布军装，参加了美国军队。基辛格丧失了继续上大学的机会。可以说，生活对他来说是不公平的。但是，事实上，生活本身就是不公平的，不管你的处境如何，你只能全力以赴，否则你只能被命运淘汰出局。基辛格也深知此理。

但是，如果客观地讲，当兵这件事未必是坏事，塞翁失马焉知非福。事实上，是这件事改变了基辛格的梦想与命运。如果没有义务当兵，基辛格继续上学，到最后，他如愿完成了自己的学业，这个世界上最多就多了个精明的会计师。可是，在乱世当兵则不一样，只要有机遇、够聪明、够能干就可以短时间建立功业，有所成就。

1943 年 3 月，基辛格乘火车到达南卡罗来纳的克罗夫特军营，开始了戎马生涯。在这里，没有仪式，没有庆祝活动，有的只是军队例行训练。当年 6 月他履行程序加入美国国籍。据基辛格回忆："他被推来推去，一会到这里，一会去那里，打防疫针，点名，立正等等。"

虽然履行仪式既不隆重也不轻松，但是，基辛格获得了美国公民权，成为了美国公民。这件事请对基辛格来说，意义重大。他后来说："我所在那个步兵师的士兵，大多是来自威斯康星、伊利诺伊和印第安纳，多是美国中层阶层人，我很喜欢他们。军队生活对我来说，意义最大的是它让我觉得自己是一个美国人。"

也正是因为这样，基辛格找到了属于自己的家，也找到了作为公民的尊严，更找到了为国效力的动力。但是，战争还在继续，身为公民的他还得随时身赴前线，冒着枪林弹雨作战，甚至为美利坚及其世界正义战争而壮烈殉国。

是牺牲报国还是凯旋美国，基辛格不知道，但是，他决定面对。

出类拔萃的士兵

战争之神在怒吼，前线炮声震天、尸横遍野。但在后方、尚未远征的部队的日子却过得相当有条不紊。士兵们遵循着吃饭、训练、睡觉的流程。可是，没仗可打也得找点事情做，于是，国家推出了“战时教育政策”，即通过智力测试，选择优秀的士兵免费学习有用的学科。

不用上前线打仗，还不用交学费就可以享受高等教育，这种天上掉馅饼的好事，谁都不想错过，基辛格也一样。他报名参加了测试并以优胜者获得了深造的机会。当年9月，他和其他2800位士兵进入距离华盛顿高地不到100英里的拉斐特学院工程院学习。学习是基辛格的特长。既然部队提供了舞台，那么基辛格就有用武之地。在这里，他像吸毒者痴迷毒品一样，像色鬼沉迷美色一样，疯狂地学习，废寝忘食地阅读各类书籍。

为何要这么拼命学习，难道书中自有颜如玉，书中自有黄金屋？很显然，单单颜如玉和黄金屋没有办法给基辛格源源不断的动力。他之所以成为书痴，更多的原因在于提高、完善自己。可以说，书是基辛格最好的朋友。

除了读书，他几乎不跟战友来往，不和战友开玩笑。战友科伊尔说：“基辛格时常会跑到我们宿舍里来，我们几个人在一起讨论女人和性的话题，可他倒好，不但不参加，反而歪在沙发里读司汤达的《红与黑》，以此为乐！”

当然，读书不是读得越多越好。托尔斯泰说，重要的不是知识的数量而是知识的质量，有人知道很多很多，但不知道最有用的东西。基辛格却深谙读书之理。也因为如此，他日后才能既成为大学者又是大政治家。据他的室友查尔斯·科伊尔说：“他不是在读书，而是在吃书。眼睛看，手指指，一边窝在椅子里，一边叽里呱啦地批评作者。”

他在学院里成绩遥遥领先，科科都“优”，深受教授的赏识。不过，1944年春，他这种幸福生活受到了挑战。美国公众对国防部的这个政策不满意，一部分士兵在战场上奋勇杀敌，命悬一线，而另外一部分士兵怎么能够待在校园里享受特权，这明显是不公平的。

其实，这种政策是有好处的。不管是在古代还是在当代，人才都是最重要的资源。在高科技战争年代，人才更是决定胜负的关键因素。要想克敌制胜，就必须有够硬的军事人才。对国家来说，培养优秀的战争人才对提高整体作战能力有着莫大的帮助。以色列之所以能够成为世界军事强国、中东军事帝国都跟其高素质的军事人才有关。

对士兵而言，接受高等教育，提高自身的综合素质，不仅能够更好地适应战场需求，还能够提高士兵作战能力，增加胜利的概率。此外，士兵退役后，还能够凭借所学的知识安身立命。

但是，民众意见大如天。国防部是不能视而不见的。最后，在强大的舆论面前，国防部只好宣布暂停“陆军特别训练计划”，只留下少许人参与军医培训。这一下子，在学校深造的士兵只有两种选择了，要么回军营，上前线；要么，参加军医培训，继续深造。

基辛格得做出选择：当军医还是上战场？当军医，基辛格是压根都提不起兴趣，但是打仗，他也不想。最后，他认为跟上战场当炮灰相比，当军医更幸福些。于是，他报名参加考试。跟前次考试一样，参与的人数不胜数。

不过，凭借过人的能力，主人公基辛格还是在考场上横扫千军万马，平安度过独木桥，获取了面试的机会。根据以往的经验，录取他当军医也将是板上钉钉的事情。但是，就在大家要准备祝贺基辛格避免当炮灰的生活时，意外发生了，他的面试没通过。

难道有人暗箱操作，挤对基辛格？对此，他说道：是因为自己表现不好，所以被刷下来。可事实并非如此。很显然，这是“阳光考试”：公开化、透明化、民主化。既然如此，学习能手基辛格为何会榜上无名呢？

根据同批入围者供述，基辛格表现很好，按道理能留下，但当时面试官为了平衡天主教、犹太教人数，只好“牺牲”基辛格。命运再一次跟基辛格开了一次玩笑。对此，基辛格无能为力，他所能做的就是痛苦地接受这个结果。

“读书事件”虽然成为过去，但它的意义非凡。一来，基辛格勤奋学习、聪慧能干得到了各方的认可；二来，这段宝贵的读书经验扩展了他的知识面，对他日后的发展起到了十分重要的作用。

背起自己的背包，离开校园，基辛格在 1944 年 3 月奉命到美军陆军第 84 师报道。这是美国于二战中组建的 98 个步兵师中的一个。其驻地在路易斯安那州的克莱尔布恩。报道之后，基辛格正式归队，成了该师的一名普通步兵。

毫无疑问，步兵是当时世界各国主要兵种之一，也是最重要的兵种。美国也不例外，在战争中，美国陆军人数超过 400 万，是最大的兵种。不过，虽然该兵种最为重要，但也是伤亡最为惨重的兵种。

从现状看，基辛格很有可能要为美利坚合众国献身了。不过，幸运的是，在这里，他遇见了人生中的第一个伯乐，从而转危为安。

抓住机遇，从士兵荣升中士

基辛格到达军营后，按照部队要求，每日进行训练。由于该部队短时间之内不会奉命西征，所以，基辛格的军营生活便除了象征性地紧张训练和悠闲地吃饭睡觉之外，没有其他能够引人注目的内容。

单调、统一对艺术家来说是要命的，对基辛格来说同样是难以忍受的。四周不见生人，除了男人还是男人，加上天气炎热，热浪滔天，且无娱乐节目。基辛格受不了了，他便开始打电话回家抱怨。有一次，他直接打电话跟她母亲葆拉说道："老妈，这个鸟不拉屎的地方，我不想待了，我真想爬出军营，爬回家去。"

不过，抱怨归抱怨，他没有逃跑成为逃兵。一来是不敢，部队军纪严明，逃兵要被判处重刑；二来这里有他留恋的事情，他当了个小官——文化教官。这个官职的工作主要是给士兵们讲解大战形势和国际新闻，每周授课一次。

因此，每周都有上百名美国大兵聚集起来，听基辛格讲课。对此，他那位拉斐特学院室友科伊尔说："每次拉练远足，基辛格总是会将《时代周刊》和几份报纸揣在兜里，亨利永远是最好的讲师。"

对基辛格来说，他跟其他士兵一样，处在同一起点上，默默无闻，小兵一个。但是，基辛格相信，就算是小兵也有自己的特色，只要运用得当便能够得到上级的赏识。他利用自己擅长演讲的特色引起了领导的关注，赢得了文化教官的职位。

虽然，这个官位很小，但是，从这件事可以看出，基辛格懂得推销自己，利用自己长处，为自己的成长铺路。没多久，他便因此而遇见了伯乐。

1944 年夏天，正当基辛格修行之际，部队来了一个人。此人年龄不到 40 岁，个子矮小，但衣着整齐，表情坚定。他拄着手杖吼道："谁是你们的长官？""师部派我来跟你们讲讲，我们为什么要加入这场该死的战争。"

声如洪钟，是基辛格对此人的最初印象。此人不是别人，正是第 84 师师长参谋部的克雷默尔，也是基辛格人生中的第一位伯乐。在演讲中，克雷默尔开始旁征博引，幽默风趣地讲述纳粹的所作所为，这让一向志得意满的基辛格意识到“山外有山，人外有人”。

三人行必有我师，他决定跟克雷默尔取取经。不过，人家是师长面前的红人，自己不过是个列兵，级别相差太大，别说靠近取经，就是打声招呼都是件困难的事情。此外，师部高官下来部队公干，领导们肯定献殷勤，克雷默尔哪有时间见自己？

要不自己也送礼？基辛格不会这么做，一是俗套，二是没钱。有没有既经济又能引起这位“高官”的注意力的办法？经过一番苦思冥想，他便做了一件他从所未做过的事情。他给克雷默尔写信：“亲爱的克雷默尔列兵，昨天的演讲我听了。我觉得就应该这么干。我能帮上什么忙吗？列兵基辛格。”

克雷默尔，土生土长的德国官二代。他父亲是国家检察官，母亲是化学制造商之女，有权有势。不过，他父母都是反纳粹派，将希特勒称为“可怜的波西米亚行尸走肉”。受到父母的影响，克雷默尔也是反纳粹者。

由于纳粹肆虐，克雷默尔父母将他送到国外上学。此后，大多数时间，他都生活在国外。他先后获得了伦敦经济学学位、哥特大学法学博士学位，罗马大学政治学博士学位，可以说是高才生。毕业之后，他在罗马为国际联盟工作。

1939年希特勒侵略波兰，他“嗅”到了战争的气息，便跟妻小与母亲告别逃到美国。到美国后，克雷默尔加入美军。高级知识分子当兵，待遇理应不同。但是，当时的美国人还不知道怎么任用外国人。

所以，这位高级知识分子成了一个普通士兵。不过，对克雷默尔来说，只要能打纳粹，怎么着都行。再者，他相信，自己的才华绝对不会无用武之地的。果然，没多久，他就因为见解深刻、富有才华而被第84步兵师师长亚历山大·伯灵将军相中，调到师部工作。

后来，针对国防部“特别训练计划”暂停致使数千名士兵返回部队这个问题，他提出了自己的看法。他认为，这些接受高等教育的士兵突然间被调回部队，心里肯定不明白，师部有必要进行宣传教育，让他们明白为什么加入这场战争。所以，他向师长建议，让他到各个部队去做演讲。师长同意，因此，他便经常出现在84师各个军营，也因为如此，基辛格碰上了克雷默尔。

克雷默尔看完基辛格的字条后，十分高兴。他是师部职员，虽然职位不高，但是他是师长的红人。只要他在师长面前替部下美言几句，那么下属很容易升官发财。因此，底下部队指挥官、士兵想尽办法，采取各种方式逢迎、巴结他。

对此，克雷默尔应付不暇，感觉很疲倦，也很失望。居然没人能体会他下基层的良苦用心。而基辛格的“就应该这么干”证明他所做的是对的，所以他很高兴。基辛格虽然年纪轻轻，但却善于察言观色并最终成功。

拍马屁是一门艺术，不仅要会察言观色，还要体会领导内心的真实想法。在读心方面，基辛格成功了。别人送大礼，卑躬屈膝，搞得口干舌燥不讨好，但是基辛格短短几个字就说到了领导心坎上。

第二天，克雷默尔就找基辛格聊天。基辛格经过认真准备，在聊天中充分调动自己的脑细胞，大胆说出自己的想法，滔滔不绝地讲述自己对历史的看法。尽管有些见解不成熟，但他却赢得了克雷默尔的认可。这位“高官”觉得基辛格“拥有一副不同寻常的政治大脑”，是个可造之材。

两个德国人的相遇，在二战中，概率小到可以忽略不计，但是这两人的相识，却影响了二战后几十年的世界格局。很多人认为克雷默尔是“发现基辛格的人”，然而这位德裔美国大兵却说道：“不是我发现基辛格，我不过是让他发现自己罢了。”

伯乐看上了千里马，那么千里马是否能够脱颖而出呢？一切都还是未知数。

战场屡建奇功

1944年6月6日，反法西斯同盟国的288万军队在法国诺曼底成功登陆，法西斯军队节节败退，战局发生了根本性的变化。同年9月，美国第84步兵师奉命开赴欧洲战场。同年11月1日，基辛格乘坐运输舰“斯特灵城堡”号从曼哈顿岛码头前往欧洲作战。

同年11月9日，美军84师冒着德军的强大火力冲过了比利时—德国边境，基辛格所属团部队作为先锋，进入德国边境。作为战士，消灭敌人是天经地义的事情，但是拿着枪杀害自己曾经的同胞，基辛格内心很痛苦。就在这个时候，克雷默尔又帮助了他。

第84师师长不懂德语，需要德语翻译来辅助自己办事情。因此，他采纳了克雷默尔的建议，调基辛格到师部作德语翻译员。这样，基辛格不仅不用拿枪对着自己的同胞，还由一名普通士兵一跃成为师部翻译员，他的命运发生了变化。

不过，得到师长的赏识才是最关键的，为此，基辛格起早贪黑地工作，最终赢得了师长的认可。虽然说盟军进入德国，纳粹法西斯濒临灭亡，但是苟延残喘的法西斯不甘心被消灭，发动了反攻。第84师也遭受到德国军队的进攻，双方在保尔基展开激战。

1944年12月，美军第84步兵师和第九军遭到德军偷袭，损失惨重，无法继续作战，被迫退回比利时境内。在撤退过程中，基辛格主动请缨，加入小分队留下来，阻击尾随追击的德军。

对此，克雷默尔一直劝他跟随主力撤退，但是基辛格依旧留了下来。克雷默尔担心基辛格的生命安全，纳粹对犹太人从来就不友好，在战场上更是如此，他们一俘虏犹太士兵立刻处死。如果德国人占领小分队地区，那么基辛格只能壮烈地为国捐躯。

基辛格当然知道殿后很危险，但是危险中有机会，他决定搏一把。这一搏，他赢了。强弩之末的德军并未能支撑多久，在盟军的围攻下迅速溃败，而基辛格不仅活了下来还立了功。1945 年 3 月，第 84 步兵师重新攻入德国境内，攻占了克雷菲尔德，一座位于莱茵河边拥有 20 万人口的大城市。

占领城市后，盟军成了该城市的“主人”。不过，面对断壁残垣，首要任务便是稳定这座城市的秩序。因此，第 84 师师部组织了一个战后维持秩序部，管辖战后城市问题。师长任命克雷默尔为城市民政事务官。

这是一份荣誉。但是，克雷默尔没有接受任命而是大力举荐基辛格做城市民政事务官。既是克雷默尔极力推荐，师长便同意了。就这样，基辛格瞬间成为德国该城市最高行政官。七年前，他被德国同胞抛弃、侮辱，不得已离开；七年之后，他以美国大兵的身份占领该城市并成为该地最高行政长官。

俗话说，官职越高，责任越大。如果基辛格完成任务，那么他就能升官发财。可是，该城市一片混乱：房屋倒塌，死尸如山，伤员无数，垃圾满街，最为要命的是，断水断电。一旦百姓暴乱，后果将不堪设想。

面对这么一个烂摊子，基辛格倒吸一口凉气。不过，他决定迎难而上。他认真构思重建该城市的方案，即他从德国人的角度去理解秩序问题，从而制定了适合德国人的秩序方案。首先，他命令城市负责水电、交通等负责人随时向他报告供水供电及其运输进展情况，解决了民众急需的水电和食物。

其次，清理纳粹分子。他借助情报部门的信息，从城市机构官员中一一清理纳粹分子，同时恢复多年前被罢免的非纳粹官员。事实上，就是不用情报，也能很容易揪出纳粹官员。因为在最困难时期，纳粹分子通常吃得油光满面，与贫苦百姓完全不一样。

经过八个昼夜的艰苦奋战，基辛格完成了任务：建立一个市政府，稳定了城市秩序。短短八天时间完成任务，这让克雷默尔和第 84 师师长大吃一惊。基于他的这种高效率的办事方法，他得到了师部的赏识，被调到反谍报机构工作。

不过，稍微遗憾的是，当时谍报部门编制已满，没有空缺，基辛格只能做司机，当个临时工。对此，基辛格毫无怨言，当司机就当司机，后来，他终于成功转正，升为中士，专门负责抓捕藏匿的纳粹分子。

有了机遇，能否成功荣升，还得靠他自己。怎么抓纳粹，满城市找？那是笨办法。与其满世界抓纳粹分子，还不如布下局让他们自己送上门来。基辛格如此想也如此做。他让人贴出布告，招聘“有警察经验的人”，然后坐在办公室里喝茶看报纸。

布告贴出之后，就有人找上门来了。一个肥硕的壮汉前来应聘，声称自己曾经在警察局任职。基辛格看了对方一眼，然后小声地问道：“哥们，你不会是秘密警察吧？”那人不假思索地说：“是”。等对方说完，基辛格立刻将其逮捕。

随后，基辛格采取德国人所具备的服从精神促进工作的开展。壮汉一看情况不对，立刻愿意将功赎罪，基辛格便设定了计谋，开着车带着壮汉满街走，只要壮汉点头，基辛格就命令士兵将“那人”逮捕。就这样，基辛格轻而易举地抓捕了许多盖世太保。

此外，他还利用情报机构审讯技巧抓捕犯人，他通常会审问纳粹嫌疑犯：“先生，我知道你在纳粹党里不过是小人物，根本无足轻重。”借以诱逼对方供出更高级的纳粹分子。

在执行任务中，基辛格发现，这些纳粹分子，根本不像自己小时候见到的那样级别高、凶神恶煞，而是一些可怜巴巴的小官僚。

抓到这帮纳粹分子，很多人会觉得他有一种报仇后的快感。但是，基辛格并没有那种报复的快感，刚好相反，他在抓捕过程中，看到纳粹分子的妻子儿女抱着自己的大腿号啕大哭，他心软了。

基辛格不仅没有公报私仇，有时候，他甚至还替纳粹分子说话。许多时候，谍报机构为了套取情报，采用严刑酷法拷问纳粹分子，基辛格都会制止，他吼道：“你们都在纳粹统治下生活，知道他们如何虐待民众，现在你们怎么能够用同样的方式虐待他们呢？那你们跟纳粹有何区别？”

由于基辛格中士工作出色，举止有度，深受上司赏识，他得到了一枚铜质勋章。此外部队给他颁发奖状：“基辛格中士，在极度困难和危险的情况下，出色完成了反谍报部队任务，成功建立许多情报链，抓捕无数纳粹分子，为战后德国秩序稳定做出巨大贡献，特颁此奖，以资鼓励。”

对此，基辛格说：“小有成绩主要依靠运气，然后才是勇气，这是我参加过的所有行动中危险小的一次行动。”

人生没有不劳而获，就是天才也需要开动脑筋，费点脑细胞思考问题。事实上，绝大多数人想成功却没有成功，最根本的原因不是没有雄心，而是没有豁出去、缺乏承担风险的勇气与能力。基辛格深获赏识，步步高升，除了运气好之外，绝大部分是靠着他那非凡的勇气和能力获得的。

升任反间谍小领导

信心是成功之母。一次次交上满意答卷，获得众人认可，基辛格越发有信心。也因为越发有信心，他做事越来越有干劲，事情也做得越来越漂亮。没过多久，基辛格又迎来了升职良机。

虽然德国投降，反法西斯欧洲战场战争结束，但是，后续工作还很繁重，比如反间谍工作。尽管在欧战结束之前，盟军就做了反间谍方面的工作，扩展组织、增加人员等，但是战后的反间谍任务比盟军预先设想的还要艰巨。所以，盟军便四处抽调精英，组建团队，抓纳粹分子。

而基辛格够硬的专业技术及其“土生土长”的优势很快就被上司看中，担任黑森州贝格斯特拉斯区反间谍分队司令官。这一年，他才 22 岁。真如古人所言，“宁做百夫长，胜作一书生”。十年寒窗苦读，换来的仅仅是小官，而基辛格在战场上厮杀两三年，却获得了节节高升。

且说基辛格的工作与生活。作为当地的最高长官，他将行政中心设在山腰城市本斯海姆。这个城市拥有 17，000 人口，位于基辛格家乡费尔特城以西 100 里左右。一句话，这里就是他的地盘。在这里，他就是老大，一切全凭他做主。

面对曾经侮辱、暴打自己的德国人，基辛格可以报仇雪恨了。但是，基辛格没有以暴制暴，他非常痛恨法西斯。作为普通人，他可以毫不犹豫地揍任何纳粹分子来出气，但是，他没有那么做。因为，第一，他没有忘记自己的使命。作为当地最高行政长官，最主要的任务是维稳。如果他以公报私，肆意报复，那么完不成任务不说，还可能因此而丢掉自己的大好前程。拿自己的前程作为报复的利器显然是愚蠢的。

第二，基辛格内心并不想报复。作为一个受害者，他吃尽了苦头，受尽了屈辱，哭、恨、骂，甚至是报复，都是人之常情。然而，作为信奉犹太教，讲求宽容的犹太人，他选择了以德报怨。

因此，他没有趾高气扬、杀气腾腾地来到该地上任，也没有颐指气使地指挥当地人。相反，他低调地行事。上任当天，他自己乘坐 1938 年式轿车入城，穿过破败不堪的道路，来到了当地税务局门前停下。他没有下令士兵冲进税务局，而是对站岗的士兵说道："我是亨利，现在我来接管这座城市。"

这不是作秀，而是实实在在的亨利风格。从头到尾，他都是宽以待人。据他的秘书伊丽莎白·海德夫人供述，基辛格最常说的是一句话便是"我们不是来这里寻仇的"。其中，最为典型的事件就是他帮助非犹太人讨回公道的事情。

卡尔·海茨勒一家是非犹太人，是基辛格一家的好友。在纳粹恐怖暴政下，他们依旧与基辛格一家往来，从不间断，直到基辛格一家搬到华盛顿安居。现在，纳粹投降了，有人就借着反纳粹指鹿为马，牟取暴利。

卡尔·海茨勒一家不能幸免，他们家成了纳粹同情者。根据法律法规，凡是纳粹同情者，其财产和生意一律充公。海茨勒一家不仅蒙受了不白之冤，还损失了经营多年所得的财产和生意。基辛格得知后，立即插手干预。经过一番详细调查，海茨勒同情纳粹案真相大白。真相水落石出之后，海茨勒一家重返家园，恢复了往日的平静生活。

此外，基辛格还格外照顾伯乐克雷默尔的亲人。当时，克雷默尔妻小都在德国居住。但是，由于克雷默尔一家是移民，所以她们就享受不到供应待遇。为此，基辛格每周都会按时从本斯海姆给她们送去食物。

靠着宽容、既往不咎的做事风格，基辛格很快在该地赢得了源源不断的赞赏。就这样，基辛格很快就维稳了当地秩序。跟基辛格的正事顺风顺水相比，他的业余生活也是丰富多彩，看足球赛是其最大的业余爱好。

他常常开着车去体育场观看足球比赛。多年之前，他酷爱足球，却被当地人以"犹太人禁止入内"禁止，私自去偷看，还被打得鼻青脸肿；现在，他亲手废除了这个歧视政策，以胜利者的姿态观看球赛。

除了看球赛，基辛格还喜欢开车兜风。但是一个人兜风是寂寞的，两个男人兜风是无聊，而一男一女兜风则兴趣盎然。基辛格兜风也不是一个人，他经常带着自己的情妇开着奔驰驰骋在宽广的马路上。

此外，基辛格还喜欢请客吃饭。他经常在自己的别墅里大摆筵席。这座别墅是基辛格从一个纳粹官员那里收缴而来的，豪华气派自然是不消说的。在这里，本斯海姆市长、警察局长都是他宴桌上的常客。

在该地，基辛格过的是“今朝有酒今朝醉，明日依旧醉红颜”的日子。这样的日子维持了将近一年，直到他的恩人克雷默尔再一次找到他。纳粹倒台之际，克雷默尔根据上级要求，集中力量在慕尼黑创立欧洲司令部情报学校，专门教授盟军军官剿捕残存的纳粹分子及其重建德国秩序的知识。很明显，这也是一个建功立业的好机会。

对此，伯乐克雷默尔没有忘记自己得意的“千里马”基辛格。于是，他向上级要求调基辛格到该机构工作。可是，按照规定，基辛格的职位不高且学历低（大学没毕业），是没有资格参与的，所以，按照一般程序，领导拒绝了克雷默尔的要求。

不过，克雷默尔并不放弃，他采取了纠缠的方式。最后，领导便召开会议商讨基辛格调入机构的事情。会上，大多数人不同意，因为他们觉得任用基辛格破坏规矩，不值得，但是克雷默尔据理力争，最后他做了保证，众人才勉强同意。

这个保证便是，一旦基辛格中士在情报学校做不出任何业绩，那么他必须去捡柴火。就这样，基辛格在“醉生梦死”的本斯海姆温柔乡中接到了克雷默尔中尉的调任信。

是继续待在温柔乡中珍馐玉馔，美人相伴，醉醉欲仙，还是前往情报学校去做下级军官，过那种单调、无聊的军营生活？基辛格也许纠结了一下，但是他很快明白，女人处处有，美食天天有，升迁机会不常有，他欣然接受了上司的提拔。

面对众人的不信任，基辛格最后能否经受住考验，成为欧洲司令部情报学校的正式员工，还是灰溜溜地回到占领区当个小领导？

弃“武”从“文”，求学哈佛

收拾好行李，依依不舍地离开别墅，告别情妇与好友，基辛格驱车赶往欧洲司令部情报学校。抵达后，他获得了一份新工作——德国历史课教师，主要工作是给军官讲授德国的历史课程。

这个工作对基辛格来说并不陌生，早在部队期间，他就给士兵们讲课。经过一段时间的锻炼，他积累了不少讲课经验，但是不陌生并不代表能胜任。跟给士兵讲课不一样，这次讲课的对象是高学历、高资历的军官。

可以说，前来上课的“学生”级别都比基辛格高，作战经验都比基辛格丰富。如何讲好课程便成了关系着基辛格能否留下来的大事。对此，基辛格不敢大意，他翻阅书籍、精心设计课程教案、推敲词句、模拟上课……

基辛格的倾心付出换来了众人的认可。曾经听过基辛格“德国次军国主义组织系统”的罗索夫斯基说：“亨利这哥们虽然只有高中学历，但讲起课来头头是道，表现十分权威，颇有学术风范。”

有话则长，无话则短。很快，基辛格便到了退役日期。按规定，基辛格可以复员回家，告别军人生涯。但是，在这个时候，司令部给他发来了聘书，聘任他为文员，年薪一万美元。是回家另寻他路，还是继续当军人？

也许还没有考虑好出路，基辛格便留了下来。这一年，他才 23 岁。可以说，基辛格年轻有为。此后的日子，自然是教书—训练—吃饭—睡觉。刚开始，基辛格认为，还能忍受，但是时间久了，他开始受不了了。一来，他本来就不喜欢部队乏味的生活；二来，教书可以在许多行业进行，不一定非得在部队；三来，他发现自己的知识有限。于是，他开始向克雷默尔抱怨，请求伯乐指点迷津。

抱怨是好事，说明基辛格不满现状，而不满现状，则说明基辛格另有想法。对此，克雷默尔非常高兴，他认为基辛格有上进心，前途一片光明。于是，他便给了基辛格一个忠告，回美国找个好大学，继续深造。

当一个人的才华撑不起自己雄心的时候，最好的方式便是静下心来好好学习。基辛格听取了恩师的建议。他随即向美国哈佛大学、哥伦比亚大学和普林斯顿大学提交了深造学习申请书。

当时，美国政府颁布了“退伍军人支援法”，要求高校给退伍军人提供继续深造的机会。这个法案于情于理都应得到高校的大力支持。可结果是，大多数院校大门紧闭，不欢迎士兵入校。普林斯顿大学、哥伦比亚大学以学员招满为由拒绝了基辛格的入学申请。

就在基辛格感觉深造无望之际，哈佛接纳了他。哈佛为何接纳他？原因很简单，哈佛校长詹姆斯·布赖恩特·科南特是“退伍军人支援法”的支持者。基辛格是幸运的，正如同中国文学巨匠钱钟书进清华大学一般。数学仅 15 分的钱钟书被清华大学校长罗家伦看中，破格入学，造就了日后享誉世界的文豪钱钟书，而哈佛大学校长科南特接纳基辛格，也造就了日后纵横政坛的政治家基辛格。

1947 年 7 月，做了三年德国“统治者”的基辛格凯旋美国。这个时候，距离二战结束已经有近两年的时间。

这场战争毁了无数的家庭，也造就了无数的政治家、将军，参与此“乱世”的基辛格也受益匪浅。

首先，他活了下来。在战争中，跟其他国家相比，虽然美军伤亡很少，仅约 100 万人，但陆军伤亡占到了美军总伤亡的 80%。有些师到战争结束仅有寥寥可数的几个人，但基辛格凯旋美国，衣锦还乡。这是最为重要的，否则我们的故事就没有精彩的下文。

其次，战争毁了他的自信又给了他自信。他说：“我先是纳粹时代的犹太人，然后是流亡美国的犹太难民，后来义务参军，成为美国军人，所有这些经历并未帮我真正树立起自信。”

这种说法只说对了一半。纳粹上台后，成千上万的少年加入纳粹，结果误入歧途，深受其害；而德国犹太人，由公民变成了难民，命运发生了重大改变。基辛格作为难民中的一个，受到了严重打击，自信心丧失。

到达美国之后，美国的文化、教育对他建立自信心产生了重要的影响。基辛格自己说：“我经过了美国化，这是我第一次离开犹太人前去参军，在军队中获得了自信。军旅生涯给了我们（和弟弟沃尔特）一个新世界，一个父母没法理解的新天地。”

因此，基辛格说美国的这些经历并未有助于他建立自信，显然是刻意地“说谎”。

最后，这场战争影响了基辛格的人生观、价值观和世界观。他很早就认识到了社会的残酷，接触到纳粹暴政，让他对生存有了新看法。这从他写的一封信可以看出，他说：

“集中营不仅仅是死亡基地，也是考验场。这里的人们都坚忍不拔，他们所做的就是为了生存。除了生命，他们别无可失。集中营肮脏不堪，这里的管理者疯狂暴躁，视人命如草芥，不值一提，要在这种环境下生存，就要有超强的意志。知识分子、品德高尚者、普通百姓没有区别……一旦想要活下去，那么他们就必须抱定目标坚持到底，这是生活在美国获得保护的人没法想象的。

“想要活命，就得抛弃道德仁义，而采取撒谎、欺骗等等方式，不顾一切保全自己，老弱都没有机会。然而，有一天，解放了，自由了。人们欢呼自由，过上了正常人的日子，但是幸存者却不能。他们回忆过去，活在悲伤、软弱、死亡的记忆中……”

纳粹的暴行，让基辛格看清了人生的困难，生存的艰难。这对他日后职业生涯产生了重要影响。他一直在他的文章中提到道德主义与现实主义，他一直深陷于两者的矛盾中。他常常将道义原则视作是示弱，这也是他日后屡屡强调美国信誉的内在原因。

其实，克雷默尔也发现基辛格深受战争影响，他说：“亨利有一颗保守的心灵，对历史的尊敬导致他对秩序的推崇，他对国家的责任理解就是维持秩序。”

现实的残酷与体验，使得基辛格崇尚秩序。这也是基辛格上大学后研究的重点及基辛格从政的核心要点。

第三章 “老男孩”的哈佛学生时代

每个人的生活中都会有那么一刻，他会意识到，自己在青春时代所拥有的无限可能性，到头来都只能化作一种现实。生活不再是一望无际，可以四通八达的广阔平原。很明显，一个人穿越草原的旅程都遵循着某种特定的路径，一旦走下去，便不可能再选其他的路。

——基辛格在本科毕业论文中的开场白

哈佛大学学霸

1947 年，主人公基辛格扛着行李前往哈佛大学报到，成为哈佛一分子。或许，他自己也没有想到，自己跟哈佛结下了不解之缘。在这所学校，他一待就是 20 年。在他的一生中，哈佛造就了他，而他也为母校争了光。

哈佛大学享誉世界是毋庸置疑的。有关它的发展故事与哈佛的名誉一样充满传奇。刚开始，它并不是公立大学，而是一所私立大学；它不是美国人建立的，而是英国移民建立的。自从哥伦布发现新大陆以来，欧洲人兴奋了、骚动了，上至达官贵人、下至流氓罪犯，纷纷前往美洲各地“寻宝”。17 世纪初，首批英国移民远涉重洋也抵达了北美。

在这些人中，有不少人受过高等教育，是社会精英。来到北美后，他们发现这里的教育一片空白。为了让后代能够继续接受优质教育，他们便于 1636 年在马萨诸塞州的查尔斯河畔建立了剑桥学院。

1638 年，剑桥学院正式揭牌，第一届共有 9 位学生。这年，病逝的伊曼纽尔学院院长 J• 哈佛将一半积蓄，大约有 720 英镑和 400 余册图书捐赠学校。为了纪念这位慷慨的院长，1639 年，当地议会通过决议，把学校名称改为哈佛学院。

建校之后，历经发展，哈佛完成了从最初的仿照欧洲教育到独立发展、富有特色的转变。其中最有特色、闻名于世的便是 3A 原则，即“校长坚持学术自由、学术自治和学术中立”，保证了哈佛“促进知识并使之永存后代”。

现在，哈佛大学是世界上最著名的大学之一。几百年来，它培养了无数精英。历史上，哈佛毕业生有 8 位担任过美国总统职位，哈佛教授中有 34 位获得过诺贝尔奖，至于其他奖项与荣誉更是不计其数。

正所谓成功有道，哈佛大学之所以能取得如此辉煌的成绩自然有它的秘诀。除了奉行“我爱我师，我更爱真理”的学术追求外，还跟美国国际地位的提高息息相关。

二战结束后，美国凭借独霸世界的军事实力与独领风骚的财富攫取世界霸权，世界进入了所谓的“美国世纪”。既然美国是世界上头号强国，那么哈佛大学自然也就由美国的大学变成了国际化大学。

入校后，基辛格没有醉心于花前月下，而是以学业为重，即当别人为伊消得人憔悴、脱衣解带之时，他却高歌衣带渐宽终不悔。之所以如此，是有缘由的。一是他有明确的进修目的。上大学到底读什么，很多人懵懵懂懂，但基辛格清楚，他上大学是为了更好的前途。

二是因为美国也发生了反犹运动。战前，美国发生了排犹运动，犹太人在高校深受歧视，许多大学不招收犹太学生。战后，虽然排犹运动缓和了一些，但是反犹运动依旧存在，基辛格不想陷入反犹运动中。于是，他只好两耳不闻窗外事，一心只读“有用”书。

虽然，上大学的目标明确，但是要一如既往地学习并非易事，善始善终的人毕竟不多。面对高校的诱惑、人的惰性、社会诱惑等等，基辛格能否坚持到最后？事实上，他做到了。原因很简单，他将部队那一套带进了高校。

每天早上七点，他准时起床，不论春夏秋冬，起床收拾完之后便上课、上自习，直到傍晚才回宿舍。忙完了学习，傍晚也该休息休息娱乐娱乐，比如参加宿舍的卧谈大会。在如今大学里，卧谈是大学生沟通、联络感情最为重要的手段，大有宁可一日无肉，不可一日无卧谈之态势。当然，卧谈话题几乎是男生宿舍话不离女生，女生宿舍话不离男生。

但是，基辛格对此青春期最为敏感的话题不感兴趣，他只参与历史、政治问题的讨论。据其室友吉尔曼说，“我们从来没有讨论过我们犹太身份的问题”。偶尔谈到以色列建国问题，基辛格就强烈反对以色列建国，他认为以色列建国既疏远阿拉伯国家又危害美国利益。他从政之后，这个观点都一直没有变过。

不参与卧谈大会，基辛格便又埋头读书。他经常坐在椅子上，一边咬着手指一边读书，偶尔会发笑，偶尔会嘲笑作者。此外，他坚持每天读《纽约时报》和《波士顿环球报》，借以开阔视野。

如果说，时间就是金钱，那么大学生就是全世界最富有的人了。因为，大学生有的是花不完的业余时间。面对大把大把的时间，学生们只好想尽各种办法来“花时间”。比如当代大学生经常这么玩：打球、种菜、玩微信、玩微博、玩漂流瓶、玩网游、看电影、约会……可以说，应有尽有。

但是，基辛格的业余生活几乎一片空白。虽然基辛格从小就是个体育迷，但到了哈佛，他却从来不参加任何体育比赛；社团活动丰富多彩，但他却一个也没有参加。在哈佛，他既不是俱乐部的成员，也不是社团的成员，既没有给出版社投过稿，也没有参加过任何学生活动。

对此，舍友英格尔哈特说："基辛格总是一副要死不死的表情，从来不追女孩子。他那标志性的诙谐和细腻在大学时代一点都没有表现出来。他对于周遭的人和事情从来不发表观点，没有任何表示。在社交方面他手忙脚乱，也许是害羞吧。不管怎么说，他是一个能力十分有限的人。"

在舍友看来，基辛格的为人处世是相当糟糕的，不浪漫、清高、孤僻，但事实上，有失必有得，他在学习方面取得的成就是有目共睹的。他的课程考试每一门都是"A"。很显然，基辛格是哈佛当之无愧的学霸。

以后往哪个方向发展？这是大学生要面对的关键问题。正所谓，女怕嫁错郎，男怕进错行。对于偏科严重的人来说，选择行业似乎轻松些，对于科科优秀的人来说，选择却成了一个大问题。基辛格对前途问题也不明了，他犹豫不决，不知道前方的路该怎么走。

有问题找前辈。这是基辛格的做事风格。他咨询了导师乔治·基斯迪雅可夫斯基教授——后来成为总统科学顾问。他问导师，入化学这行是否可行。面对得意弟子，教授淡然地回答道："如果你非得知道的话，那么我告诉你，你不应该进入化学领域这一行。"

在当时，化学是非常吃香、热门的行业，犹如现代的金融专业，只要名校毕业，就能名利双收。他的好友中就有人学化学而成为著名的化学家。

不过，既然导师说了，基辛格也就放弃了当化学家的打算，转而攻读政府管理学和哲学。否则，美国最多可能只是多了一个化学家，而失去了一位国际政治家、外交家。后来，事实证明，基辛格的选择是对的。因为，在政府管理领域他遇到了人生中的第二个伯乐。

机智圆滑获得导师赏识

选择政府管理学领域，基辛格碰到了改变他命运的导师——威廉·埃利奥特教授。

埃利奥特是地道的美国人。他长得浓眉大眼，鼻直口阔。年轻时，他是一个橄榄球迷，曾经在范德比尔特队效力，而且荣膺全美橄榄球联盟最佳阻截队员。同时，他还迷上了南方文学运动的诗人和作家们，是一个典型的文艺小青年。

后来，他获得罗德兹奖学金，留学牛津大学，毕业后任职于哈佛大学。他既是哈佛教授，也是哈佛垒球队的后防中坚，闲暇之余，也常创作和发表热情洋溢的诗作，甚至提出一些古怪的哲学概念。此后他“运动员—诗人—学者”的身份传遍哈佛。

不过，他的学问做得最好的还是政治学。他因为欧洲政治关系研究见解独到，富有开创性而声名鹊起，成为哈佛政治系主任，在哈佛政治系是响当当的人物。对此，基辛格说道：“在那个认为只要有地位就算有专长的时代里，埃利奥特是一个权威。”

面对富有浪漫气息的权威教授，老学生基辛格是如何与他见面并且成为他得意弟子的呢？这事情还得从两个男人的初次见面说起。据室友英格尔·哈特回忆，基辛格面见埃利奥特教授的时候紧张得可爱。

那天，基辛格应约前去埃利奥特教授办公室拿资料写论文。当他进门之际，教授正戴着厚眼镜伏在桌上写东西，看到基辛格这位老学生之后，情不自禁地嘀咕道：“今年怎么这么背，又是一个辅导生。”

随后他头也不抬，迅速地在纸上刷刷地写，不一会，他将这张纸递给基辛格，基辛格一看是书目清单。还没等基辛格说话，教授就淡淡地说道：“同学，阅读完这些书，然后比较一下伊曼纽尔·康德的《纯粹理性批判》和《实用理性批判》

之间的区别，写一篇论文，写完之后再来找我。”说完，教授又埋头写作，基辛格只好拿着书单转身离去。

得知教授粗鲁打发基辛格后，舍友哈哈大笑。都是男人，何必相互为难呢？老男人就不能上大学？活到老，学到老，这可是至理名言。在中国，八十多岁考科举的也大有人在。当然，基辛格当时肯定想不到这点。

事实上，就是他想到这点，也没有用，因为现实是教授不重视他。他要想被重视，就得拿出成就来。所以，基辛格拿着书单直奔图书馆，找出教授指定的书目，然后开始啃书本。

就在学生坐在图书馆欣赏路过的美女之际，基辛格在读书；就在学生花前月下忙得不可开交的时候，基辛格在读书；就在学生深度卧谈之际，基辛格还在读书；就在舍友鼾声四起的时候，基辛格还在读书。

对此，舍友英格尔·哈特说，基辛格这哥们疯了，“都一把年纪了”，还天天熬夜读书。这跟当代不少大学生的学习风格简直是背道而驰。他们的考试理念是：60 分万岁，多一分浪费。平时不看书，考试前再突击学习、熬夜。

不过，功夫不负有心人，三个月后，基辛格完成了论文写作。这天，他拖着疲惫不堪的身体将完成的书稿扔进教授的信箱，然后回宿舍倒头大睡。谋事在人，成事在天。教授会怎么看待自己，那是上天和教授的问题了。

当天下午，埃利奥特教授打电话给基辛格，让他去办公室一趟。听到消息后，基辛格一跃而起，飞奔教授办公室。他知道，他的努力感动了教授。进门后，埃利奥特站起来迎接他，喜形于色地说道：“到目前为止，我从来没有遇到能够读完所有的参考书，然后能写出一篇如此连贯的论文的人。你是第一个。”

努力就会有结果。基辛格成功了，因为这篇论文，基辛格得到了学界权威埃利奥特教授的欣赏，并受到了教授的精心栽培。

在部队，克雷默尔发现了基辛格，基辛格由士兵变为一线部队干部。在哈佛，埃利奥特发现了基辛格，基辛格由一般的哈佛学生成为脱颖而出的“学者”。在埃利奥特私相传授下，基辛格的学术道路一帆风顺。

埃利奥特对他学术能力评价道：“基辛格对政治哲学很有感觉，对历史的意义也有独特的见解。”在给全美优秀学生联合会的推荐信里，埃利奥特写道：“在过去的五年时间里，我没有见过一个学生，哪怕是成绩最优秀的学生有基辛格这般思想深度和哲学洞察力。当然，在一个彻底系统化的思维能力后面，他是一个缺乏典雅气质的人，他常常带有某种情绪，或许这一点跟他是犹太难民有关系。总之，我认为基辛格的头脑非常均衡、公正。”

埃利奥特教授不仅对基辛格的学术能力高度评价，还对基辛格的为人处世大加赞赏。他说:“基辛格不像是我的学生，他很像我老练的同事。”此话不虚。其中，最为典型的事件就是基辛格又得到了另一权威教授的青睐。

在哈佛，基辛格除了学习政府管理专业之外，还选择了哲学专业作为学习的重点。当时，在哈佛，卡尔·弗里德里希是哲学权威，跟埃利奥特都在管理学院任教。不过，文人相轻，他跟埃利奥特是冤家。也因为如此，学生便遇到了难题，他们不能鱼和熊掌兼得，只能选择追随其中一人。

基辛格却不仅能够自由地穿梭于两人之间，还深受两位德高望重教授的喜欢。对此，约翰·斯托辛格说：“基辛格那小子真有两下子，居然能让两个冤家教授都喜欢他。”基辛格的社交能力可见一斑。

其实，基辛格的成功可以归结为两个字：奉承。说得通俗点，就是拍马屁。但是，拍马屁是一门艺术，会拍的，能花最少的成本赢得最大的利益；不会拍的，就是花费大价钱和无数精力也无济于事。

弗里德里希回忆说，“我们一起散步，他对我说了许多赞美的话。他说，从我这里获得了许多学识，远远超过其他老师教授的知识。他奉承人很有一套，或许这就是他作为优秀谈判者的重要因素吧。”

就这样，在两位权威教授的悉心指导下，基辛格学习成绩遥遥领先，几乎所有的学科都是A。行业是选了，专业呢？哲学还是政治学？一开始，基辛格犹豫不决，但由于后来在哲学上栽了跟头，他才将全部精力集中在政府管理的学习上。

选择决定人生。基辛格在哈佛大学一次次的选择，造就了他的人生。毕业之际，他的选择开花结果了，他创造了哈佛前无古人后无来者的记录。

毕业论文创造哈佛历史

大学是人生最幸福的阶段之一，之所以如此，不单因为大学是自由、恋爱之场所，更因为它谱写了青春最美的歌曲。不过，就是再幸福的大学生活它也是有期限的。转眼间，大学即将毕业。众所皆知，毕业论文既是每个大学生必经的阶段，又是每个大学生大学学习生活的总结。

对于毕业论文，当今许多大学生和老师都漠视它。学生将它看作是无关痛痒的毕业任务，老师则将它看作是走过场的程序。所以，有的毕业论文在复制粘贴中完成，有的论文在床上完成，有的论文则在花前月下中完成……

但是，基辛格却是严肃对待毕业论文。他又开始废寝忘食、挑灯夜读。经过一番苦战，他完成了毕业论文。后来，他的论文成为了哈佛本科前所未有的传奇。在哈佛 350 年的历史中，虽然时常会有一些鬼才出现，但却从没有像基辛格的论文那样让人诧异，后来者也无人突破他创下的记录。

第一，论文篇幅。哈佛大学讲求学术自由，对于本科论文，没有规定页数、字数。一般而言，100 页的论文算是罕见的，而基辛格的论文页数却高达 383 页，相当于博士论文。

这在本科生论文中是前所未有的。消息传开后，哈佛震动了。学生惊诧了，校方则慌了，若是每个人都像基辛格这般，教授肯定吃不消。所以，校方召开紧急特别会议，规定本科生论文不得超过基辛格论文的三分之一，即众所皆知的“基辛格规则”，从此“基辛格规则”名扬海内外。这一规定奠定了基辛格论文在哈佛大学前无古人后无来者的地位，与他的论文题目《历史的意义》相一致，别具历史意义。

第二，获得“最优”成绩。基辛格论文不仅量大，质量也很优秀。他的论文是苦读的结晶，思考的结果，其观点独特，具有深度，逻辑严密，语句流畅。所以，教授还没看完他的论文就毫不犹豫地提笔写了“最优”评语。

入学哈佛，基辛格放弃了花前月下的浪漫，忍住了聚会欢娱的诱惑，日夜不停地学习，吸收了大量知识。在写论文的时候，温习全用，灵感源源不断。首先，他重点比较三位思想家康德、斯宾格勒、汤因比；其次，对激进经验主义者和逻辑实证主义者加以比较，涉及了笛卡儿和陀思妥耶夫斯基、黑格尔和休谟、苏格拉底和斯宾诺莎等人；最后，他挑选“诗的启示”，论述康德、荷马、弥尔顿和维吉尔。整篇论文让哈佛教授评审团大吃一惊，论文内容丰富，既有古代的哲学大师，也有近代的哲学泰斗，内容详实，论点明晰，论据可靠。

在论文抄袭满天飞，有数量没有质量的今天，基辛格是了不起的。基辛格论文为哈佛人津津乐道，颇有意义，而且对基辛格本人而言，也是意义非凡。

这篇本科论文是一部十分有趣的哲学作品，是基辛格大学奋斗的结晶，也是他的“个人宣言”，论文中谈及了道德、自由、革命、政治体制及其创造性等话题，这也是他日后人生一直追寻的问题。这部作品展现了他的人生思考、政治观点。

《历史的意义》谈到了一个哲学问题：在历史的进程中，“决定论”和“自由意志”哪个发挥的作用更大。基辛格从个体出发，他说：“每个人的生活中都会有那么一刻，他会意识到，自己在青春时代所拥有的无限可能性，到头来都只能化作一种现实。生活不再是一望无际，四通八达的广阔平原。很明显，一个人穿越草原旅程都遵循着某种特定的途径，一旦走下去，便不可能再选其他的路。”他认为人要充分发挥“自由意志”。这也是日后他在越南问题、美苏问题、中东问题上屡败屡战的精神之源。

然而，要搞明白基辛格的思想，势必要了解论文中的主人公——斯宾格勒、汤因比和康德。斯宾格勒是西方著名的悲观哲学家，著有《西方的没落》，享誉全球，他的“历史决定论”深深地影响了基辛格。

基辛格认为，所有伟大的文明都必须经历青春期、成熟期然后在战争中走向灭亡。对此，他认为，历史是循环的强权斗争，是一连串社会动荡的轮回，大国或者强权则是历史过程中的体现者，也是历史发展的唯一目标本身。

基辛格虽然深受斯宾格勒思想的影响，但是他并不像外界所认为的基辛格思想就是斯宾格勒思想。基辛格在认同了斯宾格勒的某些论调之后，也有着自己的想法，他在文中试图给历史找到一个拥有人情味的意义。

对于史学巨擘汤因比，基辛格认为，“肯定了历史发展的目的性，试图借此来超越斯宾格勒的形而上学论点。”简单地讲，历史前进的方向及其方式并不是一早就注定的，人类参与是一场有目的性的斗争，旧世界灭亡，具有更高价值的新世界便会崛起，历史不断进步。不过，基辛格觉得汤因比太过强调经验主义而忽视了人类本身的意志。

对于哲学泰斗康德，基辛格既钦佩又敬畏。康德的自由理论让基辛格沉迷不已。基辛格在研究康德的基础上，提出了“自由”的本质必须从人的审美和道德等高层次的经验中获得。然而，遗憾的是康德这种书斋式的论著并未能给基辛格提供理想的答案。

基辛格则在“历史决定论”中做出评述，他说，“活着就是受罪，出生即意味着死亡，存在都只是暂时的。如何克服命运，只有认识到并且确信自己所拥有自由的力量，努力去做，才能够打破命运的藩篱。”

凭借这篇出色的论文，基辛格获得了哈佛优秀毕业生的称号。毕业意味着新的开始，基辛格再一次站到了人生的十字路口：是否继续坚持学习，即继续研究哲学思想或者政治理论？或者进入研究院，从事与学术毫不相干的工作？

走到了人生的分叉路口，基辛格将何去何从？

学生基辛格的“攻”博之路

人生是一次次的选择决定人生。在人生职业规划上，方向比努力更重要。选择正确了，人生将会别有天地，选择错了，人生将会延续此前的道路或者越走越差。对此，基辛格非常清楚，生活的阅历、战场的体验，让他做事更具目标性。为了弥补学历低的缺憾，他选择了上大学进修。大学三年，他完成了由士兵到学生的转变。

人生每个阶段的终点是另一阶段的起点，大学也一样。人生何去何从，基辛格早有打算。在上学期间，他在公开场合表示自己希望当一名教授。这个想法与他多年前致力于当会计的想法有着天壤之别。当会计多少源于生计考虑，是生存境况下的自然反应，当教授则不同，是出于崇高生活的考虑。

不过，崇高事业也是有门槛的，正如同结婚一样，得达到一定的条件才行。基辛格想要当教授，就必须达到当教授的资格。在当时的情况下，他有两条路可选择：找关系和拿到博士学位。找关系风险大，且基辛格是不屑的，所以，基辛格下定决心继续当学生，直到拿到博士学位为止。

既然要深造，就要到好学校深造。这点跟国内无数大学生一样，他们拼命往重点高校考研、考博，比如不少学生扎堆北京，拼的就是希望能够在资源丰富、条件优越的北京高校学习。

这是无可厚非的，人往高处走水往低处流。不过，好学校人人都想上，竞争压力就大。没有足够的实力，最终梦想只能折翅。所以，理想还是要建立在现实基础上，成功把握多一点。

基辛格面临着“考研”难题。这个难题不是考上考不上的问题，而是到哪上的问题。国内还是留学？基辛格曾经考虑过申请富布赖特奖学金和洛特里奖学金，到国外深造，可是他那刻板的性格和难民身份导致他最终未能如愿。

留学没希望，他只能留在国内。经过一番思考，他决定留在哈佛，申请在政府管理学院攻读博士。他在申请信上写道："对于学术，我一直努力试图让自己的研究视野尽可能拓宽。因为我认为政治生活本身并不是以其自身作为最终目的，相反，它仅仅是文化领域中的一种体现。对于职业选择，我希望获得博士学位之后能够在一所大学任教或者从事相关的科研活动，当然，不排除未来在政府部门工作。"

基辛格这段话虽然没有对未来做出明确的规划，但是却清晰地指出了他日后的梦想——哈佛教授。申请书提交后，基辛格便等着入学。之所以如此，是因为他是权威教授埃利奥特的得意弟子。

进入研究生院后，基辛格便忙起来了。哈佛跟其它院校稍微不同，学生们在选择自己的论文题目方面拥有"特权"，可以选择自己喜欢的题目而不用担心教授因为知识面和能力问题看不懂。

在当时，大多数学生选择热点问题，以当代问题作为论文题目。因为这样一来，容易抓住当前问题，二来容易引起别人关注，三来容易论述。然而，基辛格却反其道而行之。他既不研究1945年以来的国际危机，也不去讨论20世纪的外交问题，却选择以19世纪头几十年欧洲世界的秩序为论文题目。

从题目上看，基辛格的确是一个学究式人物。好好的当代活历史不研究，偏偏跑到尸骨无存的死历史中去研究。且不说不符合大众心目中的"学以致用"，单说研究19世纪欧洲世界秩序的著作多如牛毛，而且在当时学术界有一个主流的观点：广岛事件意味着一个时代结束，即原子弹改变了所有国家的关系。研究19世纪的外交关系和政治便显得十分孤僻。

这不是自讨苦吃吗？但是，基辛格不这么认为，他是经过严肃的考虑而选择的。事实上，经历过苦难、体验过死亡的基辛格并不是想要去研究"死"历史而成为刻板的学究人物，他是遵照"历史是为当代和未来服务"的理念去选择的。

他承认原子弹对维护世界秩序的确有重要的意义，但是他认为，相对历史而言，原子弹所发挥的作用要小得多。因为基辛格认为，现在的世界虽然不会重复过去，但是一定和过去相似，未来也是如此。

他认为历史学家的任务就是确定现代历史跟过去历史哪些是相同的，哪些是不同的。换句话说，甄别历史异同，服务当代和未来是基辛格研究历史的核心点。

当然，他并不奢望19世纪的历史能够告诉他美国人执行什么样的外交路线才能够维持世界的和平和稳定，也不相信政治家或者学者用机械式的方式就能从历史中得到宝贵的经验。

相反，他认为，国与国之间的关系并非全部改变，假如能够聪明地从历史中汲取营养，那么对研究当代世界问题便会有莫大的帮助。对此，基辛格在他论文中明确说道："自然科学的成就取决于选择一个'决定性的'实验，而以国际事务为研究点的政治哲学的成就则取决于选择一个'决定性的'时期。我选择1812年到1822年这一时期作为我的论题，坦白地说，一部分原因是这一时期的问题在我看来是与我们当代的问题十分类似的，但我决不强调这种类似。"

放着当代的热点问题不研究，跑去研究古代的死人与政治问题。这种行为跟无数中国文人一样，无数的中国文人崇拜古代、古人，其崇拜程度可以用顶礼膜拜来形容。他们沉浸在辉煌的过去不能自拔，但是基辛格不一样，他虽然研究古人，但却相信，数风流人物还看今朝。

博士论文透视基辛格外交观

选定题目之后，基辛格便准备开始对国际关系进行全方位研究。然而，该怎么研究呢？基辛格准备了几套方案：在国际关系领域里寻找一个小有名气的理论体系或模式，进行批判式的研究；从细微处入手，即以历史小插曲为实例进行研究，借以评价某些政治家的所作所为。对于第一个方案，他已经做到了，本科毕业论文已经出色地完成。因此，他采纳了第二套方案进行研究。

方案定下来之后，基辛格开始“返回”到19世纪那段古老的历史，开始寻找他所要的目标人物。在翻阅无数古籍、专著之后，基辛格发现，梅特涅和卡斯尔雷这两个欧洲人物居然建立了维持欧洲100年的和平秩序，对欧洲和平有着重大的贡献。

这正符合他的胃口，因为他始终关注拥有权力的人物。他认为在任何特定的时间里，总有国家存在，美国国家的政治领导通常是明晰的，国与国之间的沟通交流基本上是国家领导之间的交流。他相信，这些有权力的人物影响着国家关系。他关心他们的信念，关注他们的外交行动。他认为外交、战略和内政是不能分割的，而且政府高层人物的行动将决定一个国家的生死存亡。

有这样的想法，一是多少有些英雄主义者的色彩；二是深受纳粹之苦的体验。希特勒上台后的独断专行导致欧洲大战，瓦解了华盛顿—凡尔赛体系。

在那个年代，基辛格这个题目显得不合时宜。因为，梅特涅是一个反动的历史人物，穷其一生都在试图恢复欧洲保守秩序，而卡斯尔雷更是一个可悲人物，他是一个政治前途不明的外交官。这两个人物，都是上不得历史台面的人物。对此，基辛格的同学并不看好基辛格这篇论文。

做自己的事，让别人去说吧。基辛格并不管别人怎么看，他坚信自己的选择。

其实，这个论文选题在核武器时代具有历史意义。二战之后，世界格局发生了翻天覆地的变化，欧洲霸权地位丧失，美苏崛起，成为世界的领头羊。然而，美苏之间因为国家利益、意识形态等因素搞起了冷战，非得分出高低不可。这种情况跟 19 世纪初的法国相似。因此，基辛格的研究便具有了将历史化死为活的重大意义。

此后，基辛格便阅读各类著作，废寝忘食地研究。1953 年，他写完了他的博士论文《重建的世界：卡斯尔雷、梅特涅与和平恢复时期（1812—1822）》。在这篇论文中，基辛格提出了核心观点：

外交不能无视武力和强权而独自起作用。同时外交必须跟道德主义和干涉主义撇清关系。

维护世界和平和稳定是外交的唯一目的。

国际稳定需要各国接受现存的国际关系游戏规则同时遵循各国国家利益行事才有可能，搞意识形态和道德主义只会祸害稳定大局。

对于他的这种论点，哈佛大学斯坦利·霍夫曼认为基辛格所追求的是“没有道德说教的实力政策”。

的确，基辛格的论点的确是实用主义者的论调，他的论文开宗明义地说道：“不论何时，只要某个大国或者一组大国的首要目标仍是谋求和平——一般被理解为避免战争，国际体系的安危就将受控于那些最无赖的国家。”他提出，一个更合理的目标“应是基于力量平衡的稳定秩序”。

在历史上，欧洲保守主义认为稳定决定一切，哪怕稳定下面是反动压迫的世界，基辛格接受了这套理论。有一次，他的同学斯托伊辛格问他：“在两个选择中，即邪恶目标的合法政府和正义的革命政权中，应当如何选择？”基辛格说：“如果一定要在有正义无秩序和有秩序无正义中选择，那么我永远选择有秩序无正义。”

基辛格认为，法国革命之所以发生是因为拿破仑式的领袖不能巩固接受现有的国际秩序。在那种情况下，谈判毫无效果。对此，他认为，美苏争霸，同苏联谈判是不切实际的，不过，后来实践证明，他的观点有些偏激，因为他发现通过让中、苏在国际上享有一定的权利，共同承担责任，对美国的全球战略是有好处的。

这篇博士论文获得了无数的掌声。基辛格不仅获得了博士学位，还获得了萨姆纳奖金。此外，这部论文在三年之后由霍顿·米夫林公司以《被恢复的世界》

为名出版。

我们常说，文如其人，基辛格也不例外。这篇论文与其说是研究历史，倒不如说是基辛格个人观点的展示。在这篇论文中，我们发现基辛格对梅特涅的评价和他对自己的评价以及评论家们对基辛格的评价都出奇地相似：

“梅特涅是一个矫饰过分的人物。他性格怪异，世故圆滑，巧于钻营，就像一个经过精心打磨的多棱镜。他神情优雅，但气质不够深度，讲话总是振振有词，但是却没有任何实质性的东西。”

“梅特涅有着让人折服的优雅魅力，他在外交的舞台上总是出其不意，手段高明，充满自信，纵横捭阖。”

“梅特涅外交策略倾向于迂回。”

很多研究者认为基辛格深受梅特涅的影响，认为梅特涅是基辛格的偶像。对此，基辛格却大声呐喊，梅特涅并非他的偶像。但，从基辛格后来的行为表现及其外交理念来看，梅特涅思想对基辛格的影响是十分巨大的。基辛格不仅采取了梅特涅的迂回政策，而且总是在外交上出其不意，纵横捭阖。

受挫的“教授梦”

基辛格业余生活不像其他哈佛学生那般丰富多彩，或者说，与其他哈佛学生相比，单调无趣多了，虽然如此，他也有业余生活且与众不同，即在业余生活搞政治。

哈佛是学术的天堂。在这里，风声、雨声、读书声，声声入耳是盛行的，但是家事、国事、天下事，事事关心却不受欢迎。哈佛人是不屑于政治的，犹如中国真正的文人不喜从政一般，而基辛格却表现出强烈的政治倾向，进而“沦为哈佛叛徒”。

首先，兼职政府，为美利坚合众国效力。大学期间，由于他政治态度强硬，被华盛顿政府相中，受命担任华盛顿陆军作战研究所顾问。1951年，他还被指派到韩国考察军事占领对朝鲜人民影响的调查研究。1952年，他作为参谋长联席会议心理战略小组的顾问出入华盛顿。别人在沉迷于恋爱、学术的快乐之际，他却开始有目的的从政。

其次，大搞文化交流项目。在研究生阶段，埃利奥特教授再次提拔了他，举荐他去哈佛国际研习班担任研究负责人。这对基辛格来说是一次难得的机遇，因为他进入了哈佛以外的权力机构。在这里，他认识了各种各样的政要人物、学术权威。人脉即金钱，人脉即成功。这一阶段的锻炼与人脉积累造就了日后纵横美利坚帝国的基辛格。

最后，参加学术清谈聚会。基辛格还加入了学术清谈聚会，这种聚会如同我国古代盛行的清议，只不过内容不同而已，清议主要是针砭时政，骂骂政府什么的，学术清谈聚会主要谈论学术。

在这里，他既认识了志同道合的朋友，又结识了不少的学术权威。

一句话，基辛格学业上风生水起，社交生活也是精彩纷呈。不过，正所谓人怕出名猪怕壮，基辛格的成功同样未能逃脱同学和同事的嘲讽和嫉妒。据曾做过外交人员的赫伯特·斯皮罗说，同学们将基辛格姓氏的中间名“A”抹掉，背地里叫他“HenryAss-Kissinger”（ass 意为“屁股”、“蠢蛋”）。

此外，有人则将他的照片贴在了洛维尔楼弹子球室的墙上，以至于有些尚不认识基辛格的年轻教师便开玩笑地在上面画了靶子，有些人还将基辛格的照片当作靶子扔飞镖玩。

有因必有果，基辛格遭人“恨”是有多方面原因的。首先，童年时代缺失的记忆犹如梦魇一般伴随着他，导致他处于缺乏安全感的境地，他不得不摆出一种“强势”的架势，借以保护自己；其次，建立起来的自信让他觉得自己有能力超过别人，因此总是摆出一副高高在上的架势。

批评者有之，赞赏者也不少。霍夫曼教授说：“我犯了一个错误，读了基辛格的著作之后，发现自己喜欢得不得了。我喜欢基辛格的独特的见解和写作风格，他博览群书，文章大气磅礴，分析事物逻辑严密，严谨客观。”

康威教授说：“其实，他虽然自夸，但是并不是胡扯，毕竟他还是有过人的才智的，吹吹牛也是正常。”其实，名人都是这样，有赞扬的必然有批评的。因为只有这样，才是现实的完整的人生。

除了学院生活，基辛格时刻关注着外面的世界，他并不是一个书呆子。正所谓，读万卷书，行万里路。基辛格身体力行，积累经验。1951 年，他奉美国陆军行动研究办公室命令，前往韩国做调查研究工作。

既然是去韩国调查研究，找韩国人调查是毋庸置疑的。不过，基辛格犯错误了，他没有去找韩国人了解情况，而是找日本人了解韩国情况。韩国人知道后，愤慨异常，对这位美国官员冷眼相待。以至于他到达韩国之后，两个星期都没有受到应有的待遇。对此，后来基辛格回忆说：“简直糟糕透了，李承晚总统差点将我从韩国撵出去。”

这种实实在在的经历让基辛格获得了在学院无法学到的知识，有助于他改正学者思维缺乏现实基础而研究的短板。

论文写完了，名气也有了，现在就等着哈佛发聘书了。可是，左等右等却不见哈佛大学的邀请函。对于这个结果，很多哈佛人都觉得不可思议，按照基辛格的学术能力，他完全有资格在哈佛任教。有能力却不被重用，这是为何？迄今为止依旧是一个谜。对此，有很多猜想传出，大致有这么几个：

第一，基辛格本人自负狂妄，善于巴结钻营，学术人品有问题，属于典型的有才无德型，不适合哈佛正派形象；

第二，基辛格热衷于政治，兴趣点并非真正的在学术上，做官胜过于教书，属于典型的学而优则仕型，因此遭到了拒绝。

事实上，从人性角度去分析，基辛格被拒之门外的原因在于他的能力。自古就有天妒英才的传统，基辛格做学生就如此优秀，创下了一个个奇迹，毕业后肯定是个栋梁之才。但是，如此优秀的人才不遭人嫉妒是不可能的，文人相轻在国外可能不那么盛行，但恐怕是少不了的。如果任用基辛格，那么那些权威很快就会 out，如何能再权威？为了众人的利益，也只能“牺牲”基辛格了。

不过，不管是什么原因，基辛格没被聘用是铁一般的事实了。哈佛唯一能给他的便是哈佛最低的职位——讲师。面对这样的结果，基辛格失落了。但是就在这时，芝加哥大学给他发来邀请函，聘请他担任教授。芝加哥大学名气虽然不如哈佛响亮，但实力也不差，也是美国一流的院校。

是当一个身份高贵的教授，还是当一个前途未卜的讲师，基辛格必须做出选择。按照常人逻辑，选择芝加哥是最好的结果。但是，基辛格却放弃了教授的职位而甘心在哈佛当讲师。对此，克雷默尔说：“基辛格有一股韧劲，这是他最大的特点。他是那种一旦做出决定就是九头牛也拉不回的人，像他这样的人，有什么事情做不成呢？”

失败了一次又如何？人生最可怕的不是失败，而是失败之后就彻底放弃。哈佛教授事件让基辛格明白了，之所以失败是因为自己付出不够多，因此，他便决定走下去，直到成功为止。后来事实证明，他的确获得了成功。

方向对了，努力了，坚持了，总会有所成就的。

第四章 初涉政界的“哈佛政治家”

专注在每件事的限制或弱点，是成不了大事的，你要专注每件事的可能性和潜在价值上。

——基辛格谈他从历届美国总统身上学到什么

借助“国际研习班”打造人脉网

大学是伊甸园。在这里，学生们尽可以享受自由自在、无忧无虑的校园生活而无视外面世界的残酷与动荡。事实上，不管大学生关不关注外部世界，世界总是在发生变化并悄无声息地影响着伊甸园，影响着学生，甚至会改变学生的命运。

因为外部世界的变化，比如国际形势的变化，国家政策的变化，全球经济形势的变化等等，随时会影响着学生们的前途。如果学生关注时局，关注外部世界的变化，并能审时度势，抓住机遇，那么学生不仅不会毕业就失业，还可能会小有成就。基辛格就是如此。

20 世纪 40—50 年代，美国国内及国际上发生了惊天动地的变化。国内，发生了麦卡锡主义，人人自危；国际上，社会主义阵营日益强大，西欧各国实力逐渐恢复，民族解放运动风起云涌，整个世界发生着翻天覆地的变化。

在哈佛学生看来，这些都是远在天边的事情，无需关注。但是，基辛格却不这么认为，他看到了国际危机和美国危机。因此，他日夜苦读，钻研国际形势和美国外交政策。

也因为如此，埃利奥特教授非常看重基辛格，推荐他担任哈佛国际研习班负责人。这个项目是埃利奥特教授历经多年思考而成立的一个教育项目。其主要目的是搭建一个交流平台，使得欧洲国家能够前来美国旅游、访问、学习，与此同时，提高哈佛的国际地位。

这种设想是美好的，但是现实是残酷的。经过二战的重创，欧洲多数国家元气大伤、负债累累，欧洲民众根本没有多余的钱财到国外旅游、访问或者学习。所以，开设了研习班能否招到交流生成了最大的问题。

费尽心思搞研习班到头来可能是做无用功。尽管如此，1951 年，埃利奥特与基辛格这对师徒还是冒着巨大的风险创办了哈佛国际研习班。他们看好这个项目并且认为欧洲国家会随着时间的流逝而逐渐恢复元气。

他们从实际出发，做了最坏的打算，即邀请一些外国青年业界精英来美国度过一个夏天就行，至于邀请多少人，他们心里没有底。他们知道，只要存有信心做下去就行。结果是出乎意料的，

哈佛大学的牌子有效果了，无数人报名。到后来，由于报名人数太多，基辛格不得不组织人手挑选学员。

学员有了，紧接着就是管理与运营了，虽然基辛格曾经在德国当过行政长官，但是那一套不适应哈佛国际研习班，因为这些学员非富即贵。既有来自联合国的官员、英国下院的后座议员、法国议员、德国议员，又有来自日本、朝鲜、菲律宾、印度和巴基斯坦的业界精英。

换句话说，基辛格只有将研习班管理好、运营好，他才算真正地成功。如何管理、资金筹集、研习班如何发展都是基辛格要面对的。这可不是动动嘴皮子就能行的，但是，基辛格又没有管理、运营经验。思来想去，他决定“借”经验与资金。

首先，利用人脉“借”钱。金钱是企业的生命线。基辛格要维持研习班运营，就必须招来足够的资金。为此，他积极运用人脉，获得了大量的赞助资金。除了校方拨款之外，基辛格获得了洛克菲勒基金会、“中东之友”等的大力支持，解决了运营资金问题。

其次，找管理名人学管理。管理学流行一句话，10 个人的管理靠魅力；100 人的管理靠制度；10000 人的管理靠文化。可以说，管理制度攸关企业效率与未来。基辛格便向学长、老师和管理名人“借”经验。紧接着，他便依据取经得来的经验，制定了一套行之有效的管理方案。

再次，请名人打造哈佛品牌。每个人都有英雄梦，都向往权威人物。基辛格注意到这点，于是他邀请美国各行业精英参与国际研习班，其中既有哈佛大学的权威教授，又有美国政府权要，还有社会焦点人物。

经过基辛格的一番努力，哈佛国际研习班很快就步入正轨。按道理，步入正轨后，基辛格作为该研习班的 CEO 应该坐在办公室里喝着咖啡，读着报纸，过悠闲的生活，但是他却依旧早出晚归，忙里忙外。

他不仅把握研习班的运营大局，还非常关注教学计划这种细节问题。教学质

量是哈佛研习班的一切。为此，基辛格倾注了大量精力与心血，每次开课前都找德高望重的教授组织研讨问题，保证教学研究具有吸引力和信服力。

教学计划他关心，学员的生活他也异常关注。为了让学员更熟悉美国文化，更好地适应美国生活，他每周都邀请知名专家给参与者讲述美国生活。此外，他还经常跟学员沟通互动。在课前，他会与学员一起吃午餐，了解学员的需求与想法；在课后，他会在办公室提供咨询答疑。

基辛格的亲力亲为使得哈佛国际研习班名声大噪。不过，在发展的过程中，研习班还是出现了一些小插曲。其中，最为典型、严肃又有戏剧性的要数“信封事件”了。1953 年 7 月某一天上午，研习班办公室收到了一大堆信件，这些信件是寄给国际研习班 40 多名学员的。

由于这些信件“长”得太可疑，基辛格便拆开信件。不看不知道，一看吓一跳。所有的信件都是抨击美国军事政策，叫嚣着美苏应解除全球核武器，维护世界和平。是仇敌的恶作剧？还是偶然巧合？

这些都不重要，重要的是基辛格该如何处理这个问题。睁一只眼闭一只眼，还是报告政府？

经过权衡，基辛格将此事报告政府。政府一收到消息，立即派人调查，最终处理了此事。此事之后，联邦调查局还有意让基辛格加入联邦调查局，但被他婉言拒绝。

如果说埃利奥特教授的知识传授让基辛格接触到前沿学术信息，那么埃利奥特举荐基辛格作为哈佛国际研习班负责人则让基辛格成为炙手可热的社交家。他在举办哈佛国际研习班中收获颇多。

第一，他获得了前所未有的管理经验。这次举办活动，他全权负责，从实战经验中学到了许多管理经验、社交经验，利于日后他从政工作的开展。

第二，他结识了许多政要名人，积累了大量人脉。据统计，到 1969 年，参加哈佛研习班的学员达到了 600 人。这些政要权贵都与基辛格有着密切的来往，有些还跟他有私交。托马斯·谢林教授说道：“亨利网罗了一大批各色精英。那么做并非是为别人做贡献，他天生就爱招待那些未来可能用得着的人。”

第三，基辛格锻炼了自己的幽默特色。有位学员回忆说：“有一次，基辛格拉着一张老脸，面无表情地说：“举办鸡尾酒会是美国人的一种习惯，你必须理解并且接受这种习惯，不要觉得不舒服。在鸡尾酒会上，如果你跟美国人讲话超过 10 分钟，那么他势必会表现出一脸狐疑的表情，并且开始看你身边的人。可能你说了一半，他就拍拍屁股走人。对此，请不要太过在意。因为，美国人认为参加酒会的人都必须认识自己，而你，很不幸的，挡了他的道。”

关注时局、活动实践，使得基辛格比处于同一起跑线的大学同学更优秀、更适应社会、更成功。只是他的成功在赢来掌声的同时也遭到了严厉的非议。

搞季刊结交名流

基辛格负责的哈佛国际研习班走上正轨，原本应该受到同学的夸奖与赞赏，然而他却遭受到了非议。他的同学开始嚼舌头，抨击基辛格将哈佛国际研习班办得糟糕透顶，即将最开始的学术政治宗旨变成了权力运动。对此，基辛格漠然置之，他说："七嘴八舌的争吵之所以如此盛行、怨毒，是因为张嘴说话的风险小之又小。"

基辛格一直为自己而活，这点值得赞赏。太关注别人的看法，最后只能迷失自己。基辛格继续自己忙碌的学院生活。就在哈佛国际研习班进行到第二年，即1952年，基辛格做出了另外一个举动，再一次成为哈佛校内外的知名人物。他举办了《合流》（Confluence）季刊。后来事实证明，基辛格的这一决定，让他很快成为国际事务研究领域的一号新星。

20世纪50年代，欧洲政治分裂，可供研究的学术空间巨大，但是很多知识分子却依旧局限于意识形态的小圈子，躲在小圈子里津津自乐。这么好的机会错过岂不是可惜？于是基辛格决定开创《合流》杂志。他将这一想法告诉威廉·埃利奥特教授，教授听后，十分赞赏，并且大力支持基辛格举办季刊。

按照最初设定，《合流》的定位是欧洲人与美国人之间对话的桥梁。然而，经过一阶段的发展之后，《合流》季刊将目光扩展到了亚洲及其它地方，即不仅探讨美国与欧洲的关系，还谈到亚洲的事务，比如越战。

季刊刊载的前期话题较多，第一期题目——"文明的基础是什么？"，后来基辛格发现，这类题目空洞无用，便改变方向，将题目转为务实的一面，此后，教育、大众宣传工具、宗教、意识形态以及核时代的问题等实际有用的话题成为季刊刊发的主要内容。从这种内容性的转变，可以看出基辛格务实的一面，他并不想去探讨空洞的理论而是着眼于理论与现实的关系。

这份季刊创立后，迎来了许多参与者。参与季刊投稿的作者来自各行各业，既有哈佛大学生，也有校外业界精英；既有哲学家，也有政治家；既有来自共和党的人士，也有来自共和党的人士。比如乔治·邦迪、莱茵霍尔德·尼布尔、约翰·克劳·兰塞姆、雷蒙·阿隆、沃尔特·罗斯托等。

有了作者，那么资金呢？资金的重要性是不言而喻的，正如资金是企业的生命线、是政治的母乳一样，没有资金，就没有杂志的运营。

作为杂志的创立者，他还得四处寻找资金。这如同创业一般，过程是艰难的。对此，基辛格回忆说："《合流》是我一手搞起来的，我找了一本基金会地址的书籍，然后就开始给他们写信要赞助费。"

然而，商业讲求利益，没有利益，商人便不会轻易掏出藏在口袋里的钞票。由于基辛格的杂志根本不能创造利润，因此没有多少人提供赞助，其中大多数赞助费，约 26000 美元是来自洛克菲勒基金会。基辛格拿到这笔可观的赞助费后，全部投入杂志运营。他不考虑成本、销售量的问题，每期都印 5000 册，免费送给那些他想要结识或者拉拢的人。

此外，基辛格的这份《合流》杂志实行中立策略，既不支持左派，也不投靠右派，未能得到政派支持，加上《合流》阅读者有限，未能带来广告效应，因此，在支撑了六年之后，《合流》季刊宣布结束。

然而，《合流》季刊最终倒闭的原因，还在于基辛格创办杂志的动机上。基辛格依靠《合流》杂志网罗名流，建立自己的人脉网，将《合流》看作是权力的敲门砖，导致了杂志倒闭。

对此，基辛格的朋友、曾做过《融合》杂志助理编辑的史蒂芬·格劳巴德教授说道："季刊和国际研习班是他（基辛格）结识大人物的敲门砖，如果他只是普通的研究生，根本不可能认识那些德高望重、有权有势的人物。"

的确，基辛格内心渴望结交权势人物，但这不仅仅是他一心钻营，利欲熏心，其实他还想借此了解权威人物的思想。他说："我想他们发现我是个有趣的人，欣赏我的学识，但是我一无所有，没有金钱，没有地位，我要结交他们就只能依靠自己的聪明才智。"

俗语云：怀才如怀孕，日子久了才能看出来。这种自信自然不消说，但是，光阴似箭，如果只是一味地等待，那么很有可能一辈子默默无闻。对于屌丝基辛格来说，坐等伯乐无济于事，只有主动出击，高调推销自己才有美好的未来。

在哈佛，正当同学享受大学生活的时候，基辛格巴结权威教授；就在同学讨好学术大腕之际，基辛格则将目光投向校外，关注国际大局，成功经营、建立了自己的广泛人脉；就在同学四处托人找关系时，基辛格则获得了飞黄腾达的机会。

因“核战略”思想而小有名气

机遇女神总是垂青那些有准备的人。基辛格的多年准备终于开花结果。1955年，他收到了一份来自对外交流协会的邀请。

这个协会举世闻名。它所主办的《外交季刊》杂志声名远播，该杂志不仅是美国政府研究外交政策方面最为权威的出版物，还是美国和外国传达其能够影响当政者的外交观点的最佳平台。

20世纪50年代中期，该协会发展成了“牛人”俱乐部，只有对外交事务感兴趣且有人推荐的美国公民才能加入，比如第一流的银行家、律师、企业经理、教授、记者等等。其门槛越来越高，且影响越来越大。

20世纪50年代后期，美国遭遇了前所未有的危机是举世皆知的，尤其是美国的外交问题。因此，该协会便商讨美国外交的未来问题，但是，这些权贵意见不统一。有些人坚持美国应该继续坚持大规模报复战略理论，而有些人则认为该理论过时了。

争论在持续，时局在恶化。时间不等人，如此争论下去，除了耗费精力之外，一无所得。于是该协会会长决定邀请一个人来整理双方观点，写成一本书以供政府决策使用。经过一番考量，他们相中了基辛格。

对此，外交协会会长戈登·迪安后来说道：“我们邀请基辛格博士独立负责写这一本书，我们将事实和小组的全部观点放在他面前，如果基辛格搞出点什么东西来，我们将感激不尽。”

事实上，该协会还面临着一个严峻的问题：该协会此前出版了许多书，但是由于作者水平平庸，能力有限，书出版了，却没有什么反响，对外交流协会的影响力逐渐下降，他们需要一个善于观察，洞悉战争理论的作者，而基辛格博士是最适合的一个。

因为，该话题是基辛格研究的重点。他虽然并不是反对美国政府外交政策全面战争理论的第一人，但是他却是最早提出彻底改变战略的先锋。此外，基辛格还是该杂志颇有名气的作者。如该刊 1955 年 4 月号上刊登了基辛格题为《军事政策和“灰色”地区的防务》。这篇文章针对大规模报复战略做了强力的批判。

对于该协会的邀请，基辛格欣然接受。加入该协会后，基辛格参加了一个特别小组。这个小组的成员是来自军事、政治、经济、文化、新闻等各行业的精英。如，哈佛大学国际事务中心主任罗伯特·鲍伊，哈佛大学文理学院院长麦乔治·邦迪，前副国务卿、驻苏联大使、中央情报局局长沃尔特·比德尔·史密斯等等。

机会抓住了，但是，前所未有的困难也出现了。他不仅要完成博士论文写作，还得到对外交流协会上班撰写《核武器与对外政策》，任务繁重是不言而喻的。为了完成工作，他每天工作时间高达 16 个小时，身心承受着巨大的压力和挑战。

此外，他还可能遭遇淘汰。别人或许靠着家族势力轻松地在交流协会中自由出入，而基辛格却只是暂时的“外来者”，说白了，他就是一个临时工，干好了有名声，干不好就滚蛋。

所以，基辛格别无选择，只能全力以赴。他展开了工作。俗话说，凡事不预则废。基辛格深谙此理，他做了详细的计划。首先，他搜集各方观点。通过参加会议、沟通、交流，基辛格发现这些人的观点与他不谋而合。

这些人认为艾森豪威尔和杜勒斯的大规模报复战略理论过时了，不适应时代的发展。因为大规模报复战略理论核心观点是，一旦有侵略战争发生，不管在哪里，不管战争规模大小，只要战争就要用全面战争来反击。

现实的情况是，世界如此之大，美国再有能耐也管不过来。可是，如果不采取这种战略，美国该执行什么样的战略？这是基辛格搜集完资料后最为重要的工作。对此，他说：“在万劫不复和不战而败之间做一个选择是困难的。”

发动战争不可行，孤立自守不可能，那么有没有别的路？按照要求，他只需整理观点而不需要有自己的观点。但是，基辛格却不这么看。别人摸瓜他寻藤，别人摘叶他问根，他要另辟蹊径，寻找一条中间道路，一条在核弹时代下生存的道路。

经过无数日夜的奋战，基辛格终于在 1957 年完成并出版了《核武器与对外政策》。这本书一出版就带来了一场无休止的核战略大讨论，基辛格瞬间成为核战略名人。

这本书对当代世界的看法是暗淡的。基辛格论及一战前欧洲状况的时候说道：“太平日子过多了，人们就忘记了悲惨日子的味道。国家随时可能灭亡，战乱没法解决，这一切都忘光了。”

在文中，他将世界国家分为“保守的”和“革命的”两种势力。其中，他将苏联描绘为革命的、扩张主义的国家，力图破坏二战后建立起来的国际新秩序。

对于核战争，他则说道：“核时代的困境在于：核武器等现代武器威力巨大，一提到打仗容易引发各国担心与反感。但是，如果不冒核战争危险，那就等于放纵苏联在世界上肆无忌惮。”

对此，美国该怎么办？基辛格认为，可以用分级威慑的政策来对付苏联，即通过有限战争开始就使用战术核武器。他说：“有限核战争是我们对付苏联或者一个能用人力来代替技术大国行之有效的战略。”说白了，就是核讹诈。如果苏联敢发动战争，美国就启动核战争。

但是这又存在一个问题：只要按下按钮，核战争将演变成全面战争，哪会有别的路可走？但基辛格认为，可以采取“有限战争”战略。

所谓的“有限战争”就是“基本上是一种整治行动……它的目的不在于粉碎对方而在于影响对方的政治意志，让对方接受美国提出的条件，争取达到特定目标，而不是彻底消灭对方。”

该书观点新颖独特，引发了一股读书潮，以至于《核武器与对外政策》连续14个星期位列畅销书名单上。《华盛顿邮报》记者查默斯·罗伯茨评价说：“《核武器与对外政策》无疑是1957年最重要的一本书。”

基辛格成功了。因为这本书，他获得了伍德罗·威尔逊奖金和驻外记者协会的奖状；因为这本书，时任副总统的尼克松发专函向基辛格致贺，而担任国务卿人力推行“大规模报复”政策的杜勒斯也欣然地接受这种思想；因为这本书，基辛格得到了哈佛大学发来的聘书。

这年他才34岁。然而，对基辛格来说，他精彩的人生才刚刚开始。

哈佛教授赢得白宫关注

哈佛聘书，既是哈佛对基辛格的肯定，又完成了基辛格的心愿。博士毕业那年，他渴望成为哈佛教授，然而哈佛拒绝了他。现如今，他终于获得了哈佛的认可。面对聘书，基辛格欣喜异常，他转正了。

十几年前，他的梦想仅仅是一个会计师，十几年后，他却成为享誉哈佛的教授，正好印证了“心有多大，舞台就有多大”这句话。人只有心怀梦想，坚持不懈地走下去，人生之路才能够走得更远。

且说基辛格哈佛工作与生活。回哈佛后，他便在政治系担任讲师，教书育人。在哈佛，他被认为是第一流的循循善诱的教员，深受学生喜爱。他那基辛格式的幽默、博学的知识、丰富的人生阅历经常赢得学生的满堂喝彩。

此外，他还尽自己最大的努力开拓学生的视野。不像当今许多大学老师上完课就拍拍屁股走人，他还经常邀请权势人物到哈佛演讲，让学生更多地接触世界最新信息，了解最前沿的学术资讯。基辛格的真心付出换来了学生的真心拥护，他又赢得了哈佛学生的赞赏。

由于他工作业绩突出，他在 1959 年升任副教授，1962 年升任正教授。在哈佛，获得正教授意味着他在哈佛将是终身教授，一辈子享受荣誉。这是基辛格家族教师生涯中前所未有的成绩。作为基辛格家族第五代成员，基辛格超越了祖辈，光耀了门楣。

事业成功，婚姻也是幸福的。他和第一任夫人生有一儿一女，儿子叫戴维，女儿叫伊丽莎白，一家四口，其乐融融。但是，基辛格并不满足。正如基辛格的哈佛同事所说：“一个热衷于政治权力的人，待在哈佛是永远不会过瘾的，因为这里几乎够不到权力。”

的确，基辛格从未忽视对时局的关注。在授课之余，他一直研究核武器战略问题。针对美国公众否定他的有限战争是最为有效的方式的看法，他在第二部主要著作《选择的必要：美国对外政策的前景》中放弃了这一种说法，他弱化了有限战争的威力，强调有限战争的重要性。

此外，基辛格也从未放弃对权力的关注。虽然已然是哈佛教授，但是他依旧心系政界，跟外界政治、经济、新闻界等权威人物保持着紧密的联系。在教书期间，他就担任洛克菲勒兄弟基金会的顾问。

千里马常有，而伯乐不常有，这句千古名言绝对是真理。有伯乐相中，千里马便可以大展身手，但若不幸，便只能在岁月中感慨壮志难酬，悄然死去。基辛格是幸运的，他遇到了他生命中的第三个伯乐——洛克菲勒。

此洛克菲勒全名叫纳尔逊·洛克菲勒，是美国财神、美孚石油公司创始人约翰·洛克菲勒之孙，时任美孚石油公司的掌门人。此人含着金钥匙出生，在无忧无虑之中长大。1930 年从美国名校达特茅斯学院毕业后在家族企业中任职。

洛克菲勒十年之后，开始步入政界。先后担任杜鲁门、艾森豪威尔政府的高级官员，且是洛克菲勒兄弟基金会的掌门人，对外交流协会高级会员。其中，最值得一提的是他担任过艾森豪威尔总统国家安全事务特别助理。这个职位是基辛格日后担任尼克松政府的第一个官职。

洛克菲勒与基辛格，可以说，一个是财神爷，一个是教书匠；一个是政治要人，一个是知识分子，二者背景相差数千倍，财富相差数万倍，本应毫无交集，但是他们两个却走到了一起，这的确是不可思议的。事实上，基辛格认识洛克菲勒并非纯属偶然。

20 世纪 50 年代初，基辛格参加在弗吉尼亚州昆底科城的一次军事战略问题讨论会，洛克菲勒也参与了此次会议。在会上，两人有了一面之缘。后来，基辛格应邀参加对外交流协会，两人再度碰面。

一回生，二回熟，很快，他们发现彼此志同道合，于是成为好朋友。《核武器与对外政策》出版后，洛克菲勒便邀请基辛格担任类似美国国防安全专题研究负责人。既然是好友盛情邀请，基辛格自然点头答应，接受了这个为期一年半的科研项目。

随后，基辛格便指挥一百多名专家学者、业界精英展开专题研究。1958 年，基辛格完成了该科研项目。此报告刊登在报纸头条版面上，题目为《国际安全的军事方面》。事实上，这是基辛格观点的反映，他主张制定一个有限战术核武器战略。

这个战略跟洛克菲勒提倡的“全民高防空洞”口号遥相呼应。报告指出美国要注重民防系统，增加国防开支，确保美苏争霸中，美国能够更好地防卫自己。这个主张不仅受到了华盛顿政府的欣赏而且还被华盛顿政府所接受。在讨论防务问题的国会上，众议院拨款委员会主席克拉伦斯·坎农说道：“在关系公众生命的防务上，花多少钱都不算多。”

很显然，基辛格又成功了。这是基辛格继《核武器与对外政策》之后，再次提出有限战争理论并且提出了具体措施。随着美国上层慢慢接受基辛格这个论点，美国中间阶层也开始认可他的主张，他们想要更多地了解报告内容。

民众有需求，洛克菲勒自然要满足。洛克菲勒便借助在电视台接受采访讨论这个报告的时候狠狠地推销了一把。就在节目快结束的时候，主持人说道：“谁对这个报告感兴趣，可以向全国广播公司函索。”

底下工作人员听后，一脸不屑地说道：“先生，你得加上每份附送一辆福特V-8型汽车，不然谁愿意花时间精力要一个晦涩难懂的报告呢？明天要有1000人就很不错了。”然而，第二天邮差送来了4.5万封信件索要报告，第三天邮差送来了20万封信。基辛格着实又红了一把。

既然是名人，又是知识分子，基辛格便“义不容辞”地批评政府。这与一般愤青不同，基辛格的批评是建立在事实、研究基础之上的。比如，他抨击美国战略思想混乱。

经过多年对政府、研究机构及企业界权威人物的了解观察，基辛格发现，美国政策制定工作并非是由专业人员制定，而是由一些财阀、律师等业余人员制定。所以，基辛格便说，苏联谈判总是运用专业的谈判精英，而美国却用业余人员搞谈判。

的确，基辛格说中了美国政策的软肋，美国只喜欢全面战争，而不喜欢有限战争；只喜欢用拳头决定一切，而不喜欢用脑袋解决外交问题。直到基辛格实行均衡外交，美国这种拳头外交政策才得到了根本的改变。

此外，他还不断抨击美国的国防政策。1958年，他在哥伦比亚广播公司“面对全国听众”的节目中说道：“（大规模报复战略）这个政策在我看来，不仅危险，而且还费钱。美国必须制定灵活多变的政策以适应新的国际大局。”

可以说，基辛格的这些经典的建议是“哈佛对”。当然，这些建议也是他日后从政后所采取措施的核心理论。在沉寂两年之后，基辛格获得了一次进入白宫高层的机会。

并不成功的首次华盛顿“兼职”

1960 年，民主党候选人约翰·肯尼迪与共和党候选人理查德·尼克松角逐总统宝座。一个是政治新星，一个是政治老手；一个是虎，一个是豹，竞争激烈自然不消说。

肯尼迪，生于一战末期。早年就读于哈佛大学，是哈佛高才生。毕业后，弃“笔”从戎，在海军服兵役。二战中，他指挥鱼雷艇参与太平洋海战。在作战中，他指挥的鱼雷艇被日本海军击沉，身负重伤，不得不与士兵逃上敌后荒岛，后来才率残兵归队。

俗话说，大难不死必有后福。退役后，他转行做政治生意，一路上顺风顺水。先是担任众议员，后是担任参议员，官是越当越大。不过，做大官的他并没有忘记写作。

在业余时间，他坚持写作，笔耕不辍。1956 年，出版了《勇敢者传略》，获得普利策奖，名声大噪。1958 年，他连任参议员，1960 年竞选总统。他对内注重社会救济和平民福利，对外坚持反共政策，支持冷战。

为了击败尼克松，肯尼迪做了两件大事。第一，在击败民主党人、南方大财团的约翰逊后，他邀请约翰逊作为自己的搭档。第二，推出“新边疆”政策。此政策是肯尼迪的治国纲领。其内容包括两个方面：内政与外交。

内政上，采取双重利率货币政策，实施减税，实行长期赤字财政政策，实施老年保险，实施解决种族隔离的民权法，实施太空登月计划等。外交上，积极推行霸权策略，制造侵略古巴的“猪湾事件”，加强对拉美的控制，将西欧纳入以美国为主体的大西洋共同体之中。

说白了，该政策就是安内攘外，双拳出击。且不说其后来效果如何，就说在竞选中，肯尼迪凭借出色的治国纲领赢得了大选，在掌声中以美国历史上第二年轻的总统身份入主白宫，成为美国第 35 任总统。

入主白宫后，他没有忘记母校的栽培，大规模任用哈佛教授、精英，组建了哈佛政治团。其中有担任国家安全事务特别助理的麦乔治·邦迪，担任总统特别助理的阿瑟·施莱辛格等人，当然还有我们的主人公基辛格。

肯尼迪执政，哈佛智囊团辅佐，实力不可小觑。跟以往政府相比，这个阵营是强大的。加上当时美国民众看好肯尼迪团队，可以说，如果不出意外，足以开创与众不同的肯尼迪时代，足以创造一个美国梦。

上任伊始，肯尼迪一方面抛弃了“大规模报复政策”而采取分级军事威慑政策，另一方面则任命基辛格为三个权威机构（国家安全委员会，军备控制与裁军署和兰德公司）的顾问。肯尼迪之所以这么重视基辛格，一是基辛格是他的校友，才华没问题；二是他了解基辛格，他不仅看过基辛格的《选择的必要性》以及了解他的政治思想，还与基辛格进行过一次深入的谈话。

对于学长肯尼迪的任命，基辛格欣然接受。对他来说，这是一次展现自我的良机。然而，令他失望的是不管他怎么提意见，总是不被接纳，而且他本身处事风格与肯尼迪班子风格格格不入，肯尼迪心腹总是看不惯基辛格的处事风格，要么给他穿小鞋，要么就是阻挠他与肯尼迪见面会谈。当然，这些都是小问题，最重要的是，基辛格对“新边疆”政策的实施者肯尼迪总统本人失去了信心。

基辛格说：“肯尼迪总统很有意思。”这并不是夸肯尼迪，而是讽刺。基辛格喜欢那种做事果断、态度认真、目标明确的总统，然而肯尼迪身上似乎差了些。此外，基辛格喜欢深居简出，不喜欢“纨绔风”，而肯尼迪班子却喜欢时而玩游艇，时而玩滑雪，大有中国封建时代士大夫玩政治的味道，一边当着官，拿着国家俸禄，一边吟诗作赋，好不快活。对基辛格来说，政治就是政治，是严肃的，不能是浪漫的。当然，基辛格最看不过去的还是肯尼迪总统的政策。

首先，在援助别的国家问题上。基辛格认为肯尼迪根本不懂得外交策略，动不动就援助他国，将自己摆在了“救世主”的位置，随便浪费纳税人的血汗钱，这让基辛格无法忍受。

其次，在柏林问题上。1961 年，苏联在柏林中间建起一座大墙。基辛格认为，这是苏联的侵略行动，西方国家不应该让步。不过，肯尼迪却认为，这堵墙能够稳定东欧局势，所以，只是抗议一下而已。

最后，在多边核力量方案上。肯尼迪政府采纳了鲍伊提出的北约组织多边核力量方案，这让基辛格愤怒不已。早先在哈佛，罗伯特·鲍伊担任哈佛国际问题研究所所长，基辛格担任副所长之际，两人就有矛盾。

按道理，这一正一副都是哈佛精英，若是联手，必将能有大成就。但是，共事不仅是能力问题，还有性格问题和观念、兴趣爱好问题。由于个性不同，政策不同，两人经常对着干，好比中国文人相轻一般。鲍伊认为多边核力量方案符合国际形势，然而基辛格对此嗤之以鼻，鲍伊怒不可遏。

肯尼迪上台后，采纳了这个方案：要将欧洲整合成一个联邦，敦促英国加入。基辛格并不看好这个方案，他觉得这个方案无视欧洲民族主义潮流，必将惨败而归。他屡次想直接报告肯尼迪，但是却被邦迪等“卫士”阻止。

志不同道不合，那就分道扬镳，挂印而去，但基辛格有些不忍，总期待着事情有转机。不料，没多久，他就在政治场上栽了跟头。1962 年 1 月，基辛格受命访问印度，当时有人问他巴基斯坦有没有可能跟中国结盟。基辛格非常率真地脱口而出道：“不会。巴基斯坦不可能做这样的蠢事。”

饭可以乱吃，话不能乱说。在政治场合，讲话是第一要义，说错一句话就可能丢了乌纱帽，甚至丢了小命，比如中国的文字狱。果然，此话一出，巴基斯坦民众就一片哗然。巴基斯坦驻美大使馆向美国政府提出了外交抗议。后来政府高层出面处理，此事才平息下来。一个月后，国家安全委员会劝退基辛格。

祸从口出，基辛格算是亲身经历了。犯错误就要承担责任，就要付出代价，这个代价基辛格必须承受了，所以，他离开了国家安全委员会。而这一离开，基辛格虽然在政府中还有两个顾问职位，但已经远离权力中心了。

对此，基辛格回忆道：“我不该莽撞行事，错过了一次难得的机会。60 年代初，政府高层同事批评我过于鲁莽、太过乐观，自负自大。我觉得有些批评说得很对。但是，我觉得问题出现了，要迎难而上，而不是逃避；衡量一个人不但要看他的成败，也要看他的努力程度，宁要好大喜功，也不愿自甘堕落……”

简单地说，这次参政，虽然基辛格以被劝退、灰土头脸地离开了政府核心高层为结局，但是他对未来还是抱着希望的，他相信“长风破浪会有时”，肯定有机会“直挂云帆济沧海”。

学长肯尼迪遇刺迷案

1963 年 11 月 22 日，肯尼迪在得克萨斯州达拉斯遇刺身亡，而身为副总统的约翰逊则升任总统，成为美国最高领导人。他一上台，立刻命令美国首席大法官厄尔·沃伦组建特别委员会调查“20 世纪最大疑案”——肯尼迪遇刺事件。

林登·贝恩斯·约翰逊，1908 年 8 月 27 日生于得克萨斯州，先后在圣马科斯西南师范学院和乔治顿大学法律学院学习。毕业后在政府任职，担任过得克萨斯州公署署长，当选过众议员。二战期间，他弃政从军，参加美国海军，参与反法西斯战争。1948 年退役后当选为参议员。历经 3 年的磨炼，他在 1951 年，成为参议院民主党二把手。1956 年，他竞选民主党总统候选人提名，由于实力不足惨败而归。1960 年与肯尼迪争夺民主党总统候选人提名再次失败。由于他在南方各州影响力大，肯尼迪便邀请他作为竞选搭档，对此，他欣然接受。

强强联手，肯尼迪团队最终胜出，入主白宫。肯尼迪上台后，约翰逊担任副总统直到肯尼迪遇刺。后来，肯尼迪遇刺，虽然他荣升美利坚帝国一把手，但是，他似乎与肯尼迪总统的遇刺有着千丝万缕的关系。

肯尼迪执政以来政绩颇丰。在国内问题上，哈佛智囊团频出妙计，国内局势缓和，民众安居乐业；在国际问题上，他率领美国民众以灵活的手腕度过了“古巴导弹危机”、“柏林危机”，缓和了紧张的美苏关系。

光阴似箭，很快，四年任期就要到了，为了能够在 1964 年大选胜出，争取连任，他计划了达拉斯之行。按照惯例，肯尼迪专车必须安装防弹玻璃。然而，肯尼迪认为，要想获得反对派的支持，就必须开诚布公，坦诚相待，所以他乘坐没有安装防弹玻璃的林肯汽车。

然而就是因为这样的亲民措施最终使他命丧当场。当肯尼迪车队在接近得克萨斯州教科书仓库大楼的时候，遇到刺客突然袭击，肯尼迪身中两枪。虽然历经抢救，却因抢救无效死亡。美国建国至今，共有 44 位总统，遭遇刺杀的有 7 位，被刺身亡的有 4 位。

其中被刺身亡的分别是：第 16 任总统林肯、第 20 任总统詹姆斯·加菲尔德、第 25 任总统威廉·麦金利以及我们主人公基辛格的学长肯尼迪。肯尼迪被刺杀，引发了美国上下的骚乱，联邦调查局介入调查。

他们抓到了所谓的凶手——教科书仓库大楼员工李·哈维·奥斯瓦尔德。可是，这样的结论根本不能服众。因为，此案疑点重重。第一，奥斯瓦尔德只经过一次审讯，声称自己是“替罪羔羊”，随后却在警察的看护下，被杀身亡，线索中断。

第二，联邦调查局销毁证据，删除政府探员曾经与嫌疑犯通过电话的记录。

第三，联邦调查局销毁了这份证据，而联邦调查局所做的报告与官方调查委员会的结果有出入，事实证明，此次刺杀，凶手发射了 4 发子弹，而联邦调查局则否认，称仅有 3 颗子弹，随后第 4 发子弹消失。

一句话，随着嫌疑犯死去，此案死无对证，成了“无头案”。在之后的半个世纪里，虽然此案屡屡被复查，但是每次调查结果都只有相同的论调：这很可能是一场阴谋，但我们肯定不是苏联人干的，不是古巴人干的，更不是恐怖分子干的……

至于是谁做的，政府始终没有公布调查结果。政府不说，民间谣言四起，有人说凶手是玛丽莲·梦露，有人说凶手是外星人。但事实上，这一悬案其实是公开的悬案。因为，所有的证据都说明此案跟副总统约翰逊有关。

首先，约翰逊亲自组建的沃伦委员会认为刺杀属于“个人行为”，而此后美国进行多次调查表明，约翰逊总统有可能使用特权，阻止相关部门进行调查，并且销毁证据，这场遇刺并非个人行为，而可能是一次谋杀。

其次，美国中央情报局老牌特工、水门事件“军师”霍华德·亨特在 2009 年 1 月 23 日去世前透露了相关内幕：这位在民主党总统候选人大选上败于肯尼迪的候选人，接受肯尼迪邀请担任竞选搭档的约翰逊副总统是刺杀肯尼迪总统的幕后黑手。

作为美利坚帝国的总统，内修德政，外御强敌，肯尼迪可以说是大有作为的，是有功于美国的。但最终的下场却如此悲剧：他没有死在仇敌苏联人的导弹之下，却死在自己同胞的枪口之下。这是为何？细细探究，肯尼迪被杀根本原因在于他挡了许多人的财路。

据戴高乐回忆，肯尼迪曾经向他提议共同阻止苏联入侵印度支那，但是他否定了肯尼迪的说法并认为“干涉这个地区会引来无休止的纠缠”。最终肯尼迪被说服。回到美国后，肯尼迪搞定戴高乐，并决定改变美国的外交政策。

被刺前几天，他还跟退休的五星上将道格拉斯·麦克阿瑟谈话，决定从越南撤军。他推行的这种“和平遏制”政策让以大发战争财的军火商异常恼怒。他们回想起以前那日进斗金的日子，就难受得要命。肯尼迪前往美国军火商之乡达拉斯市就有点“自投罗网”了，而林登·约翰逊一上台，就扩大侵略越南战争则是彻底的佐证。

不过，不管真相如何，肯尼迪都已故去。究其从政贡献，的确不小。在他任期内，这位哈佛毕业生，在内政上，大刀阔斧改革，造福民众，是一位好总统；在外交上，他软硬兼施，不仅解除了“柏林危机”、“古巴危机”，还成功处理了美苏关系；而且他还重视科技，制订了“阿波罗号”计划。他逝世后，被美国民众视为最伟大的总统之一，位列“美国十大文化偶像”之首。

成为约翰逊总统的顾问

肯尼迪遇刺，约翰逊上台，美国政治机构照常运转。毕竟拥有完整政治体制的国家机构，不会因为缺失一个人而停止，哪怕他是国家最高领导人。在这段时间里，基辛格则待在哈佛搞研究，他一直研究复杂的大西洋问题，搞专题研究，成为一个书斋学者。在短短3年间里，他发表了十多篇文章，出版了《麻烦的伙伴关系：重新估计大西洋联盟》，成为一个多产作家。

这样的日子似乎过得不错。但是此阶段，基辛格也遇见了两件揪心的事情：一件是关于私生活，一件是政治事务。私生活上，在1964年，基辛格与初恋安妮丽丝离婚，结束了长达15年的婚姻。对此，安妮丽丝评价道："那是没有意思的婚姻生活。"的确，基辛格一心扑在学术和政治上，根本无暇顾及家庭。政治上，基辛格作为洛克菲勒的外交顾问，帮助洛克菲勒竞选总统，然而不管他如何努力，这次竞选还是再次以失败告终。

婚姻、事业不顺利，这让基辛格有点伤心。不过，基辛格依旧对政界保持着高度关注。他时而抨击约翰逊政府的政策有问题，时而批评美国坚信"美国万能"信念。1962年，国务卿腊斯克曾有一次在跟一个记者讨论越南问题时将食指按在咖啡桌上说："只要美国动手，不管谁都得屈服。"对此，基辛格颇为鄙视，他鄙视"美国万能"的信念。

1966年，美国参议院针对越南问题发表谈话，基辛格对参议院职员弗兰克·丘奇说："美国越来越倾向于包打天下，美国的精神力量不足以应付。"也就是这次谈话，基辛格的政治生涯开始发生了变化。越南战争成了基辛格步入约翰逊政府的敲门砖。

1965年7月，约翰逊总统委派洛奇再度前往越南西贡。洛奇曾经是尼克松和肯尼迪的搭档，在肯尼迪政府时代，他担任越南大使。后来约翰逊入主白宫，洛奇便加盟了华盛顿。

当时美国人认为这是一次明显的政治安排，目的是为了促使这次越南之行有所收获。的确，约翰逊确实是这么想的。他建议洛奇跳出华盛顿圈子，到外边招贤纳士。作为基辛格的好友，约翰逊·洛奇很快就推荐了基辛格。对于基辛格的精明能干和富有想法，约翰逊早有耳闻，于是约翰逊很快接纳了基辛格，任命他为国务院顾问。基辛格由此进入约翰逊政府任职。

进入政府后，基辛格便更多地关注和研究越南问题。从各种报刊上，他了解到西贡处于危险境地，根本不像美国政府这般乐观。1965 年 10 月，他奉命前往西贡调查研究。同行的是克拉克·克利福德克，此人是华盛顿大名鼎鼎的律师，从杜鲁门总统开始，担任历届总统的顾问。他们此行的目的便是调查西贡状况，拟出美国在越南的政策方针。

到达西贡后，一向严谨认真的基辛格又开始了忙碌的工作。他首先找了美国权威机构——驻越军事援助司令部和西贡政府阮高其将军、阮文绍将军及其他高级将领了解情况。随后，他发现这些政要人物喜欢报喜不报忧。

为了掌握实际的情况，他又马不停蹄地寻找当地的佛教领袖、知识分子、村长等谈话。经过自己的调查取证，基辛格搜集了大量的资料。最后，他整合资料，撰写报告，完成报告后飞回美国。

飞回华盛顿之前，他在加利福尼亚州圣莫尼卡的兰德公司作了一次报告。他报告了自己越南之行的结果。他分析道："美国在越南投入巨大，但是西贡政权目前和将来的领导人中，几乎没有一个政治家老练成熟，都是一些政治动机不纯的政客。"随后，他进行了详细地分析。对此，一位东南亚问题专家说道："这是我听过的对这场战争分析得最为精彩的一位。他深谙军事形势，政治大局。据他估计，美国正在实施的军事策略是严重错误的，我们并非进行反叛乱行动，而是跟一群打游击战的敌人打正规战。"

作完报告后，基辛格返回华盛顿向国务院汇报越南之行的结果。随后，他在知名杂志上发表报告，他说："越南战争主要有两个问题：撤军，残局无法收拾，谈判是不可避免的。"随后他指出，美国不能够从越南撤军，否则意味着美国向莫斯科、河内示弱，世界格局会深受影响。然而他又提出，美国在越南战争中难以取得军事胜利，他认为苏联倾力支持越南北方，不可能坐视越南北方失败，美国一对三不可能取得胜利。

那么，美国该如何做呢？基辛格提出自己的策略，他说："美国应该建立和扩大越南安全区，这样能增加美国在谈判桌上的筹码。"

此次越南之行，基辛格深入了解了越南战况，精准分析，进而由"越南"问题门外汉转变为越南问题专家。1966 年 10 月，基辛格再次受命前往西贡。这次与他同行的也是律师，不过是年轻律师丹尼尔·戴维森。

他们此次前往越南是协助拟定一项经过改进的"招抚"计划。这个计划的目的是，通过各种手段向越南北方共产党高级人员行贿并搞策反运动，削弱越南北方共产党的实力。相比第一次越南之行，此次越南之行让基辛格十分失望。

因为，基辛格发现，当地美国顾问信誓旦旦地跟基辛格保证，他们策反工作做得很好，简直滴水不漏，几乎每个村子"85％的人都按照规定向越南北方高层行贿"。然而，事实却是，越南北方人不敢进村子，村子里 85% 的人通过邮寄方式向越南北方交税。

人没见到，钱财都送过去了，这就是传说中的贿赂、策反？基辛格得知后哭笑不得。不过，第二次越南之行让基辛格明白，越南问题错综复杂、深不可测。

“见习”约翰逊总统的秘密外交

基辛格成为享誉世界、纵横政坛的世界第一秘密谈判家，是在尼克松时代，但是，其实早在约翰逊政府时代他就开始了这种秘密外交。他在约翰逊时代搞过一次名叫“宾夕法尼亚行动”的秘密外交行动。

这个行动内容就是华盛顿政府通过基辛格所认识的一个法国微生物学家同越南北方秘密通信，企图通过外交谈判结束越战。具体事情是这样的：

在参加1966年国际问题研讨会之时，基辛格认识了一位名叫埃尔贝·马科维奇的法国微生物学家。两人一见如故，相谈甚欢。言谈之中，马科维奇就提到他的朋友雷蒙·奥布拉克认识胡志明。

说者无心，听者有意。精明的基辛格坚信越南问题必须通过外交谈判来解决，必将走谈判的道路，因此，他一听奥布拉克见过胡志明，便想借助这层关系搞外交谈判。不过，他必须探明奥布拉克靠不靠谱。

奥布拉克是浪漫的法兰西人。二战期间，他是一个地下抵抗运动战士，战争结束后，他到美国哈佛大学和马萨诸塞州理工学院深造，毕业后成为一名工程师，并且在联合国在罗马设立的办事机构担任行政官员。胡志明曾在1946年率团到法国谈判独立问题。在法国期间，他就住在奥布拉克的别墅里，在居住期间他还给奥布拉克的一个孩子做了洗礼。

算起来，此人跟基辛格还是校友。有了这层关系，基辛格认为可以试验一把，指不定可以成功。于是，他向总统约翰逊提出了和谈想法。总统一看，既然军事手段没有效果，那么试试外交谈判也未尝不可，于是总统批准了基辛格这个建议。这次行动代号为“宾夕法尼亚行动”。

不过，政府规定基辛格在此次行动中只能以相关人士身份进行，不得以美国政府身份进行谈判。这意味着，事情成了，跟他没关系；事情没成，自己看着办。

看上去吃亏，但基辛格却不计较，毕竟他只是个小人物，没有资格跟政府谈条件。

上面点头同意后，基辛格便马不停蹄地开始着手行动。他将行动计划告诉奥布拉克和马克维奇。这两人在获得法国民族英雄戴高乐总统的同意后，做起了美越谈判的“中间人”。于是，这项秘密谈判计划就悄悄进行。

1967年7月21日，奥布拉克和马克维奇飞往河内，展开“和平传递”活动。事情进展比较顺利，两人不仅得到了热情招待，还取得了一定的成果。胡志明虽然提出了不喜欢美国在越南的和平计划的看法，但他却告诉奥布拉克他已将谈判交给了范文同全权处理。换句话说，只要美国改变越南政策，那么谈判是可以进行的。

出师告捷，基辛格兴奋异常。他将报告整理出来，递交给政府。可是，就在基辛格准备大干一场的时候，政府出招了。1967年8月3日，约翰逊总统宣布增兵越南，美军总数达到了52.5万，很明显，美国还不想放弃铁拳头。

不过，约翰逊也没有放弃这个秘密谈判方案，他授意基辛格通过奥布拉克渠道告诉范文同，美国可以停止对越南北方的轰炸，不过越南北方不能利用美军停止轰炸的机会，在背地里搞小聪明。

8月17日，基辛格飞赴巴黎与奥布拉克和马科维奇相见，他将约翰逊的信件交给奥布拉克，并且告诉他，美国准备与越南北方进行谈判。为表达现阶段谈判诚意，美国会减少部分轰炸，而且美国国防部长麦克纳马拉保证，停止轰炸有效期是10天。

马科维奇和奥布拉克随即与越南北方驻巴黎代表梅文蒲见面，传达美国方面消息。然而，河内强烈要求美军无条件投降，否则不进行谈判。形势似乎不太乐观，但基辛格决定继续努力。他将消息上报政府。

约翰逊看后认为，越南北方误解了美国停止部分轰炸的动机，便建议河内的代表同基辛格直接会晤，商讨谈判事宜。直接谈判，这是历史性的。基辛格非常高兴，将这个信息通过马科维奇和奥布拉克传达给梅文蒲，却遭到梅文蒲的坚决反对。

此后，基辛格又转达了几封华盛顿政府的信件，虽然梅文蒲一一接收了，但是却坚持拒绝与基辛格会晤。事情陷入了僵局，直到当年10月10日，马科维奇给基辛格打电话，让他赶回巴黎。对此，基辛格说道：“我们美国已经让步了，他们越南北方小弟却没有积极回应，我看此事是不成了。”

也因为这样，他没有飞往巴黎。基辛格放弃了，可马科维奇似乎不死心，他找到梅文蒲，央求越南北方继续与美国保持联系。不过，央求没有用，梅文蒲没有被马科维奇的诚意所感动，他依旧老调重弹，美国必须无条件停止轰炸，才有可能谈判。

堂堂超级大国主动与越南北方联系的结果居然拿热脸贴人家冷屁股，美国政府失望了。不过，白宫一方面将这种僵局算到河内头上，另一方面让基辛格做最后的努力，争取进入讨论阶段。

基辛格受命之后，便匆匆地从大西洋飞到巴黎，与奥布拉克会面，商量对策。最后，奥布拉克借着跟胡志明相识 21 年的老交情给梅文蒲打电话，期许梅文蒲会退让一步，然而出乎他们意料的是梅文蒲以“我们的立场是坚定的”为由拒绝了奥布拉克的请求。

事情到此地步，基辛格明白，这条秘密通道已经走到了绝境，因此他失望地离开巴黎，落寞地回到美国。至此，维持了百日的“宾夕法尼亚行动”彻底失败。

客观地讲，“宾夕法尼亚行动”的失败，除了河内原因之外，还有基辛格和两位法国朋友本身的原因，他们三个并非专业的谈判专家。他们参与这次行动的方式，仅仅是抱着解决战争问题的思路而尽力去做游说工作。经验的缺乏与多层的转达，致使谈判效果不理想。

然而，虽然结果是失败的，但是华盛顿却因这次行动对基辛格赞赏有加。他们认为基辛格做事干练，灵活应变，既能严格执行华盛顿政府的方案，又能灵活变通，表达美国的立场，是难得的一个外交人才。

当然，这次行动对基辛格而言意义重大。他在与河内交手的过程中积累了外交活动的初步经验，体会到河内与华盛顿之间互相不信任问题的深度。这对他日后辅佐尼克松，解决烫手山芋“越南问题”有着莫大的帮助。

第五章

空降白宫：基尼组合

每个人的生活中都会有那么一刻，自己在青春时代所拥有的无限可能性，到头来都只能化作一种现实。

——《被恢复的世界》基辛格博士论文

财帝洛克菲勒无缘总统梦

都说金钱是罪恶，每个人都在捞；都说美女是祸水，每个人都想抱；都说权力是毒药，每个人都想要。对于权力，人们的反应是矛盾的，这从财帝洛克菲勒的政治道路便可以看出来。

洛克菲勒家族从约翰·洛克菲勒创立公司以来，由小企业变身为影响美国各个领域的财团，其影响力是毋庸置疑的。而作为洛克菲勒家族的第三代传人，洛克菲勒如何超越祖辈变成了问题。金钱方面，他无能为力了，他能做的便是在政治道路上闯出一片新天地。

可是，政治也有游戏规则：选举。而选举的背后有两样最重要的东西，即金钱和魅力。从这两方面看，洛克菲勒还是有希望的。首先，钱财方面不成问题。可以说，如果说洛克菲勒家族是贫穷的，那么只能说，其家族穷得只剩下钱了。

其次，魅力方面。从小接受家族长辈的言传身教及精心教育，加上洛克菲勒本人的经商、从政经验，造就培养出具有洛克菲勒式的魅力。比如，基辛格就认为洛克菲勒完全具备果断勇敢、远见卓识这些优秀领袖所必须具备的品质。

可惜的是，就在他有机会登上美利坚帝国总统宝座之际，即1960年和1968年，他却因为犹豫不决而与总统之位擦肩而过。1960年大选，盯上总统宝座的他不惜花费巨资，大搞美国教育、经济，却最终失败。

竞选失败后，洛克菲勒决定不参加1968年的总统竞选，转而支持鲁梅尼参加共和党总统候选人提名。此人就是2012年美国总统候选人之一罗姆尼的父亲。为了增加鲁梅尼的竞选实力，他还调首席智囊基辛格前去献计献策。就在这个时候，理查德·尼克松出现了。

这对鲁梅尼来说，是一大意外。不过，如果鲁梅尼巧用身边的政治力量，完全可以轻而易举地打败尼克松，但是他乱了阵脚并很快退出竞选。竞选一号退出，身处二号位的洛克菲勒便成了最大的关注点。

是福不是祸，是祸躲不过，也许上天想要给洛克菲勒当选总统的机会。鲁梅尼退出后，共和党权威人物异口同声地支持洛克菲勒重出“江湖”，参与角逐。此时，天时、地利、人和样样具备，只要他应声而出，那么总统宝座无疑就是他的。可是，就当大家期待他挺身而出、争夺总统宝座的时候，他却声称“明白无误地重申，我不参加竞选”。

这让美国公众嘘声一片。与此同时，共和党内支持者也不满了。政治游戏并非全凭个人意愿，洛克菲勒作为共和党中的重要角色不能无视党内的“民意”。所以，第二天，他就迫于各方面的压力而考虑角逐党内候选人。

1968 年 4 月，他召集精英团队讨论竞选事宜。会上，基辛格表示如果洛克菲勒参加竞选，他会投入更多的精力在竞选事务上。会后，洛克菲勒决定参加竞选，并且组建了强大的竞选智囊团。据《纽约时报》报道，洛克菲勒聘请大学室友、纽约律师奥斯卡·鲁布豪森为智囊团团长，基辛格为外交顾问。较之于尼克松团队，洛克菲勒团队更胜一筹。

只是，文人相轻的现象削弱了洛克菲勒的团队力量。比如，基辛格与其他成员关系并不是很好。有一次，基辛格写了一份外交政策演讲稿给洛克菲勒，洛克菲勒撰稿人一看，懵了，清一色的条顿式的措辞。很显然，这样的措辞，根本不能演说，于是撰稿人就着手修改。基辛格得知后，气得咬牙切齿，他跟洛克菲勒抱怨。

当然，这样的小事件是无足轻重的，该团队最为严重的问题是在越南问题上出现了分歧。从现实上看，约翰逊政府的大规模战争震惊了美国，震惊了世界。美国民众纷纷反对政府的越南政策，约翰逊竞选连任是没有希望了。

洛克菲勒想要获胜，就必须在越南问题上出奇制胜。对此，基辛格认为，美国要体面地结束战争，但团队成员约翰·胡夫斯认为，美军撤出越南是上策。团队没有统一的方案，洛克菲勒的立场便出现问题。

他先是采纳基辛格的方案。他说，越战“在军事上没有出路”，美国目前的目标应该是在帮助南越建立地方政府，将战争交由越南人自己打。紧接着，他说，“在美、中、苏的微妙三角中，美国最终能够提升和两国的关系，并且考验他们向往和平的意志。”

可惜，他没有坚持下去，没多久，他就改弦更张，采用了约翰·胡夫斯的方案。他宣称，美国将在半年之内分阶段从越南撤军。他说："我们将不再为这场战争的名誉而战斗。"

随后，洛克菲勒团队便为共和党全国大会准备。基辛格受命前往爱达荷州代表团拉票。这对基辛格来说是很有意思的一件事情，因为他在高校里从未参加过任何社团活动，拉票对他来说是新鲜事，充满了挑战。正如所预见的那样，基辛格付出了努力，但是没能讨得代表团成员的喜欢。在这次大会上，洛克菲勒败于尼克松，失去了角逐总统候选人的资格，洛克菲勒的总统梦落空。

事实上，洛克菲勒之所以失败是有原因的。首先，他本人魄力不够。两次竞选，他都犹豫不决，让美国民众对他失去信心。美国人认为，一个不自信、不坚定的人是不配做美利坚帝国总统的。按照基辛格的话说，洛克菲勒"拥有二流的智力"。

其次，洛克菲勒本身有点口吃，他从小就因为口吃而未能取得优异成绩。这种生理障碍使得他在竞选的时候未能充分发挥自己的聪明才智，有损他的形象。

最后，财富挡了他的总统路。洛克菲勒家族富可敌国，位居美国十大财团之首。在金钱选举的美国政治场上，洛克菲勒应该是理所当然地胜出，可是它却因为金钱而失败。虽然美国总统选举离不开金钱，但是它有一种政治文化，即经济财团如果靠着金钱拉选票是一件羞耻的事情，而且美国民众也对大财团人物竞选总统抱着谨慎的态度。所以，拥有雄厚资本的洛克菲勒受到了牵累。

洛克菲勒的总统路失败了，而基辛格呢？谁也想不到，他竟然因为这次选举而进入了白宫，开始了前所未有的政治人生。

洛克菲勒阵营的“背叛者”

且不说洛克菲勒竞选失败后如何，先说基辛格在共和党中的所作所为。在越战问题的讨论上，基辛格中和了两派的意见，他利用尼克松发表的观点来反映洛克菲勒的想法，即突出谈判解决越南问题的重要性，获得了两个团队的认可。不过，这个方法也导致了基辛格陷入“叛徒”的困境中。洛克菲勒手下的一些人对基辛格的做法表示怀疑，说他想要加入尼克松阵营。

有一次，基辛格和尼克松的外交顾问理查德·艾伦在谈论党纲问题。会谈中，基辛格上楼拿资料，当他返回时，发现著名专栏作家诺瓦克也在场，还没有等他反应过来，理查德·艾伦便夸张地和他打招呼，同时将基辛格拉往门外的树边交换文件。这种夸张的形式让诺瓦克觉得蹊跷，他便将此事曝光。

其实，明眼人都知道，基辛格是洛克菲勒的铁杆粉丝。洛克菲勒是基辛格的伯乐，是恩人，基辛格对洛克菲勒也是忠心耿耿，鞍前马后地效力。在竞选过程中，他使尽一切手段帮助洛克菲勒，怎么可能跑到尼克松阵营里面去呢？同时，他鄙视尼克松，轻视尼克松，甚至对尼克松破口大骂。他骂尼克松“肤浅”，是“狡猾的侦探综合征”、“失败者形象”。对此，洛克菲勒智囊团长鲁布豪森也说：“没有人像亨利和我一样鄙视尼克松。亨利认为尼克松是一个脑袋空空且邪恶的家伙。”

甚至在尼克松获得提名之后，基辛格依旧批判尼克松。他对胡夫斯说：“这家伙获胜是个灾难，是共和党的灾星。”他在纽约电台采访时说：“在我看来，洛克菲勒是现在唯一能够将国家团结起来的人。我对尼克松参选有严重的疑虑。”他还跟许多朋友说尼克松“那家伙不配当总统”。

话虽如此，基辛格还是在共和党代表尼克松与民主党代表休伯特·汉弗莱的竞选过程中帮了尼克松大忙，毕竟，尼克松代表共和党。

1968 年，共和党大会一结束，理查德·艾伦就打电话给基辛格，邀请他担任尼克松的外事顾问，结果他拒绝了，他说："在幕后更能帮上忙"。当时美国和越南北方在巴黎的和谈进入关键阶段，10 月 31 日，约翰逊总统宣布停止轰炸越南北方。基辛格得知消息后，立刻向尼克松阵营透风，提醒这一举动可能会对选举产生影响。艾伦听说后，便与基辛格保持秘密联系，获取机密信息。

然而，基辛格在与尼克松接近的同时，也和汉弗莱阵营人员往来。不过，他却没有像对尼克松这般忠诚。当时，汉弗莱外事顾问萨缪尔·亨廷顿急于得知尼克松的报道剪辑和演讲内容，使尽办法让基辛格投靠汉弗莱阵营。对此，汉弗莱还在公开场合说道："如果我荣幸当选总统，那么我愿意邀请基辛格做我的助手。亨利坚不可摧，精明能干，且为人沉稳老练，富有幽默感。"然而基辛格并没有为其提供绝密消息。

在关键时刻，尼克松改变了策略，提出了缓和的越战方针，并给汉弗莱扣上一顶"玩弄战争政治"的帽子。最终，尼克松以千分之七的微弱优势入主白宫，成为美国第 46 届（第 37 任）总统。

那么尼克松究竟是怎么样的一个人呢？

理查德·米尔豪斯·尼克松，1913 年 1 月 9 日生于加利福尼亚州，爱尔兰人后裔。其父亲是汽车加油站和百货店老板，他也是一个普通家庭的孩子。他吃过苦，读过书，当过兵，做过副总统，一路曲折离奇。他没有深厚的家族背景，却一步步地从底层上升到美国高层，不得不说尼克松有着雄心壮志，且坚韧不拔。没有坚强的内心，没有坚忍不拔的意志，想要坐上美国总统宝座显然是不可能的。所以，基辛格不断地批评尼克松或许仅仅是出于政治上的需要。

1960 年大选之后，尼克松惨败而归。但是，曾经作为副总统的他还是有一定的权力与影响力的，可惜，华盛顿政府权贵政要都不愿与之来往，他们孤立他并认为他的政治梦是痴心妄想。尼克松孤独了，失望了，他转而从事律师业务。

就这样，尼克松慢慢淡出了人们的视线。不过，因为失败而退缩并不是尼克松的风格，在哪里跌倒就在哪里爬起来。所以，沉寂 8 年之后，他决定复出。这一次回归，卧薪尝胆的他最终如愿以偿，由副总统转为正总统。

基辛格呢？大选结束后，他回到洛克菲勒身边，商讨洛克菲勒是否应该接受尼克松可能提供的职位。有些人认为洛克菲勒应该拒绝尼克松的邀请，继续做州长，与尼克松对着干；基辛格则认为，洛克菲勒应该接受尼克松的邀请，进驻华盛顿，大展身手。就在两派争论不休的时候，电话响了。

大家以为是尼克松阵营打来电话邀请洛克菲勒会谈，结果对方却说尼克松总统想找基辛格谈一谈。这让在座的所有人大吃一惊，没有人会想到一向对尼克松有严重“偏见”的基辛格会收到尼克松的邀请。

这不是电视里的戏剧性情节吗？不，这是现实。然而，这种戏剧性的现实才刚刚开始。

尼克松“约会”基辛格

新总统找自己谈话？基辛格纠结了。这个曾经的政敌居然邀请自己前去会谈？这会是“鸿门宴”吗？如果去，可能会受到羞辱，如果不去，或许可能错失机会。在纠结了几天后，基辛格决定单身赴会。

1968年11月25日，两人见面了。两个男人的见面本应该轻轻松松，大大方方，但是基辛格发现尼克松紧张不已，搞得像谈恋爱的男女一般。在会谈中，尼克松透露了自己的想法：抛开国务院，组建一个新团队，由新团队直接制定外交政策。

当年，尼克松担任艾森豪威尔的副总统时，外交事务大权都在国务院手中，总统根本“有名无实”，就连美国大名鼎鼎的国务卿杜勒斯，也对国务院不满。对于组建新团队，基辛格同意，他觉得在白宫建立一个国家安全委员会能更好地发挥作用，因此，两人很快有了合作的契机。

随后，尼克松暗示基辛格考虑一下加入白宫，担任要职。这个邀请对基辛格来说，既是情理之中又是意料之外。尼克松欣赏他，他一清二楚，就连尼克松竞选时说要邀请他担任国安助理，他都知道。然而，政治家说话，真真假假，谁知道到底是不是真的。

当然，基辛格对尼克松严重不满，尼克松应该知道。只是，基辛格没有料到这位“仇人”居然宽大为怀，邀请自己加入白宫高层。对此，基辛格没有拒绝，他说，如果总统能够邀请洛克菲勒加入白宫，那么他也会一起加入白宫，为国效力。不过，尼克松没有答应，只让基辛格再次考虑。

从尼克松的角度上看，邀请基辛格加入白宫其实很冒险。首先，这位哈佛大学教授一向反对尼克松担任总统，并认为尼克松在政治上一塌糊涂，无法胜任总统一职。其次，他所邀请的基辛格还是一个在德国出身的美国人，虽然美国一向民主，但是邀请这样既没有丰富的政治阅历，又没有强大后台的人担任高级助理，确实是头一遭。最后，肯尼迪总统因为邀请“死敌”约翰逊作为副总统，最后可是惨遭约翰逊枪杀。所以，邀请一个政敌加盟自己，尼克松要承担很大的生命危险。

当然了，邀请基辛格加盟白宫这个决定，也让尼克松阵营和美国民众诧异不已。基辛格公开谩骂尼克松，瞧不起尼克松是众所皆知的事情，然而，尼克松却不计前嫌，打电话邀请“仇敌”基辛格担任总统最高级助理，为国效力。

且不说尼克松后来为美国所做出的巨大贡献。单单此举就能证明尼克松是一个伟大的政治人物。面对政敌的心腹，他不但能包容而且还能任用，这在历史上是不多见的。在中国，齐桓公姜小白纳管仲、汉高祖刘邦用陈平、魏王曹操任陈琳都是历史佳话。

当然，尼克松做出这样一个决定是基于现实的考虑。首先，他们两人在大选前见过面。1967 年，两人都参加了美国著名女作家、担任过国会议员的莱尔·卢斯在家举办的鸡尾酒会。在酒会上，卢斯介绍基辛格与尼克松认识，两人会谈了一个小时。当时尼克松对《核武器与对外政策》很赞赏，两人聊了起来。后来，基辛格说尼克松比他想象的“更有想法些”。

其次，两人默契配合。1968 年选举，从开始到结束，虽然基辛格不管是在台前还是幕后，始终没有和尼克松见面，但是，他却秘密地帮助尼克松，这让尼克松大受感动。对此，尼克松说道：“选战到最后阶段，基辛格向我们提供消息，让我对他更加重视。”

再次，事先就有打算。尼克松在竞选中透露，如果自己当上总统，那么便会邀请基辛格担任总统助理，其中，亨利·卡波特·洛奇最能证明。洛奇是基辛格的好友，也是尼克松的铁杆搭档，1960 年大选失败后，他担任驻越南大使。尼克松当选后，他便推荐基辛格担任国安助理一职。结果，他发现尼克松早有此意。

最后，尼克松有自己的小算盘。尼克松之所以邀请基辛格还在于基辛格是哈佛金牌教授。尼克松从政以来，哈佛大学教授似乎跟他有不共戴天之仇，反对尼克松入主白宫。尼克松虽然很郁闷，但是他想要证明自己是有能力邀请到哈佛大学知识分子的。因此他才不避政敌，邀请洛克菲勒的身边智囊基辛格加盟。

会谈结束后，基辛格便向洛克菲勒智囊团汇报，探讨解决办法。洛克菲勒觉得尼克松不太可能邀请他入阁，继续做州长的可能性很大。果然，当天尼克松就给洛克菲勒打电话，建议他继续担任州长以便为国效力。至此为止，基辛格便面临着重要的选择：继续当哈佛教授，悠然自得；还是加入白宫，过沉浮的日子。

选择决定人生，基辛格必须做出选择。

基辛格的理想与尼克松的美国梦

但凡是伟人之间的合作都是反复权衡的结果。比如，刘备三顾茅庐请来诸葛亮，最终才得以三分天下，而我们主人公基辛格也是如此。虽然美国不讲求太多“礼数”，但是他也不因为尼克松一次邀请就“出山”搞政治。

正所谓，趁热打铁，尼克松于第二天又约见基辛格并提出了任命基辛格为国安会助理的邀请。对此，基辛格没有拒绝，但是他也没有立即接受。他说，如果得不到朋友和同事的支持，那么就是他到政府中去任职也无法干出成绩来。随后，他说自己需要一个星期时间考虑一下。

既然主人公没有直接拒绝，尼克松自然欣喜异常，他答应了基辛格的要求。随后，基辛格开始征询同事与朋友的意见。哈佛是不屑谈政治的，所以他担心同事朋友竭力反对。可是，出乎他意料的是，除了一两个朋友反对外，其余的都建议他接受尼克松的邀请，进入白宫任职。

直到此刻，基辛格才明白，这些同事和朋友对权力都有一些向往。其实，早在肯尼迪执政后期，对权力的追逐便成了高级知识分子梦寐以求的一件事情。因此，他们极力支持基辛格担任尼克松高级助理。

洛克菲勒支持者中的大多数成员却认为基辛格背叛了他们，他们觉得基辛格“是个妓女或者变色龙”。不过，洛克菲勒却打电话告诉基辛格：“你没有选择的余地，这次邀请是一个义务。如果拒绝接受邀请，那么将是一个纯粹自私的举动。”洛克菲勒不仅支持基辛格担任国安助理，并且还馈赠其5万元美金的经费，缓解基辛格的经济压力。

说实在的，基辛格内心渴望得到这个职位。从他在哈佛大学学生时代开始，他便有意向国家高职靠拢，他渴望能够在美国政坛上施展才能、建功立业，他更渴望获得别人对他这个犹太难民、美国公民的认可与尊重。因此，他严于律己，潜心修炼，同时广结名流，扩大影响。

现如今，尼克松给他一个高职，他势必心动。如果他接受，那么一切都是水到渠成，毕竟这是尼克松发出的邀请。如果他无心从政，那么很显然，再大的诱惑也不可能打动这位严肃认真的学者。

所以，基辛格最终做出了决定，放弃哈佛大学终身教授的待遇，弃文从政，接受尼克松的邀请。1968 年 11 月 29 日，45 岁的哈佛知名教授与尼克松登上了皮埃尔酒店会议大厅的舞台，正式亮相。会上，尼克松说："基辛格博士非常清楚，上任后，他不能成为总统和国务院或国防部之间的一堵高墙。他将从事战略性政策计划工作，我想拥有一位强有力的国务卿。"

然而，后来事实证明，尼克松这番话不过是说说而已。因为基辛格才是尼克松的最佳搭档。尼克松邀请基辛格参政除了上面各种原因之外，最重要的原因在于尼克松有一个美国梦：解决越战、纵横天下、名留青史。

要完成这样一个伟大的梦想，尼克松必须要有一个积极进取的心腹来组建和领导高效率、现代化、与时俱进、保密的国家安全委员会。用他的话来说就是"文明在国外蒙受的严重挫折，是由于艾森豪威尔总统的继任者不能或者是不想利用这一个重要的委员会"。

所以，尼克松极为重视这个委员会，并且大胆任用基辛格。后面的事实证明，尼克松选择基辛格是正确的。

进入白宫后，基辛格便开始担任国家安全委员会助理。对于这个职位，基辛格为什么感兴趣？它是做什么的呢？要知道，因为正是凭借这个机构，基辛格才能在美国政坛屹立不倒，才能在世界外交舞台上叱咤风云。

国家安全委员会是个特殊的机构。在美国200多年的历史中，它出现得特别晚，是个新生的机构，它的创立跟美国总统罗斯福有着莫大的关系。二战期间，总统罗斯福独掌外交大权，很多人对他做出的决定都一无所知，他将美国民主制搞得像专制一般。

二战后，杜鲁门入主白宫，为了改变这种状态，他命令国防部长福雷斯特尔制定一种机构，以便更好地听取国务院与国防部的意见。福雷斯特尔便组建了由总统、副总统、国务卿、国防部长和紧急战备局局长参与的国家安全委员会，目的是"统筹有关国家安全的内政、外交和军事政策，向总统提出建议，以便三军和政府各部、署（局）能在有关国家安全的问题上进行有效的合作”。

不过机构建立后，杜鲁门并没有依靠国家安全委员会，而是依靠马歇尔和迪安·艾奇逊两个强有力的国务卿来做决定。杜鲁门之后，几任总统则将其看作是反映工作作风的机构。艾森豪威尔将权力集中于白宫，国家安全委员会重要但是却常常争吵不休，肯尼迪则亲自搞外交，将国家安全委员会交由麦乔治·邦迪管理，约翰逊陷于越战，国家安全委员会则彻底成为陪衬。到尼克松这里，国家安全委员会仅仅经历了五代总统。

当然，到了尼克松这里，国家安全委员会的命运就由尼克松决定了。尼克松将它看作是一个精悍、严守秘密的机构，主要职责是提供一系列供总统选择的方案。所有机构提交的文件方案都要经过国家安全委员会的审核。

对此，曾担任基辛格副手的黑格说：“尼克松决定把会议精简到最低限度。”在尼克松看来，这是他最重要的机构，它决定着自己能否高效行事、建功立业。这也是他第一任期内最得力的外交政策决策机构。如此重要的机构，尼克松交给了基辛格来管理，基辛格便是这个机构掌管一切的总工程师，可谓：一人之下，万人之上。

尼克松之所以这么做，是有一定考虑的。基辛格参政后，成为尼克松的信徒，他也主张建立强有力的机构，将国家安全委员会变成最高一级审核和决定政策的唯一机构。一旦基辛格与他合作，那么他们两个便可以把持外交大权，有所作为。

在这机构中，基辛格主要起到两种作用：一是传递文件，将各种方案呈交给尼克松或者退还给国家安全委员会再审议；二是作为尼克松的外交政策顾问，随时给他出谋划策。

在起到作用之前，基辛格必须先完成交接工作，且拥有自己的团队。

成功重组国家安全委员会

约翰逊政府解散，尼克松组阁，这是自然而然的事情。随着就职时间的逼近，尼克松团队开始与约翰逊团队进行交接工作。在交接工作中，基辛格再度与约翰逊总统见面。

在他看来，约翰逊总统既强势又脆弱，他在内政上取得了不小的成就，能够留名青史，但是在外交上，他却处理得非常糟糕。基辛格对约翰逊总统的评价大致准确。

在执政期间，约翰逊提出与“公平施政”、“新边疆”一脉相承的改革计划，通过老年保健医疗制度、医疗补助制度、民权法和选举权法，其内政政绩斐然。但遗憾的是，由于他并不擅长外交问题，促使越战越陷越深。

在总统办公室，基辛格与约翰逊畅谈。在畅谈之中，约翰逊给了基辛格一个忠告，这个忠告对基辛格后面的政治道路产生了巨大影响。这个忠告是“要读报章上的专栏”，“如果专栏作家们称赞拟稿人思虑周到，公而忘私，或者使用任何其他夸赞的形容词，那你就立即将此人开除，因为泄露机密的就是他。”

经过一阶段的努力，交接工作顺利结束。随后，基辛格便开始考虑组建自己的团队。重组国安会，说白了就是建立基辛格团队。俗话说，不怕神一样的对手，就怕猪一样的队友。团队成员的综合素质决定着团队的综合能力。作为华盛顿政府、尼克松总统最为重要的团队，基辛格对成员的挑选不敢大意。

按常理，这个机构至关重要，基辛格应该组建一个由资深政治家、权威人士、著名大学教授组成的团队，但是基辛格却没有这么做，相反，他招来了一大批任过公职的年轻学者。只是，他遇到了挑战。

尼克松竞选团队成员对他有怨言。从尼克松的政治生涯来看，尼克松团队几经离散。1960 年大败之后，追随他的人纷纷离去，仅有少数人跟随他。在他们看来，尼克松的政治生涯结束了，没有多少胜出的机会，跟着他只会倒霉。

1968 年重磅回归后，跟随他的人虽然数不胜数，但是能称作他心腹的人屈指可数。在这些人之中，擅长于社交、借助华盛顿权贵来处理政务的人更少，所以，基辛格所要面对的敌人少了些。

但是，敌人少了不代表挑战小。这些人认为，尼克松竞选总统的时候，他们鞍前马后效力，忙得身心俱疲，基辛格却尽全力诋毁尼克松；大选胜出后，按道理，尼克松应该重赏他们，可是尼克松却重用“外人”基辛格。

作为一个“空降人员”，没有功劳也没有苦劳，却占据着尼克松政府机构中最为显要的职位，自然也就激起了尼克松团队成员的不满。这些不满的成员向基辛格挑战了。针对国安会重组问题，他们拟出了名单，“建议”基辛格任用。

基辛格看了名单之后，非常坚决地拒绝了他们的要求。一来，作为国安会助理，他有权挑选成员，有权决定是否任用某些成员。二来，他们名单上的人不符合基辛格的要求。虽然名单上的这些人资历深、职位高，但是都世故圆滑、缺乏活力，不是基辛格想要的成员。基辛格要的是一支精力充沛、奋发有为的团队。三来，基辛格要建立自己的核心团队。只有建立一支朝气蓬勃又资历不深的团队，他才能够在激发团队工作热情的同时掌控团队运作。四来，尼克松的要求。政治阅历丰富的尼克松见惯了官场的陋习，他决定要一支精神抖擞、年富力强的外交政策团队，以便听取与主流不同的方案。

所以，基辛格顶住了压力，从政府各大机构挑选，包括国务院、五角大楼等等。基辛格挑选了一批青年男女。在他看来，这批富有朝气的青年才能够大有作为。不过，他选人也有一个标准：质量第一。

比如，亚历山大·黑格，西点军校毕业生，曾参与二战后欧洲的重建工作，参加过朝鲜与越南战争，拥有实战经验，并且还在乔治敦大学进修，获得国际问题硕士学位，可谓是文武双全。在基辛格的邀请下，成为国家安全委员会一员。此人工作踏实、作风严谨，很快成为基辛格的副手，而后，官运亨通，成为尼克松的心腹要员，以至于人们日后笑称他是“基辛格的基辛格”。

基辛格的这种做法遭到了尼克松团队的强烈反对。他们公开指责基辛格，比如说他选人有问题，不能够胜任国安会工作，等等。没多久，公众舆论也开始附和这种论调，而且尼克松由一开始的支持转而变成怀疑的态度，基辛格陷入了“信任危机”。

不过，疑人不用，用人不疑。尼克松最后还是强有力地支持基辛格。有了总统撑腰，批评基辛格的言论也就慢慢地消失了。

基辛格的国家安全委员会下面设有若干机构：前台办公室、处理危机组、计划组、研究组、分析组及世界地域研究专家组。它的首要任务便是研究政策问题，提出方案，交给基辛格，基辛格审核之后，才呈交给尼克松。

尼克松一旦做出决定，便通知基辛格，由基辛格转到执行总统决定的副部长委员会，所以，基辛格虽然只是助理，但是他却掌握着尼克松发布的第一号令，把控着国防和外交政策。这就剥夺了国务院和国务卿享有的特权。

此外，基辛格还把控着其他机构：比如国防计划审查委员会，主要负责国防预算与对外政策目标协调；情报委员会，主要负责整个情报系统政策制定；“四十号委员会”，专门处理美国秘密情报；华盛顿特别行动小组，主要处理危机的高级机构；核查小组，专门负责白宫与克里姆林宫之间关于核武器的谈判等等。

会当凌绝顶，一览众山小。可以说，基辛格掌控了国安会，掌控了美国外交大局。只是，刚刚登上权力高峰的他要应对无数的挑战。

迎接挑战，旗开得胜

作为国安会的负责人，基辛格控制了整个体制，控制了从讨论到决策的全过程，以至于出现了“人人向基辛格负责，基辛格一人向总统负责”的局面。这种由尼克松设计，基辛格落实的体制，遭受到国务院和五角大楼的强烈反对，搞得这些机构怨声载道。

1969 年 1 月 20 日，基辛格上任后的第一件事情便是提出 50 个问题，要求国务院、国防部、中央情报局、商务部和财政部等多部门必须在一个月内作出详细报告。比如，他要国会提交一份年度国际形势报告，搞得国会怒骂不止。新官上任三把火，基辛格一上来就烧了一把大火，弄得国会、国务院等部门忍无可忍，最终引发他们向基辛格挑战。

最先起来挑战的是副国务卿埃利奥特·理查森与外交政策专家乔纳森·穆尔。理查森试图加强国务院作用，并削弱基辛格体制的力量。穆尔是基辛格的老友，他同意设立国家安全委员会，但是他不满基辛格搞独角戏。他要求基辛格分权给其他部门，不过，基辛格拒绝了。此后，三个人明争暗斗，及至最后，理查森和穆尔惨败而归。

在挑战中，最为有名的要数国务卿罗杰斯。罗杰斯是尼克松的老朋友，两人都曾在艾森豪威尔政府中任职。后来，大选失败后，两人都从事律师工作，并成了竞争对手。大选胜出后，尼克松准备邀请美国知名外交官罗伯特·墨菲，但是遭到婉拒。

紧接着，尼克松便相中了罗杰斯。他认为，此人是他一生中见过的“最强硬、头脑最冷静、最有主见和雄心勃勃的人之一”。在尼克松邀请下，罗杰斯出任国务卿。但是，上任后，他想凭借着这层关系削弱基辛格的权力，加强他本人和国务院的力量。

1970年，理查森出任卫生、教育和福利部长后，罗杰斯借故不找人调补副国务卿这个空缺，想让基辛格难堪，但是基辛格对此却“漠不关心”。很快，罗杰斯就招架不住了。因为，当时国务院政务繁忙，急缺人手。没有了副国务卿，许多事情都要国务卿罗杰斯来处理，他吃尽了苦头。

如果将这场斗争称为“府院之争”的话，那么结局便是，基辛格大获全胜，而挑战者无一例外地全部失败。其实，原因很简单，他们之所以失败是因为基辛格背后是尼克松。有强大的后台，谁想扳倒基辛格都是痴心妄想。对此，理查森说：“我越是观察总统和基辛格处理对外政策问题时的做法，就越是相信目前这种安排几乎肯定是按总统的意旨下来的——不是因为亨利想要那么办，而是因为总统要那么办。”

紧接着国务院的挑战者便是五角大楼。其中频频挑战基辛格的便是五角大楼的领头羊——国防部部长梅尔文·莱尔德。其实，尼克松心目中的国防部部长第一人选是参议员亨利·杰克逊。只是，此人无意于国防部部长职位，尼克松才任命梅尔文·莱尔德出任此职。

莱尔德是资深的政客。他当选国会议员16年，经历丰富，做事老练。他可以在三军参谋长会议上高调支持参谋长们的意见，私下却跟尼克松说他有自己的想法和意见。当然，此人跟基辛格也是明争暗斗。

双方不但在武器经费上存在争议，而且在越战上也持有不同的意见。因为这样，两人不时争吵。在与国防部长的争斗中，基辛格没有捞到多少好处，用他自己的话说是“胜败参半”。不过，除了国防部长一人之外，其余五角大楼官员基本上都败给了基辛格。

总的来说，基辛格是尼克松钦点的钦差大臣，一人之下，万人之上。在政府各部门都认识到这一点之后，也就只能听基辛格调遣了。基辛格在掌管国家安全委员会之余，偶尔也会对其他部门发善心表扬一下。不过多数时候，政府工作人员却不安，外交政策本是大家的事情，现在却是尼克松和基辛格两人的专属，或者说是尼克松一人的专场，美国民主何在？

1969年4月15日凌晨，五角大楼接到报告，一架装载31人的美国EC-121间谍飞机在日本海被击落。经过初步判断，这是朝鲜做的。五角大楼将消息通知基辛格。按照以前惯例，基辛格应该立即汇报给尼克松。不过，基辛格却在五角大楼确认事实后才汇报给尼克松。汇报之后，基辛格收集详细情报做了报告，根据尼克松的指令，基辛格组织相关部门进行讨论，制定应对方案。在讨论会上，基辛格与莱尔德倾向于采取报复手段，但是尼克松却选择开记者招待会，谴责朝鲜。至此，基辛格发现尼克松不准备采取报复手段，因此，他改变立场，配合尼克松处理朝鲜事宜。

这次危机过后，基辛格一夜成名。他的头像登上了《时代》杂志的封面，此时距离他任职不到 3 个星期，他着实风光了一把，基辛格也十分高兴。不过，对于媒体，他却天生有着一种不安全感，他害怕机密泄露。有一次，他因为机密外泄，在国家安全委员会上大发雷霆，并且在一些政府要员家里私设窃听器。这种做法导致了许多工作人员无法忍受而辞职。

不管怎么样，基辛格在白宫站住了脚跟，并且一跃成为超级政治明星。对此，他曾夸耀道："在哈佛大学，我花了 10 年功夫才弄得我周围的人都把我当作仇敌；我要大家知道，在这里，我只花了 18 个月。"

这个无限风光的学者政治家旗开得胜，那么他是否具备成功处理美国外交大事的能力呢？

第六章 期望帮助美国走出困境——初涉越南战事

在每一片土地上，时刻都有使人分道扬镳和使人走到一起的种种力量在发挥作用，在为各遂其志而奋斗的时候，我们乃是个人主义者；但在为一个国家而寻求经济和政治进步的过程中，我们就成了一个整体，不是全体向上，就是一起坠入深渊。

——罗斯福 美国总统

就职与烂摊子

1969年1月20日这天，天气晴朗，却又寒风凛冽。这种天气跟“基尼”组合的心情一样。基尼组合的心情是阳光的。因为在这一天，尼克松入主白宫，开始了为期四年的总统路。对基辛格而言也是意义非凡的，因为这一天，韬光养晦多年的他终于正式踏入白宫辅助总统，成为一人之下、万人之上的国家安全助理，开始他飞黄腾达的政治路。

与此同时，基尼组合的心情也是沉重的。因为，权力越大，责任越大，风光的背后有苦难。前几任总统留下来的内外交困局面着实让人提不起兴趣。且不说内政问题，单单外交问题就够尼克松和基辛格头疼的了。当时，美国外交面临着巨大问题：

首先，越南战争。美国认为越南北方的行为是莫斯科扩张主义的体现，美国必须制止，然而事实证明，这种判断是错误的。从美军侵略越南那天起到1969年，阵亡的美军人数高达31000人，耗费金钱不少于2500亿美金。高昂的越南战争成了美国人的梦魇。

其次，美苏军备竞赛。二战之后，老牌殖民帝国元气大伤，美苏崛起。为了争夺世界一哥宝座，两国展开了毫无休止的军备竞赛。到20世纪70年代，美苏军备竞赛进入了第二阶段：拼命研制核弹头的运载工具以及新型核弹头。

苏联制造人造卫星之后，美国紧随其后，双方展开了争夺战。据统计，1957年至1983年，美苏一共发射了2700多颗卫星，占世界总数的90%。同时双方还研制了战略武器，如洲际导弹、潜射导弹、重型轰炸机等。美国在第二阶段一共研制了战略武器1989件，苏联研制了战略武器2594件。这种费钱费力的军备竞赛让美苏疲惫不堪，如果美国不限制军备竞赛，那么美苏很可能会两败俱伤，成为军备竞赛的牺牲品。

最后，中东局势不稳。二战后，美苏取代英法入主中东，角逐中东霸主地位。美国支持以色列，反对阿拉伯国家及苏联，而苏联则援助阿拉伯国家对抗美国。两大阵营明争暗斗，中东战火纷飞。到20世纪60年代中期，以色列对阿拉伯国家发动了闪电战（第三次中东战争），使得美国在中东的信誉大降，阿拉伯各国纷纷投靠苏联，美国在中东陷入了危机。

当然，这几个问题是美国面临的几个主要外交问题。除了这些问题之外，美国还得应付世界各地引发的战争问题，如非洲民族解放运动、古巴问题等等。其中，最为棘手、最为迫切的问题便是越南问题。

二战中，日军入侵越南，越南沦为法国和日本的殖民地。二战后，胡志明建立的越南独立联盟在越南北部建立越南民主共和国，而法国则不甘心丢失越南这块殖民地，便转而支持越南末代皇帝在西贡建国。

随后双方展开了长达近10年的斗争（也叫第一次印度支那战争）。1954年，胡志明在社会主义国家的支援下取得了奠边府大捷，将法国赶出越南。此后，国际社会召开了日内瓦会议商讨越南问题。会议决定将越南一分为二，北纬17度以北地区由越南共产党所建立的越南民主共和国（越南北方）统治，北纬17度以南则由越南末代皇帝继续统治。

不过，事情并没有按照会议所议定的方向发展。利欲熏心的吴廷琰在1955年发动政变，推翻末代皇帝统治，建立了越南共和国（南越），与北方对峙。

越南问题，一开始仅仅是内政问题。一般来讲，内政问题应该由越南自己内部去解决，而不应该由外国来干涉。然而，当时任何国家都在美苏争霸的范围之内，越南不仅受到了干涉，而且还成为美苏争霸的亚洲战场。

战后，美国战略东移。美国总统艾森豪威尔将战略重心放在亚洲，他认为亚洲是美苏争霸的关键战场。他害怕苏联会借着民主的旗子进入越南，因此，他支持吴廷琰建立美式民主政权，并且帮助吴廷琰发动“控共”、“灭共”战役，关押、屠杀越南共产党人。美国的这一做法激怒了越南北方。越南北方在社会主义国家的帮助下采取了打土豪、分土地政策，推行社会主义模式，与南越对抗。

到了肯尼迪时期，越南局势恶化。越南北方在苏联等社会主义国家的支援下，兵强马壮，实力强大，而南越则屡战屡败。南越惨败的消息传到华盛顿，美国“群情激愤”，利益集团强烈呼吁扩大战争。1961年，肯尼迪只好发动“特种战争”

（针对越南游击战的战术），但效果不明显。后来肯尼迪决定改变策略从越南撤军，但是还没来得及撤军，他就被刺身亡。

约翰逊政府时期，在利益集团的胁迫下，约翰逊政府将“特种战争”升级为“局部战争”，扩大战争规模，对越南北方实施大规模的轰炸袭击。不过，越南北方并未屈服。于是约翰逊在 1965 年实施“雷声隆隆”行动，调集美国大批军队进入越南，直接参战，致使驻越美国军队达到了 50 万人。1968 年，约翰逊政府与南越政府发动了春季攻势，企图消灭越南南部的越南游击队，然而效果不明显。效果不明显也就算了，约翰逊政府还被迫停止了大规模轰炸越南的军事行动，被迫与越南在巴黎进行和谈。至此，“局部战争”宣告失败。

到 1969 年为止，美国已有 53.6 万名将士在越南执行军事行动。人数如此之多，已经超出了美国原定的方案。美国政府开始面临着越战带来的三大困扰：其一，美军的死亡人数。每星期的死亡人数达到了 200 人，而战争却丝毫没有胜算。其二，高额的军费。美国投入此次战争的费用达到了每个月 30 亿美元，巨额的军费成为美国民众的一大负担。其三，美国展开战争的理由变得越来越难以自圆其说，对于这场侵略他国的战争，国内民众反战呼声越来越高。

外交进入了死胡同。尼克松明白，约翰逊政府留下来的越战问题是个“烂摊子”，处理不好，连任想都别想。处理好，他将留名青史。那么，对于越南问题，尼克松和基辛格有什么看法呢？

基尼组合有默契

尼克松明白，美国想要通过军事斗争获取越南问题的解决是行之无效的。对此，他说道："这场战争是打不赢的。不过，我们不能这么说。事实上我们应该说战争能够为谈判赚取更多的筹码。"

很显然，尼克松认为谈判是解决越战的根本办法，军事手段只是辅助谈判，是促进和谈成功的手段。

基辛格呢？他的看法跟尼克松一样。他曾撰文批评政府的外交策略，然后提出了一个新观点："我们没有看到游击战争的基本准则，游击队没输就等于赢了，常规军队没赢就等于输了。"

紧接着，他认为，尽管美军在越南战场一败涂地，但是美国必须维护信誉和权威而不能够撤军。这一理念是基辛格越南政策的核心，也是他日后纵横捭阖的理念。

既然不能撤军，那么美国将如何从这场战争中脱身？对此，基辛格建议，美国要采取谈判的攻势，直接和越南进行军事谈判。如果越南安然撤军，释放美国战俘，那么美国将促使西贡政权与越南北方政权谈判。

不过基辛格没有料到越南北方共产党并非像他所想的那样先军事后政治。相反，越南北方共产党在达不到政治目的之前，是不会停止军事斗争的。为此，基辛格后来承认："越南北方不是为了妥协而斗争40年的。"

此外，基辛格在1969年1月份的《外交》季刊上发表了一篇题为《论越南谈判》的文章，为尼克松总统提供了以谈判为主要手段以期达到结束越南问题的理论依据。

根据建议，美国、越南北方、南越和民族解放阵线（1960年成立于越南南部的斗争组织，擅长游击战争，其领导人为阮友寿）到巴黎进行四方会谈，商讨越南战争问题。怎么谈呢？他建议美越以双轨的方式进行谈判，即一方面，河内和华盛顿将集中解决军事冲突问题，另一方面，西贡和民族解放阵线进行政治谈判。一旦两条轨道都完成了谈判，就召开国际会议，针对所达成的协议做出保证和保障。然而，这个方案并没有获得越南北方政府的欢迎。越南北方领导人不仅仅想要美军无条件撤出越南，而且还要美国将“全部权力”交给越南北方，然后才进行谈判。南越代表也不愿意谈判，他们甚至拿谈判桌的形状说事，他们认为谈判桌是四方之间政治关系的象征，没有合适的谈判桌，谈判没法进行。

虽然河内方面没有理睬基辛格，但基辛格自有第二套方法。他在文章里写道：“如果越南北方不妥协，继续战争的话，那么美军就应该设法实现美国的目标。美军应该采取减少伤亡并保护居民的军事战略。首先要加强南越军队的实力，慢慢抽调美军回国；其次，帮助西贡政权搞政治，让西贡政权政治势力扩散，以便将来能够与越南北方进行政治较量。”

其实，他这一战略与詹姆斯·加文将军的“圈地战略”方针相似，都是为了体面结束战争而采取的措施。当然，这也是美国上下都比较能够接受的方案。

如果我们把这个方案跟基辛格从政前的方案相比较，我们便可以看出基辛格关于越战的想法更加成熟。从政之前，虽然基辛格认为20世纪60年代美国在越南战争问题上是一个“悲剧性的错误”，但是他却反对美国撤军一走了之。

他认为美国作为大国，言行举止关系着信誉，即使犯错也要将错误进行到底，不能抛弃自己的义务。他说：“既然美国投入了50万大军，那么就无需讨论越南重不重要的话题，不管是如何进军越南，不管行动结果如何，为了世界和平，美国必须体面结束战争，任何其他方法都将把事情复杂化。”

基辛格完全将美国信誉绑架在越南战车上，从越南撤军绝对是个有失大国面子的事情，会失去世界各国的尊敬。对此，他说道：“美国不能接受军事失败，也不能接受由外部军事压力造成的南越政治结构的改变。”

他的这个政策一开始受到了激烈的批判，有人认为这是一个“没完没了的战争”，可是在1968年年底，基辛格的主张受到了热捧。因为五角大楼的军事胜利遥遥无期，唯一可行的便是基辛格的主张：体面结束战争。

事实上，尼克松在1968年也提出了如何解决越战的方法。他准备了一篇名叫《别让旗子倒下》的演讲稿。在演讲稿中，尼克松说：“我得出了结论，没法打赢这场战争。当然我们不能那样说。实际上，看来我们只好说些相反的话，这完全是为了保持一定程度的讨价还价的本钱。”

尼克松曾经在1966年以鹰派面目来帮助共和党人竞选国会议席，然而现如今却发生了巨大的变化，可见政治人物审时度势的重要性，此刻全国上下要求结束越战，尼克松必须结束这场已经成为民族悲剧和政治包袱的战争。

从以上的分析来看，基辛格与尼克松的越战方案不谋而合。这也是他们能够在一起共事的最根本的原因。

启动“双轨制”外交政策

纸上得来终觉浅，绝知此事要躬行。基辛格的理念还要接受实践的考验。如果他的理念没有通过实践的考验，那么他就是一个夸夸其谈的学者。不过，我们的主人公基辛格对自己信心满满，他意气风发地展开了工作。

在尼克松上任前几个星期，他就为烫手山芋“越战”忙碌起来了。1968 年 12 月中旬，基辛格刚受聘不久，便去找他的老朋友前国防部助理部长，当时任兰德公司总经理的亨利·罗恩。基辛格要罗恩帮助政府编写有关越南问题选择方案的机密文件。罗恩爽快答应，并且派了得力干将丹尼尔·埃尔斯伯格主持。

1968 年 12 月 25 日，罗恩将解决越南问题的全套方案送到基辛格处，基辛格审核后便到比斯坎岛，将方案递交给尼克松。尼克松在审阅过程中，对“美军立即从南越撤出”这一建议十分不满。

1969 年 1 月初，尼克松想要政府各部门针对越南战争各方面问题进行研究讨论，既然需要讨论，那么就需要一份调查表。尼克松将此事交由基辛格全权处理。由于事关机密，基辛格便找埃尔斯伯格帮忙。很快，埃尔斯伯格就制定出调查表。1 月 21 日，尼克松审核批准了这个名叫《国安研 1 号备忘录》的调查表。

在调查表回收之前，基辛格和尼克松已经开始推行自己的外交政策。首先，尼克松撤换了美国驻巴黎的谈判代表团。他们撤了民主党的艾夫里尔·哈里曼和赛勒斯·万斯，换上了亨利·卡伯特·洛奇和曾在艾森豪威尔政府里任职的纽约律师劳伦斯·沃尔什，这两人都是共和党人。由于共和党人士都主张对越南采取强硬措施，因此，反战人士认为尼克松政府此举有损美越和谈。

不过，尼克松的决定是对的。洛奇与沃尔什对越南都非常熟悉，他们能够灵活谈判。很快，他们就针对越南问题提出了富有建设性的意见，即实行基辛格的双轨制，将政治和军事分开解决。同时指出，军事问题是第一步，美国和越南北方同时“共同撤出”南越。

和美国之前的策略相比，双轨制是一个重大变化。约翰逊政府表态说，只有越南北方军队撤出南越半年后，美国军队才会从南越撤军，然而尼克松却同意共同撤军。这是美国政府调整对越政策的重大转变。

除了双轨制之外，基辛格和尼克松又在越南问题上走出了第二步：重视苏联。尼克松政府意识到苏联是越南“和平的关键”。基辛格对苏联使出了连环套，即通过限制战略武器会谈、贸易，促使苏联采取合作态度，帮助美国从越战中脱身。对此，基辛格和尼克松信心满满。在记者招待会上，尼克松这样说道：

“众所皆知，巴黎和谈之所以能够顺利展开，苏联是帮了大忙的。通过国务院调查及我本人与苏联大使的谈话，我相信，苏联和大多数国家一样……同样担心越南战争扩大化……，他们意识到，如果越战持续下去，那么升级就成为可能。

“我相信，苏联同美国一样，愿意利用他自身的影响力来帮助美国结束战争，还给世界各国和平。当然，至于苏联本身能够做什么？这就只有苏联自己才能够回答。”

很明显，基辛格的“连环套”是个高招，他利用苏联的弱势来逼迫苏联合作，是聪明之举，也是行之有效的。不过，好事多磨，连环套并未在短时间内起到效果。

做出前两个决定后，基辛格和尼克松又做出了第三个决定：美军单方面撤军（部分撤军，与共同撤军不相违背）。

根据尼克松的指示，基辛格找来智囊团商量撤军方案。经过一番研究，最终形成了五个方案。在这五个方案里既有极端的军事论，也有温和的撤军论。

第一，以武力定胜负。这是肯尼迪、约翰逊政府执行的战争策略。这意味着美国政府要投入巨大的军费和士兵，依靠猛烈轰炸河内和封锁越南北方港口来打垮越南北方，同时得罪克里姆林宫。

第二，军事限制。美军将行动维持在南越部分，坚持清剿南越地区的共产党。如果采取这个方案，意味着美军要空袭越南北方借助老挝到达南越的路线。

第三，扶持西贡政权，逐步撤军，让西贡军队独当一面。这是典型的以越制越的策略。

第四，撤军，加速西贡与河内谈判。

第五，下令驻越美军停止任何作战任务，推动西贡与河内谈判。

尼克松审阅后，交由国家安全委员会讨论。第五个方案，无异于美军马上撤军，立刻遭到成员否定。第一个方案过于强硬，有违民意，也被抛弃。第二个方案，维持越南局势不变，继续深陷越南，那跟什么也不做一样，这样的方案立刻被否决。最后只剩下了第三、第四两个方案了。这两个方案相对于之前政府的策略有变化，但是两者是有区别的。国防部长莱尔德说如果越南战争没有胜算，那么美国民众是不会支持越战的，他主张美军撤退，同时增强西贡政府军队，让南越军队打仗，这就是所谓的“越南化”政策；而国务卿罗杰斯虽然同意莱尔德的主张，但是却主张巴黎和谈。

罗杰斯和谈的想法和基辛格不谋而合。

在基辛格看来，越战胜利无望，通过战争来谈判，费事、费力、费钱。他并不看好军事斗争，也主张撤退，他说：“战争不过是讨价还价的策略，是谈判的工具，我不认为它能起到多大的作用。”

会议结束后，尼克松决定采取和谈方案。不过，事情似乎没有想象中的那般简单。在巴黎谈判中，美国大使洛奇发现，越南北方代表对基辛格的谈判策略感到难以理解。洛奇表明了双轨制谈判的好处，然而越南北方代表却坚持要单方面谈判，就是军事与政治一起谈判。洛奇建议美越同时撤军，越南北方却声称美军必须撤军，且放弃南越政权，让越南北方建立联合政府，否则撤军事宜免谈。这样看来，越南北方对超级大国谈判根本不感兴趣。

和谈没有希望，基辛格很是失落。失落之后，他会如何处理越南问题呢？

发动“菜单行动”，促使越南北方和谈

原本信心满满的基辛格在谈判屡次受挫之后，猛然发现单纯依靠外交攻势，越南北方政府根本熟视无睹。因此，在与尼克松总统商量之后，美国政府决定发动一个名为“菜单行动”的军事行动——秘密轰炸柬埔寨境内的越南北方基地。

基辛格相信，这次轰炸行动将取得一定的效果。他相信轰炸不仅能够打击越南北方军队进出柬埔寨打游击的行为，而且还能够逼迫越南北方回到巴黎谈判桌上。这也就是典型的“大棒加糖果”策略。

1969 年 3 月 18 日，美国派出 B-52 轰炸机轰炸柬境内的越南北方阵地，前后轰炸次数达到 3600 架次，美军战机在柬埔寨领土上投下的炸弹多达十多万吨，可以看出尼克松与基辛格采用军事手段促进和谈的力度。

可这里有个问题，既然美国上下反对越战，尼克松怎么能够顺利进行军事轰炸呢？其实，这次“菜单行动”，一直是秘密性的，除了基辛格、尼克松及少数人知道外，其他人一概不知道，甚至国家安全委员会成员、国务院成员对此事都一无所知。

根据美国政府规定，政府的所有行动都要有记录，定时向参议院相关机构汇报。基辛格等人怎么能够瞒得过呢？为此，基辛格自有办法，他做了两本账，一本真实轰炸记录，一本则是“假账”。他将假账交给参议院军事委员会，声称一切炸弹都轰炸在南越领土上的越南北方目标，而参议院军事委员会成员居然认为这是“真账”。

这正是基辛格灵活应变，取得成功的地方。在当时，如果将“菜单行动”发表，那么必将遭到全国上下反战人士的谴责，谴责倒也罢了，问题是越南问题将无法解决，而且一旦美国上下离心，那么美国政府想要争取和平的努力将会遇到难题。

轰炸之后，基辛格认为达到了军事目的，便开始大力“推动谈判”。尼克松

与基辛格商讨出适合越南谈判的原则之后，便在 1970 年 5 月 14 日晚上 10 时发表演讲。演讲中，他提到了 8 项协议：

一、所有非南越军队开始撤出。

二、大部分军队必须在一年之内撤出南越，所剩下的军队也要根据命令，到指定的驻地待命。

三、越南北方部队一撤退，所有外国的非共产党部队也将陆续撤退。

四、成立一个各方都接受的国际监督机构，核查监督撤军工作。

五、监督机构督促各地区停火事宜。

六、监督机构还将协助“根据协议的程序”举行“选举”。

七、安排早日释放全部战俘。

八、协议各方同意遵守 1954 年和 1962 年的日内瓦协议。

在尼克松总统演讲前一个小时，基辛格将这份演讲稿递给了苏联驻美大使多勃雷宁，并且对他说：“如果苏联政府不协助美国人处理越南事件，那么美国就会让战争升级。”多勃雷宁认为此事事关重大，便答应将基辛格的信息转达给克里姆林宫。

当然，针对这份演说内容，基辛格并不奢望它在短期内能够产生实际效用。他希望越南北方政府能够认真对待这个演说，从中悟出美国政府的态度。然而，两星期过去了，河内迟迟没有回应。

不过，基辛格并不灰心，他按照计划，采取了实质性的措施，即宣布他们在就职前做出的决定，从南越撤军。尼克松宣布在 1970 年 8 月底撤出 2.5 万美军战斗部队。

虽然这个决定遭到了国会的反对，但是它却得到了美国民众的支持，美国民众看到尼克松政府正在为结束越南战争而努力。此外，这次撤军也能够向河内传达美国政府力求谈判、撤出越南的决心与诚意。

美国国会不满意，南越盟友恐怕也不会满意。对于国会，基辛格可以漠然置之，对于南越，基辛格却不能坐视不管。因为，他一直强调美国信誉。在基辛格看来，美国不应该背弃盟友，他未担任尼克松高级助理前，常常批判美国“以太上皇自居”，指责约翰逊政府放任国防部长克利福德责骂阮文绍不到巴黎谈判。

因此，基辛格提醒尼克松注意在宣布撤军之前安抚西贡。于是，尼克松在宣布撤军之前，到中途岛会见阮文绍，给了阮文绍足够的面子。虽然阮文绍一百个不愿意，但他无可奈何。随后，尼克松在中途岛发布了撤军的决定。

中途岛撤军方案宣布后，尼克松在基辛格、罗杰斯的陪同下前往夏威夷，并且将此事通知美军驻越美军司令克莱顿·艾布拉姆斯将军。对于尼克松、基辛格的决定，艾布拉姆斯等军方人物十分不爽。尽管他们知道美国民众要求他们撤军，但是撤出战斗却意味着承认失败，这是愚不可及的事情。他认为，即使要撤军，撤走后勤部分人员不就行了，不一定撤走作战人员。军人就是军人，他没有料到撤军的真正含义，美国撤军的真正目的在于跟河内沟通，让河内回到谈判桌上，而非真正地撤出战斗。

明眼人也都能看出从 50 万大军中抽调 2.5 万人回国，对驻越美军的总体实力根本没有任何影响。相反，只要越南北方看到美国政府的这一真诚信号，河内应该会认真地考虑是否与美国谈判。

我们姑且将这个撤军决定称为“中途岛公告”。“中途岛公告”宣布后，基辛格信心倍增，他说：“我们现在应该到了认真谈判的时候了。”通过军事手段促进和谈，基辛格成功了，但是基辛格所采取的撤军行动是否有成效，则尚是未知数。面对不确定因素，基辛格选择了大胆地赌一把，这一次他是否能赌赢呢？

勇敢实践“秘密外交”

听天命，尽人事，基辛格该做的都做完了，这就得看天意了。

说也奇怪，公告发表后，越南北方做出了反应。他们从越南南部撤走部分部队，将活跃在南方的部队分散为无数个游击队，减少了对美军的骚扰，美军损失大为减少。

难道是“礼尚往来”？基辛格认为越南北方读懂了美国政府的策略，这是越南北方进一步和谈的信号。不过，他这种乐观并没有感染其他人，国家安全委员会许多成员却不赞同，他们认为越南北方部队不可能就此罢休，他们是在重新集结力量，准备再次大规模进攻。

然而固执的基辛格仍坚信自己的想法是对的。他坚信自己的判断，积极等待越南北方的回应。不过就在他等待越南北方消息的时候，他却深刻地体验了国内反战情绪的高涨。

有一天，他应邀到罗得岛普罗维登斯的布朗大学去接受名誉学位，结果受到了冷遇。全校超过一半的大四学生对他进行彻头彻尾地批判，他们要求基辛格和尼克松加紧撤军，结束越战。回到华盛顿之后，基辛格开始反思，他发现国家高层与学生之间的信任出了严重问题，政府明明在解决越战问题，学生却认为政府好战不休，因此，他决定要让学生信任政府。他了解学生的血性，他知道，如果不迅速通过谈判结束战争，那么学生有可能成为国家“暴徒”。于是，他与学生进行了沟通交流。在沟通交流过程中，他意识到美国与越南北方似乎也存在着严重的信任问题。为了消除信任危机，基辛格采取了让人诧异的措施。

7月中旬，尼克松进行环球旅行，其中一站是西贡。基辛格建议尼克松到达南越之后，与越南北方领导人胡志明通信，建议越南北方与美国进行认真和谈，如果有可能可以让基辛格与越南北方代表在巴黎秘密会谈。

跟胡志明通信？这对尼克松来说有困难，他是堂堂大国的总统，怎么能够给一个小国红色领袖写信呢？不过，折节写信与千秋功业相比，不值一提，因此，尼克松答应了。不过，信写好了，由谁去送呢？这次前往的不是美国代表，也不是基辛格本人，而是让·圣特尼。

让·圣特尼，法国银行家，曾经在越南担任法国驻河内总代表，与胡志明关系极好。此外，圣特尼不仅热心且办事谨慎，是最佳的人员。当时刚好圣特尼拜访基辛格。基辛格便借助这层关系，让他充当信使。

圣特尼一听这个消息，欣然答应。他将尼克松写的信交给越南北方代表团团长春水。春水一看美国总统亲自写信给胡志明主席，便将信发往河内。胡志明看完信件，觉得此次美国的确有和谈打算，便在一星期之后，授意春水和基辛格举行秘密会谈。圣特尼得到通知后便联系基辛格，将河内好消息告诉基辛格。当时基辛格正好在陪同尼克松环球旅行，得知消息后，兴奋异常。付出了这么多努力，终于等到了河内的答复了。因此，在访问了印度、罗马尼亚等国之后，基辛格坐专机飞往巴黎。

基辛格关注越南问题，新闻媒体则关注基辛格。这些新闻媒体试图紧盯基辛格，从基辛格的行程安排中获得美越谈判的蛛丝马迹。为了确保基辛格秘密会谈的顺利进行，美国政府不得不对外宣称基辛格此次前往欧洲是为了跟法国和越南北方高级官员介绍尼克松出访相关情况。不过，新闻界岂能相信，他们依旧对基辛格紧追不舍。基辛格只好使出“杀手锏”，他一会儿与美国大使洛奇聊天，一会儿与蓬皮杜总统打趣说笑话，然后在众人不注意的刹那间，消失在公众面前，摆脱了记者的跟踪。

按照约定，他们将在8月4日在圣特尼的寓所进行谈判。双方人员都到达之后，春水与基辛格开始谈判，两人谈了近3个小时。然而，会谈没有取得任何的突破，仅仅是双方各自表明了自己的立场。然而这毕竟是一个新的开始。

从这次起，基辛格便开始了秘密外交生活。

当然，秘密外交，重点是秘密。一旦行踪曝光，那么秘密外交将毫无秘密可言。就说这次谈判吧，他好几次险些暴露行踪。在基辛格离开美国使馆前往会谈地点的时候，被《新闻日报》外交记者玛里琳·伯杰发现。这位女记者是基辛格在越南认识的好友，她察觉基辛格将有不寻常的活动。她问基辛格：“是去见圣特尼吗？”基辛格笑而不答，转身回大使馆，寻找机会秘密前往圣特尼寓所。

那天下午，基辛格的助手想尽办法吸引玛里琳·伯杰的注意力，但是屡屡失败。基辛格没有办法，只能继续等待机会。到了那天晚上，基辛格趁着有人找玛里琳·伯杰的空当迅速离开。不过，伯杰后来在奥利机场拦住基辛格问道：“你是去见圣特尼吗？”基辛格一开始否认，但是后来他说道：“是的，我拜见了圣特尼，我们一起散步，不过仅有10分钟。”随后基辛格央求她不要报道这件事情。

不过，这位记者并没有答应基辛格的请求，她在《新闻日报》上报道了基辛格拜访圣特尼的事情。然而，这位知名记者后来才发现，基辛格“骗”了她，基辛格之所以透露一些细节，是防止她跟随基辛格前往圣特尼寓所找到春水。

虽然秘密谈判没有大进展，但是既然越南北方愿意和谈，美国结束越战就大有希望。然而，就在春水与基辛格秘密会晤21天之后，越南北方最高领导人胡志明就逝世了。

这让原本复杂的越南局势更加扑朔迷离了。

制造“绯闻”，缓解舆论压力

一生革命的越南共产党领袖、伟大导师胡志明的去世并未能消弭这场战争，因为他在去世前给尼克松回了一封信。尼克松找来一批对共产党用语了如指掌的人解读回信。虽然这些专家找到了胡志明对美越关系有所松动的信息，但是尼克松和基辛格却大失所望。

因为，胡志明对美国依旧很强硬，并不友好，而且胡志明的去世，导致了和谈前途未卜。谁也不确定，胡志明的继承人会采取什么样的对美政策。这对一向主张和谈的基辛格是一次严重的打击，基辛格的朋友对他所倡导的“体面结束战争”的前景开始悲观起来。

不过，基辛格并未放弃，他开始尝试新的方法。他想，如果美国撤军，那么胡志明的继承人应该理解尼克松政府希冀体面结束战争的想法。如果越南北方不把握美国提供的和谈良机，那么美国将竭尽全力帮助西贡、武装西贡，进而威胁越南北方。随后，他将这个想法宣传出去，试图影响河内的政策。然而，河内领导人有自己的观点。他们认为，美国撤军不过是因为胜利无望，美国不想耗费钱财，而且撤军只会降低美军的谈判筹码。

原本有谈判意向的河内做出了错误的判断，不愿意与美国和谈。为了表示诚意，基辛格和尼克松宣布第二次撤军：以后 3 个月里撤出 3.5 万人。这应该可以看出美国有谈判的诚意了吧。不过，越南北方代表不这么认为，他们觉得美国是“装装样子而已”。

如果说，越南北方仅仅也做做样子，那么和谈可以出现转机。但是，越南北方没有这么做。相反，他们大有进攻南越的态势。

针对越南北方的种种举动，基辛格和国家安全委员会成员认为，这很有可能是越南北方对西贡发起“真正的歼灭性打击”的计划。

战场上没有好转，外交陷入困境，基辛格郁闷不已。外交上不如意，国内局面也没有好转。国内反战活动此起彼伏，规模越来越大。学生、大学教授、宗教领袖及一大批政府要员，纷纷上街反对美国加入一场不得人心的战争。10月15日，许多城市降半旗，数百所高校停课举行反战示威游行。

基辛格和尼克松面临着内外交困的局面。然而身在其职，必谋其政。基辛格十分清楚逃避只能让事情更糟，因此，他决定先缓和国内反战情绪。于是，他到母校哈佛去游说。他明白“一个政策能否实行，就要看国内是否支持”，如果能够说服哈佛大学教授支持尼克松，那么国内反战情绪将有所下降，因为谁都知道，哈佛阵营一直反对尼克松执政。到哈佛后，他征求了一些同事的意见。不过，此行他并没有得到同事的谅解，相反却受到了责备。有的说，美国民众已经给予政府“6个月”的时间来处理（这是基辛格上任时所承诺的时间），现在一年多过去了，可是战争依旧在继续，并且看不到希望。有的说，基辛格的政策与威廉·罗杰斯的政策没有任何区别，都在继续战争。他们强烈要求，基辛格和尼克松商定一个争取和平的新方案，至少要将美军全部撤离越南的时间表公诸天下，给全国上下一个交代。

基辛格失望而归。回到白宫后，便将大学教授的意见汇报给尼克松。然而，一向对哈佛大学这个敌对阵营不满意的尼克松根本不将此事放在心上，他装作什么也不知道。

国内政治局面没有好转，基辛格忧心忡忡。不过，就在这个最艰难的时刻，一件意外的事情，却挽救了基辛格，挽救了尼克松。

原来，有天晚上，基辛格出席“妇女解放运动”的格洛里亚·斯坦宁酒会，这是交际花巴巴拉·霍沃为斯坦宁举行的。四十多岁，体态发福，却一脸干净利索的基辛格正在与客人聊天，突然一位年轻妇女邀请他过去与斯坦宁及参议员乔治·麦戈文照相留念。

这位女士便是《华盛顿邮报》的社交新闻记者萨利·奎因。她以前声闻基辛格是个风流人物，不太相信，想要亲自试验一下。因此，她便问基辛格：“据说，你是一个风流者，是不是？”

基辛格笑了笑说道：“嗯。我做的这个工作，你不好叫我风流者，为何不叫我秘密的风流者呢？”

酒会结束后，这位记者便将三人合影的照片进行修剪，原本三人合照却变成了基辛格与斯坦宁两人的合照，随后，她将照片和基辛格的“秘密的风流者”这几个字发表到娱乐版头条上。其实，奎因只是想开一下玩笑。可是出于意料的是，这条新闻迅速传遍全国。全国上下便将基辛格与美国社交美女扯上关系这样的绯闻当作谈资。

按道理说，政治人物闹绯闻是要命的，然而基辛格却因祸得福。他不但没有因为绯闻而名誉受损，反而因为绯闻红了一把。此外，所有的民众都将目光集中在了娱乐绯闻上，没有过多关注越南僵局，这也帮了尼克松一把。

不过，他这种风流韵事、抢风头的行径却引起了白宫同事的羡慕嫉妒。其中一位卸任官员说道:“基辛格自我吹嘘的做派让敌对者霍尔德曼很是不满。有一天，基辛格与霍尔德曼并排在尼克松后面走向白宫，然而当时尼克松决定要到杰斐逊纪念堂参观。基辛格便说道：‘要是知道你要去那儿，我自己就回白宫，或许还能做点事情。’这件事情在晚报登出来了。霍尔德曼见报后，便勃然大怒，他指责基辛格违反白宫‘默然效忠’的规定。不过，基辛格却一脸无所谓，同时说道，还有更不中听的话没说。霍尔德曼问道：‘什么话？’基辛格说道：‘当总统的，我都领教过的，全是一路货色。’说完哈哈大笑，留着霍尔德曼在电话那一头干瞪眼。”

基辛格这种狂妄行为，许多白宫高层看不惯，但是他们也无可奈何。他们知道，基辛格这么做，虽然不符合规矩，但是有利于政治工作开展。基辛格与好莱坞交际花的风流韵事，让尼克松政府的形象不至于太过僵硬，而且基辛格可以利用社交来缓和美国上下对尼克松政府的不满情绪。

艳遇与政治，人们往往选择艳遇。毕竟艳遇能使人笑逐颜开，而政治却会让人眉头紧锁。

赢得越南北方的“示好”

就在美国民众笑谈基辛格绯闻的时候，越南局面出现了转机。1969年12月初，克里姆林宫传来消息，河内很有可能与美国进行认真的谈判。基辛格得知后，十分高兴。他委派了实业家赛勒斯·伊顿前往河内与黎德寿等河内高级领导人会晤，试探河内虚实。伊顿不负众望，出色地完成了任务。他告诉基辛格，河内已经做出决定，要与美国进行谈判。

既然河内愿意谈判，那么美国也应该有所表示。12月15日，基辛格召开记者招待会，他向记者介绍了尼克松总统第三次撤军的公告，即到1970年4月15日为止，美国将从越南撤出5万美军。随后，他提到了河内对和谈“有些迹象”，愿意和美国谈判。他说：“我个人认为，越南北方今后会不会采取灵活的态度来和美国谈判，两个月后便能知晓。”

基辛格如此说，但并非所有机构都认同他的看法。比如美国中央情报局就不这么看。他们认为越南北方部队纷纷涌入南越，渗透到前线。根据搜集到的情报，此次人数“5倍到10倍于几个月前”，同时河内官方媒体都在攻击西贡政府实行美国的“越南化计划”是在“为美国战争贩子的私利而延长战争、用越南人打越南人的政策”。

尽管如此，基辛格依旧认为在这种虚虚实实的信息中透露着越南北方领导人和谈的决心。他认为，越南北方政府之所以采取这种态势，是想积累谈判资本。

对此，基辛格与尼克松进一步释放出和谈的信号。美国战机轰炸越南北方军队阵地的次数减少了20%，驻越美军也停止了“搜索——消灭”行动。此外，美军还不断地单方面撤军，甚至，基辛格还放出话说，美国将在洛奇大使卸任后（12月8日），任命职业外交官菲利普·哈比卜接任，借以表示和谈的真诚。

真心付出终于换来了回报。1970年1月底，河内发来了信号：越南北方黎德寿将要到巴黎参加法国共产党的一个会议。明眼人都知道，这是黎德寿的障眼法，他到巴黎实际上是想跟美国代表进行秘密谈判。

1970 年 1 月 31 日，越南北方革命家兼外交家黎德寿到达巴黎。到达后，他在公开场合指责尼克松耍两面派："尼克松一面想要和谈，一面却要推行越南化计划，拖延战争。"

得到这一消息，基辛格非常欣慰。他非常清楚外交辞令，黎德寿如此谴责美国不过是为了"拉开架势"，根本没有实质性的内容。对此，尼克松也有同感，他指派基辛格秘密飞往巴黎进行会谈。

1970 年 2 月底到 4 月底，基辛格先后 4 次飞到巴黎与越南北方高级领导人黎德寿进行会谈。这种秘密会谈事关重大，一旦暴露，那么将影响双方"和谈"的进展。因此，基辛格必须要考虑到时间问题。有时候他们会进行长达 8 个小时的会谈。不过，不管会谈多长时间，基辛格每次都在 40 个小时内出现在华盛顿公众场合，以免引起新闻媒体的注意。这种秘密外交让美国民众十分诧异。

事实上，基辛格既不会遁身术，也不会筋斗云，他不过是采取了魔术策略。在离开华盛顿之前，他通常故意四处露面，参与各种酒会，和著名的政界、新闻界名人吃饭，带着漂亮的女朋友出席宴会，借以迷惑大众。

有的时候，为了更好地隐瞒基辛格的行程，尼克松也参与进来演戏。基辛格总是在离开白宫前往戴维营，然后坐上总统专机。按照惯例，只有总统才能够拥有此权限。但是，基辛格得到了尼克松的指示，乘坐直升机到华盛顿市郊的安德鲁斯空军基地，然后转乘专机，飞往西德或者法国军事基地，飞到巴黎。

尼克松与基辛格煞费苦心，唱了一次次"君臣和"，成功地隐瞒了秘密谈判事宜。

到达巴黎后，基辛格便前往舒瓦齐勒罗瓦，在越南北方驻法国代表租用的房屋里和越南北方代表谈判。然而，每次当美国谈判小组与越南北方代表小组坐在谈判桌上进行会谈时，基辛格总是感觉虽然双方代表相距仅仅四五英尺之远，但彼此在观点上却是相差千里。

虽然经过几次会谈，但是没有任何实质性的效果。基辛格觉得继续谈判没有任何意义，因此，他便请示尼克松停止谈判。尼克松审阅后，也表示同意。

一次满心期待的谈判却以失败告终。这种结果对基辛格来说，实在难以接受。

不过，难以接受的还有其他人。华盛顿有些官员对基辛格所做的外交谈判不满意，他们认为基辛格是在浪费时间。越南北方陈兵柬埔寨，而美国却在奢望外交谈判。

的确，当时越南北方并没有真心想要和谈，他们想要通过军事手段来解决，“管它什么谈判，先打一场痛快仗再说”。更为要命的是，此刻东南亚政局发生了变化。柬埔寨发生了政变。真是一波未平，一波又起。

但是，基辛格永不放弃。他抱着“路漫漫其修远兮，吾将上下而求索”的信念继续前行，他相信，越南问题会柳暗花明。

第七章 坦然面对日益胶着的越战态势

决策人就像一个走钢索的人一样——只有向前走，才能避免从上面栽下来。

——基辛格谈抉择

遭遇来“搅局”者——柬埔寨

柬埔寨，旧称高棉国，是东南亚中南半岛的一个国家，定都于金边。柬埔寨地理位置特殊，它西部及其西北部与泰国交界，东北部与老挝接壤，东部及东南部与越南毗邻，南部则面向暹罗湾。

新航路开辟后，西欧国家在世界各国进行侵略殖民活动，柬埔寨也未能幸免，在 1863 年沦为法国保护国。而后，二战爆发，日本采取了南下战略，1940 年侵占了柬埔寨。1945 年日本投降后，柬埔寨再次被法国殖民者占领。

20 世纪 40 年代，柬埔寨为王族诺罗敦家族统治。西哈努克是柬埔寨王族诺罗敦・苏拉玛里特之子，1922 年 10 月 31 日出生于金边。1941 年，其外祖父西索瓦・莫尼旺国王病逝，经过家族斗争，最后由不到 20 岁的西哈努克继承王位。

西哈努克继承王位后，一直致力于民族独立。越南独立后不久，他也宣布柬埔寨独立。然而，当时日本刚退出柬埔寨，后面法国又卷土重来，对柬埔寨独立指手画脚。西努哈克很生气，他发表了“在国家完全独立前绝不返回首都金边”的宣言后离开首都，这句话激发了民众的爱国热情，反法示威达到了高潮。法国眼见众怒难平，只好放弃柬埔寨，灰溜溜地离开柬埔寨。柬埔寨在 1953 年 11 月 9 日独立，西努哈克返回首都，成为“独立之父”。

1955 年 3 月 3 日，他将王位让给他父亲诺罗敦・苏拉玛里特，自己转而组建政治团体并担任主席。在这年的政府选举中，他以压倒性的票数获得胜利，控制了国会，出任首相及外交大臣职位，权倾朝野。

1960 年 3 月，其父去世，王位空缺，西努哈克就任“国家元首”，成为柬埔寨的最高政治领袖。西哈努克在内政上采取“佛教社会主义”治国政策，即在佛教的保护和君主制的体制下实行社会主义式的国策；在外交上，他采取了灵活政策，应对美、苏大国及越南、泰国等国家，维持柬埔寨中立局面，免于卷入越战。

然而，1970年3月，一场惊天动地的政变发生了。1970年3月初，一批有组织的柬埔寨人突然到驻金边的南越代表处和越南北方大使馆前游行示威，要求越南军队撤出柬埔寨。这时，西努哈克远在巴黎，他谴责了美国中央情报局与柬埔寨亲美势力勾结，同时，他为了让克里姆林宫维护柬埔寨中立，便直接飞往莫斯科。然而，他这一飞，“飞”出了大事情。

1970年3月18日，担任首相兼任国防大臣的朗诺将军和副首相施里玛达趁着西努哈克外出访问时发动政变。他们消灭了西努哈克的心腹，解除了西哈努克国家元首的职位，废除了君主制，建立了共和制的高棉共和国，朗诺担任总统。

西努哈克执政期间，在强大的美苏之间搞平衡策略。他非常清楚，柬埔寨3万装备简陋的军队根本不是在柬埔寨边境活动的4万至6万越南北方军队的对手，也不是美国支持下南越军队的对手。在美苏争霸激烈的东南亚地区，想要保住自己，就必须灵活处理。

众所皆知，二战后，美苏搞了几十年的争霸战，牵涉了无数的国家。在面对美苏争霸的问题上，许多国家选择了以美国为首的资本主义阵营，许多国家则选择了以苏联为首的社会主义阵营，还有的国家则走不结盟道路。

西努哈克的选择就是近乎不结盟运动。他知道，不管是苏联还是美国，他都得罪不起。所以，他时常对越南北方、南越军队及美国所采取的行动采取缓和政策，说白了，就是只要不涉及国家大利益，他就睁一只眼闭一只眼。

也因为这样，柬埔寨避免了战乱。但是朗诺上台后，军人的秉性促使他摈弃了“示弱”的外交政策，而采取了强硬的外交政策。如此一来，柬埔寨与越南、美国、苏联的关系就出现了变化，柬埔寨陷入了越战。

朗诺上台后不到两个月，战火就烧到了柬埔寨国土。当时，南越军队和越南北方解放军在柬埔寨边境上激战。朗诺觉得国家主权至关重要，容不得外国人在自己的国土上“撒野”。结果他一气之下，下令柬埔寨军队进行反击。于是，装备简陋的柬埔寨军队从边境庇护所对越南北方军队发动了进攻。可是，朗诺如何打得过装备精良、训练有素的越南北方军队呢？没过多久，朗诺就支撑不住了。

那该怎么办呢？向苏联求救，可是他已经得罪苏联了。没有办法，他只好向美国发出了求救信号，要求美国至少提供5亿美元的武器、飞机和其他援助。

面对东南亚变局，基辛格又该如何处理呢？

配合尼克松实施“鹦鹉嘴计划”

美国得知东南亚政局有变，既担心又高兴。担心的是，如果越南北方继续推进，柬埔寨将沦陷，那么越南化计划将受到影响；高兴的是，柬埔寨西哈努克亲王倒台，美国就可以毫无顾忌地进行“穷追”计划的军事行动，清除B-52战机轰炸过却没有摧毁的越南北方军队隐蔽所。

早在约翰逊政府时期，约翰逊对军方时常有限制，导致军方许多行动没有办法实施。尼克松主政后，他采取变通策略，给军方足够的发言权，利用军事力量来促进和谈。1970年4月1日，驻越美军司令克莱顿·艾布拉姆将军提出了三种方案：

第一，督促南越政府让南越军越过边界加紧袭击越南北方军庇护所；

第二，美国提供炮火和空中支援，支持南越军队采取更大规模的军事行动；

第三，美军陆军担任南越军队顾问，由南越军队重点进攻越南北方军队庇护所的根据地和补给基地。

基辛格将三套方案呈交给尼克松，然而尼克松却迟迟未做决定，这的确是艰难的选择。如果美军介入，那么势必遭受国际谴责，国内反战情绪会更加高涨，到时候，尼克松政府将面临更为严重的局面。可是如果美军不介入，那么越南化将难以推行，和谈希望将更加渺茫。

时间过得很快，两个星期过去了，尼克松依旧没有做出决定，而东南亚战场形势更为严峻。4月中旬，柬埔寨国土上的共产党军队长驱直入，并且包围了柬埔寨首都金边。此时，朗诺灰心丧志，眼巴巴地等着美国的救援。

其实，不单单朗诺着急，尼克松与基辛格也一样，他们心急如焚。他们不仅担心柬埔寨的安危，还害怕损害自己在其他国家的信誉。

为了维持朗诺政权，尼克松与基辛格商量，决定先帮助朗诺一把。他批准了基辛格华盛顿特别小组的建议，给柬埔寨提供先进的通讯设备及500万美元的经济援助。此后，基辛格与尼克松静观南越战局。

1970年4月20日，尼克松在圣克利门蒂宣布第4批撤军方案——在1971年5月1日前从越南撤回15万美军。尼克松这么做有他的目的，一来是满足国内结束战争的愿望，增加了撤军人数；二来为了防止西贡对美军撤军有所顾虑，而延长撤军时间；三来以退为进，为日后进军柬埔寨营造声势。此外，尼克松还警告越南北方说：“如果敌人加强军事行动，威胁到驻越美军，那么美国将破釜沉舟加大措施来应对局势。”

第二天，尼克松命令基辛格组织会议探讨柬埔寨问题。基辛格开始着手与中央情报局、国防部长、国家安全委员会成员探讨应对方案。几天后，尼克松便召开柬埔寨专题会议，在会上，基辛格做了一份有关柬埔寨军事形势和政局的报告，报告内容是：朗诺政府处于极度被动的局面，金边处境艰难，越南北方共产党却咄咄逼人。不过，美国目前还不能判断越南北方军队是要占领柬埔寨全境，还是仅仅想要建立一个临时政府。基辛格认为，不管越南北方采取何种行动，它都威胁到美军的战略部署，会造成美军更加惨重的伤亡，不利于越南化计划的推行。

基辛格的报告十分详细地介绍了柬埔寨各个方面的问题，完全是基辛格学术式报告。既然越南北方“侵略”南越导致美国陷入困境，那么为了保证在越南的美国人的生命安全，美国必须有所行动，即美国必须采取一些军事行动来制止越南北方共产党彻底占领柬埔寨。会上，有些人认为应该调遣美军在柬埔寨领土上作战。然而，大多数人认为美军不应该直接介入而应该让南越军队从地面发动进攻，美军给予空中支援。

不过，尼克松没有当场做决定。当天晚上，他吩咐基辛格拟定“鹦鹉嘴作战计划”，即由南越军队负责进攻鹦鹉嘴的越南北方军队庇护所。鹦鹉嘴处在柬埔寨领土的突出部，距离西贡仅仅35公里。

基辛格奉命后，便马不停蹄地与华盛顿特别小组及军方高层商量探讨应对柬埔寨行动的可行性方案。不过，就在基辛格与专家团队商讨进攻鹦鹉嘴具体方案的时候，尼克松打电话过来，他说，既然我们可以进攻鹦鹉嘴，为何不进攻越南北方所有的庇护所呢？我们驻金边大使馆人不多，不足以应付越南北方大规模的进攻吧？

到这里，基辛格明白了尼克松的想法。尼克松不仅仅想要实施“鹦鹉嘴作战计划”，他还想出动美国军队直接对柬埔寨国土上的越南北方军队发动强势的进攻。

既然尼克松想要狠狠地打一场仗，那么基辛格便与国防部长莱尔德联系，将尼克松的意思告诉了他。原本以为莱尔德会同意，可是结果却让人失望。这位外表强势内心鸽派的部长坚决反对实施大规模的军事行动。雪上加霜的是知道内幕的国务卿罗杰斯也强烈反对。他害怕一旦美军进攻柬埔寨的事情公诸于世，那么已经混乱不堪的国内反战运动局面将难以控制。

局势在恶化，内部却争论不休。尼克松与基辛格该怎么做才能够处理好柬埔寨问题呢？

义无反顾支持开战

不同意是你们的事情，基辛格心里想着。他一向对南越军没有信心，所以，他站到了总统这一边。既然美国一定要阻止越南北方占领柬埔寨全境，以便美军能够顺利地从南越撤军回国，那么美国就有必要打赢这一仗。

为此，基辛格还制定了一个突然大举攻入柬埔寨的方案，进攻时间与进攻人数都不多，其主要目的便是保护亲美朗诺政权，防止柬埔寨“赤化”。

此方案一出，便遭到了高层的强烈反对。国务卿、国防部长反对，国家安全委员会也持反对意见。其中国家安全委员会成员莱克说：“采取行动等于扩大战争，不管是什么理由，总统只要卷进去，那么就没有摆脱的可能。再说了，柬埔寨内部争论不休，我们介入，会受到国内外的谴责，代价太大，不值得去冒险。”

莱克是基辛格的特别助理，深谙基辛格的计策方针，是基辛格最得力的助手之一，然而他也反对基辛格冒险。基辛格与尼克松陷入了困境。不过，尼克松决定“孤注一掷”。

1970 年 4 月 25 日，总统想要查看莱尔德的军事行动方案。基辛格拿了方案便飞往戴维营，呈交给总统，随后两人开始研究商讨方案。他们认为，莫斯科一定会对美军进攻柬埔寨做出强烈反应，不过，他们不会做出军事行动。

国家大事原本属于国家官员一起承担的责任，然而此刻尼克松与基辛格却被美国上下抛弃，国家战争成为了他们两个的战争。然而，不管怎么样，他们决定大干一场。

1970 年 4 月 26 日，尼克松召开了国家安全委员会紧急会议，商讨决定美军是否进军柬埔寨的计划。在会上，反对派说，假设美军进攻成功，美军所占领、所得到的能否抵偿由此战争丧失的国内支持？强硬派却反问道：“不进攻，坐视柬埔寨赤化，那么西贡能否自保？”双方争执不休，讨论了半天，依旧没有结果。

4 月 27 日，尼克松再次召开高层会议，这一次会议气氛更为紧张。有位顾问说道："总统先生，虽然国内事务我不在行，但是，如果您非要这么干的话，那么我想大学校园会翻了天的。"尼克松没有立刻回答，停了一会才说道："诸位，有什么意见抓紧说，否则等我下定决心大干一场，我就不想再听到这样的意见。一旦我决定这么干，那就表明我愿意付出必要的代价。"

此话一出，在座的官员便不再多说。按照法律规定，总统拥有最高的决策权，既然总统同意了，那么其他人也就无话可说了。会后，尼克松让基辛格制定南越军队进攻鹦鹉嘴的具体计划。

此夜，美国民众失眠，而尼克松与基辛格同样夜不能寐。他们身处高位，虽说位高权重，但是责任也重。一旦做出错误决定，致使美国陷入困境，他们将成为历史的罪人，遗臭万年。因此，两人都在认真分析进攻鹦鹉嘴地区的利弊。

4 月 28 日，尼克松找来基辛格，告诉基辛格他将动用美军进攻鹦鹉嘴地区，并且咨询基辛格的意见。基辛格将自己分析的利弊告诉尼克松。尼克松听后，发现基辛格所分析的利弊跟自己分析的一模一样。于是，尼克松决定采取军事行动。做出决定后，基辛格便将总统的决定告诉了霍尔德曼和米切尔，美军将在 4 月 30 日发动进攻。

如果一项决定得不到拥护，那么决定将无法实施。为了保证军事行动顺利实施，基辛格便一一游说。为此，他还对国家安全委员会说道："在这个关键时候，我们必须同心协力，支持总统。我们已经听取各方意见，研究各种方案，现在这个决定是经过慎重考虑之后所做的决定。我知道大家都有意见，但是，我要告诉大家，我们在这里谈的这件事情事关总统的威信，而不是诸位中任何一个人的威信。如果有人不愿意支持总统，那么请不要四处乱说，如果非要这么干，那么我请他自己辞职。"

由此可知，基辛格与尼克松都承担了巨大的压力。

4 月 30 日，尼克松发表演说，他字字铿锵，杀气腾腾，他说道："在这个危急时刻，如果世界头号强国表现得像一个无能的可怜人，那么集权主义和无政府主义的势力就会威胁到全世界的自由国家和自由制度……如果美国不挺身而出，那么世界便会认为，虽然美国实力强大，但是却在关键时刻软弱无能。"

演说一结束，荷枪实弹的美军便展开了军事行动。这个行动能否实现尼克松与基辛格的外交目的，尚是未知数，但是，战争游戏已经开始，谁也控制不了。

缓和国内的反战情绪

1970 年 4 月 30 日，美国军队便开进鹦鹉嘴地区，展开军事行动，东南亚硝烟弥漫，而这一天，美国国内也“硝烟弥漫”。几十所高校的学生停课游行示威，全国学生联合会甚至要求国会弹劾尼克松。

5 月 4 日，几百所大学学生游行示威，跟政府军起了冲突。在俄亥俄州立肯特大学的学生暴乱中，政府军开枪打死了 4 名学生，打伤了 11 名学生，情况触目惊心。

学生不理解，基辛格很心痛，但是更让他心痛的是高级知识分子也不理解尼克松与基辛格的策略。基辛格收到马萨诸塞州理工学院统计数学教授汤姆·莱勒的电报，电报中汤姆·莱勒慷慨激昂地说道：“如果你对尼克松总统真像传说中的那样能够产生巨大影响，那么你就应该主动辞职，同时发表你与东南亚政策决裂的声明，或许这样你可以避免历史将要给你定下的罪名。如果你赞成美国进军东南亚政策，那么你这辈子都洗刷不掉你的坏名声。”

对此，基辛格伤心不已，他觉得流血事件表明美国民众根本不理解战争的意义，而游行示威导致了国内分裂严重化。可是，伤心无助于时局，他必须采取行动。

对于学生游行示威，他采取了对话形式。他接见了一个个学生与教师代表，用最真诚的心与最灵活的方式缓解了学生和教师们的情绪。4 月 30 日开始，他前后至少 7 次接见了学生代表并且不断地解释美国的越南政策。

对于高级知识分子的不满，他则采取了解释和宽容的办法。他曾向哈佛同事解释道：“如果我主动辞职，那么尼克松总统可能心脏病发作，而斯皮罗·阿格纽就会当总统。你们愿意吗？不愿意吧？那就别老劝我辞职了。”

基辛格以为他这么一说，能得到哈佛老同事的谅解，然而 5 月 8 日的事情让他的这种幻想彻底破灭了。5 月 8 日，基辛格的 13 位至交好友冲进他在白宫的办公室，谴责尼克松所采取的军事行动，要求基辛格制止尼克松总统那个疯子。

面对好友的气势汹汹，基辛格伤心欲绝。按照白宫程序，他完全可以让特工将这些“来者不善”的人礼送出门，但是，他没有这么做，相反他对他们说：“我办公室的大门永远对你们开放，你们随时可以将你们的意见告诉我。在我任期之内，如果我未能与你们保持联系，那么就是我个人的失职。”

如果说，学生和高级知识分子的不理解已经让尼克松政府陷入了困境，那么国会及尼克松阵营因对总统的不理解所引发的争斗则让尼克松政府雪上加霜。国会要求尼克松商讨一套解决柬埔寨战争的方案，以平民愤。尼克松阵营中的许多官员对尼克松也抱着怀疑的态度，其中有些人愤而辞职。

在这关键时刻，尼克松最需要有人来支持他。毕竟，尼克松是美国民众选举出来的，毕竟，越战并非是尼克松发动的，美国人不能因为越战而抛弃他。然而，民众抛弃了他。唯一支持尼克松的，不是他身边的霍尔德曼，不是埃利希曼，而是曾经反对过他的基辛格。

在那段最艰难的日子里，基辛格每天都给国家高层人员开会，加油打气。在他的努力下，原本几乎分裂的尼克松阵营再次团结到尼克松身边。对此，埃利希曼说：“亨利那时候是一个斗士，同时又是一个能够真正鼓舞人心的领导人。”所谓患难见真情，柬埔寨战争将基辛格与尼克松紧紧地联系在了一起。

其实，每当危机来临，遇见挑战，潜伏的保守主义便会冒出头。基辛格一直担心美国政府会走上魏玛共和国的道路，在挫折中走向极端，走法西斯主义道路。他常常对同事大声说：“我们都是总统的人，必须像总统的人的样子。”

基辛格认为，美国跟其他国家不一样，美国的特色在于遵守诚信，慷慨大方，恪守义务，反对侵略与暴政，维持国际秩序。对基辛格而言，越南问题是一个彻彻底底的悲剧，美国本来就不应该蹚这摊浑水，但是，美国已经参与了，作为世界头号强国，就不能够狼狈不堪地逃脱出来，而是应该光彩体面地离开。

如今总统处于危难之中，四面楚歌，但是身为国家领导人，他做了他认为该做的事情，他这是在为国家争取利益。可是，整个国家却背弃了他，就像当时德国的纳粹集团背弃了民主政治一样。教授、知识分子、权威人物纷纷上街，他们根本不管国家大局，更为重要的是，他们丧失了美国屡败屡战的勇气。

几个月后，基辛格跟一群编辑解释，“如果政治决定非得在街头上产生的话，那么胜利者绝对不会是中产阶级上层的青年大学生，而是一些真正的凶徒……一个国家若是采取这种方式决策，那么迟早会走向专制独裁的道路。所以，我们认为，真正处于危险之中的不是尼克松总统，而是社会的权威问题。”

在紧张的关系中，基辛格的幽默发挥了重要作用。5月9日，他在向报界解释的时候，说道：“我刚才还在情报室里策划战争呢，”这种自我嘲笑的方式引发了记者的捧腹大笑。5月16日，他接见记者答疑柬埔寨战争，他的开场白是：“谁有什么问题要我回答吗？”

有个人指出官方对于这场战争的解释前后矛盾，然后质疑道：“我要问你的是，你们是不是向我们撒谎，然后再通过我们对全国民众撒谎？”对此，基辛格说道：“我喜欢这种提问的建设性精神。”引发大家大笑不止。

经过他的努力，国内上下的情绪慢慢地稳定下来，而柬埔寨战争也取得了相应的成果。根据报告称，美军进攻柬埔寨打乱了越南北方在越南南部的部署，越南北方部队在西贡周围的军事行动大为减少，同时南越军队作战实力显著提高。可是事实上，南越军队的实力并没有明显提高，之所以取胜，一是有美国空军护航，二是柬埔寨装备落后的新兵，激发了南越人的威猛气势。

总的来说，这次出兵给柬埔寨带来了深重的灾难。无数柬埔寨人被杀，成千上万的柬埔寨人流离失所，而白宫所说的，60天的地面行动将仅仅局限于边界内限于边界一定的范围之内。然而，美军在行动过程中却不遵守这个承诺，而是对柬埔寨大片国土进行狂轰滥炸，等到3.2万美军撤出柬埔寨的时候，柬埔寨一片破败。

对基辛格而言，这场战争不涉及道义上的问题，只不过是政治的延伸。为了促进越南谈判能够顺利进行，采取军事措施，迫使越南北方谈判，是有必要的。

提出“就地停火”新方案

1970年7月1日，也就是美军撤离柬埔寨的第二天，尼克松总统便任命戴维·布鲁斯担任美国在巴黎的谈判代表团团长。布鲁斯曾担任美国驻西德、法国、英国大使，外交经验丰富，在国内外颇负盛名。接到任命后，他于当年8月初飞到巴黎。

做出第一个举动之后，尼克松与基辛格便秘密商定一个能够打破僵局的新方案。为了确保方案新颖、实用。基辛格建立了一个越南问题研究小组，这个小组由副国务卿、副国防部长、中央情报局及越南问题专家等组成。小组成立之后，便展开工作，在经过深入研究越南历史、文化、政治、经济等方面情况之后，该小组提出了三种方案：

第一种方案，要求越南北方军队全部撤出越南南方。

第二种方案，承认美军无法让越南北方军队全部撤出越南南方，允许越南北方军队在越南南方某些地区集结。

第三种方案，不顾西贡的反对，允许越南北方部队在南越境内自由活动，这也就是“就地停火”方案。它只要求越南北方人停止军事战斗，默认了越南北方对所占领的地区进行政治控制。

对于这三个方案，基辛格认同第三种方案。他认为，退让的方式能够赢得河内同意达成协议。对此，国务院官员沙利文和哈比卜支持基辛格。不过，驻越司令官艾布拉姆斯将军和阮文绍却强烈反对，认为方案太过危险。

尼克松本人一开始也认同艾布拉姆斯，认为就地停火会使越南北方威胁阮文绍，但是历经柬埔寨之役后，尼克松认为南越军队实力大增，因此，转而采取“就地停火”策略。

“就地停火”方案一敲定，基辛格便开始筹划与越南北方谈判的事宜。他电告巴黎代表团团长布鲁斯，替他安排与越南北方代表见面的事宜。河内政府看到美军不仅愿意停火，而且愿意让步，已经达到了他们的目标，便指派春水重返巴黎与基辛格谈判。

1970 年 9 月，基辛格两次飞跃大西洋与春水进行谈判。基辛格告诉春水，美国政府无意让河内受辱，无意侵占越南北方领土，更无意侵夺越南北方历经多年战争而取得的政治硕果。他告诉春水，美国愿意提供给越南北方一个“合理的机会”，通过非暴力手段取得南越的政权。随后，基辛格还将就地停火协议提前告诉春水，按照计划，停火案在 10 月份才会公诸于世。

虽然基辛格真诚、认真，但是春水并没有真诚回应，后来，基辛格发现，春水前来谈判仅仅是投石问路，是来摸美国政府底细的，春水本人并没有谈判的权限，他跟基辛格会谈，只是不断重申越南北方立场。

面对“传递哥”，基辛格无可奈何地说道：“（春水）简直是在浪费我的时间，他除了传递信息没有别的权力。不过，我与他个人没有过不去的地方，只是我觉得他缺乏灵活性。现在我认为河内政府只有黎德寿有权力与美国谈判。”

回到华盛顿之后，基辛格与尼克松探讨越南时局。他们认为，既然越南民主共和国愿意谈判，那么美国通过外交手段结束战争就有希望。为了推动和谈进程，尽快结束战争，他们制定了新的和平方案，由布鲁斯大使于 1970 年 10 月 8 日在巴黎谈判桌上提出。

方案除了就地停火之外，还包括了四个要点：政治解决办法，举行国际和平会议，无条件释放战俘，从南越撤出全部美军。

这个方案是富有开创性的。尼克松不仅答应河内从南越撤出全部美军，而且还推行政治解决办法等问题。

这样的方案有利于和谈进行，有利于战争结束，应该符合美国上下的意愿。然而，这个方案一出来，又惹来无数的争议与麻烦。基辛格作为尼克松的高级助理不得不亲自出面解释新方案。

在记者招待会上，一位记者单刀直入地问道：“难道我们放弃了先前的‘共同撤军’方案了吗？”基辛格回答：“没有。不过，主要得看你怎么给‘共同’下定义了。事实上，我们并没有放弃这个总原则。”

基辛格极力对美国大众隐瞒美国政府对越南北方做出重大让步的同时，又极力设法让越南北方明白美国政府的良苦用心。他不仅让布鲁斯直接对越南北方代表谈起了美国政府政策的变化，还让苏联驻华盛顿大使多勃雷宁和波兰大使那日·米哈沃夫将信息传到河内。

按理说，美国做出如此让步，越南北方政策也应该有所松动才是，正所谓礼尚往来嘛。然而，越南北方不按常理出牌。他们不仅不为所动，还直接拒绝了美国的新方案。这的确让人不可思议。

事实上，不是越南北方不稀罕美国的这个新方案，而是他们觉得美国做的不够多。他们坚称美国想要从越南“体面地结束战争”，就必须保证越南北方在越南南方取得政治胜利。

基辛格虽然一而再再而三地让步，但是却因为未能准确把握越南北方新政策而未能换来河内的倾情回报。对此，基辛格说道：“谈判进展未能如愿，我们很失望，原本我们对 10 月份新和平倡议抱有较高期望，但是到现在为止，我们依旧没能够实现。”

拳头是嘴巴的延伸，既然谈不拢，那么就只能用军事手段来解决。于是一场大战即将爆发。

笑对麦卡锡的指责

老挝位于越南东南部，是一个狭长地带，它在密林中蜿蜒数百里。对越南北方来说，老挝地理位置优越，富有战略意义，而且它是越南北方往来的重要补给线。当然，老挝也是美军眼中“有油水”的地方，是美军的重点打击目标。

美军进驻越南之后，时常利用战机轰炸胡志明小道，但是却从未从路面进攻过胡志明小道，进而切断越南北方军队南北来往。对此，美国军方强烈要求出动部队切断这条重要补给线，但是历届总统对此忌讳莫深，他们害怕惹怒苏联，因此屡屡不批准军方进军老挝。

可是，1970 年夏天，尼克松却有进军老挝的军事打算，只是他一直未言明而已。尼克松不说自有他的道理。一来，之前的双边条约明确规定：美军不能发动任何越界的军事行动。二来，当时南越军队总体实力与越南北方相差太多，根本没有办法执行作战任务。

但是，到了 1970 年局势有所变化。经过柬埔寨战争洗礼之后，尼克松认为南越军队战斗力增强，有能力发动战役。因此，他决定在 1971 年实施攻打老挝的作战计划。

对老挝发起进攻，基辛格最初不太同意。不过，他没有阻挠。因为他明白尼克松的想法。尼克松想要通过这次战役，达到切断越南北方南北来往小道，破坏越南北方军队储藏所，阻止越南北方军队南下骚扰南越的目的。这样可以减少南越军队和美国军队的伤亡。

1971 年 1 月中旬，尼克松签署了进攻老挝的作战命令，也就是南越军队称之为“兰山 619”的战役。命令一签署，军事行动便随之展开。远在前线的南越军队得到指令后，铺天盖地地攻击老挝阵地，老挝阵地瞬间硝烟弥漫。虽然南越军队前期打得很不错，但是最终被越南北方军队强烈的火力所阻挡，南越不仅没有达到预期的军事目的，还损失惨重。

对此战役，南越士兵说道：“敌军是吃了麻醉药的，我早听说他们吃了一种名叫‘无畏’的药，吃后，他们便能够将生死置之度外，前仆后继地往我军阵营里冲……”

的确，南越军队溃不成军，美国民众从电视上看到了越战纪录片。只见南越士兵纷纷抱住美国直升机的着陆撬从战场逃回南越。然而，有些比较点背的士兵，扛不住长途“旅行”，在飞机着陆前从飞机上掉下去摔死。当然，还有许多士兵在飞机起飞前即被推下飞机。对此，飞行员说道：“我们也得考虑自己的生命啊，试想一下，15 个士兵挂在下面，我怎么能够将飞机开上天呢？”

这一次战役再次证明南越军队实力不如越南北方。眼见，南越损兵折将，司令部不得不在44天后结束这场战役。获得撤退命令的南越军队争先恐后撤回南越。战后，美国记者认为此次战役南越军队是溃败而逃，然而阮文绍却勃然大怒地反驳道，“这是乘敌不备，迅速撤退。”

对于阮文绍的说法，五角大楼和基辛格也都赞同。他们认为南越打了一场胜仗。他说：“我们估计，越南半岛的军事力量已经开始对南越人有利了。”

的确，三年前，南越军队在美国军队的参与下，在经济繁荣地区与越南北方交战，损失惨重；现在他们可以在没有美国军队直接参与下，不仅能够在越南北方庇护所对敌采取军事行动，而且还能够保证西贡政权的稳定，实力的确是有所增强。

基于南越军事实力增强这一点，基辛格开始对前景乐观起来。可是，基辛格乐观了，全国民众却不乐观。国内对老挝作战计划谩骂不止，他们游行示威，指责尼克松是好战分子。作为尼克松最佳拍档的基辛格，当然得采取措施安抚国内的反对声音。

他没有采取针锋相对的形式，也没有采用官方语言哄骗美国上下，而是采取了宽容的方式。虽然他不是宰相，但是他却有宰相肚里能撑船的大度；虽然他没有唾面自干的行为，但是也显示出政治家的风范。

他不辞辛苦邀请各行业的人物谈话。他邀请三个反战人士到他白宫办公室来做客。这三位反战人士刚被司法部指控，是阴谋绑架基辛格的主谋，但是基辛格不计前嫌，邀请他们并且与他们会谈了 1 个多小时。会谈过后，其中一人说道：

"这个人（基辛格）很怪，为人倒挺不错。他搞得我们这些所谓的道学家无所适从，他代表了政府的良心。"

随后，基辛格邀请参议员麦戈文共进早餐。当时麦戈文宣布竞选民主党总统候选人提名，要与尼克松一决高低，而且，此人对越战是愤愤不平，是基辛格的死敌。不过，基辛格还是成功邀请他一起吃早餐。在吃早餐的过程中，两人谈到了越南战争。麦戈文激动地说道："这自始至终，是百分之百的错误。"基辛格听后，没有反对，美国介入战争本来就是个错误，但是他说："总统是深受民众、国际形势和其他外在因素限制的。"从而让麦戈文明白，尼克松也不想拖延战争，现如今这种状况是各种因素所造成的结果。

几天后，基辛格邀请参议员尤金·麦卡锡共进午餐。麦卡锡在美国曾是叱咤风云的人物，他曾经发动了麦卡锡运动，搅得美国政客人人自危，他还在1968年以和平为口号竞选总统，不过没有成功。他此后担任参议员，评论时政，也是一个反战分子。一个月前，他在哈佛宣讲会上，公开批评基辛格，他说："欧洲中世纪，国王通常采取流放或者处死的手段来对付出坏主意的谋士，我觉得这种做法是有一定道理的。尽管我并不主张国王非要这么做不可，但是我对某些出过坏主意的人居然能够恬不知耻地回到学术界来，我有所保留。"麦卡锡将基辛格比作出馊主意的"谋士"，赤裸裸地讽刺基辛格。

此事要是发生在平时，基辛格早就暴跳如雷了。基辛格最不喜欢别人贬低他，侮辱他，但是，这一次，他忍住了。他知道小不忍则乱大谋。他必须让反对派站到尼克松政府这边，或者至少理解尼克松政府。于是，他微笑着邀请麦卡锡共进早餐。

1971年3月25日，基辛格在白宫与约翰·肯尼思·加尔布雷思共进早餐。加尔布雷思是基辛格在哈佛大学的老同事。此人是反越战先锋，对尼克松政府的越南政策十分不满。不过，在与基辛格进餐的时候，他并没有指责尼克松政府，而是与基辛格愉快地共用早餐。

基辛格希望借助这种方式更好地传达政府力图解决越南问题的决心，希望能够取得反战人士的谅解，争取更多民众站在政府的阵线上来，齐心协力解决问题。

沟通从心开始，基辛格的努力获得了回报。大部分反战人士开始冷静下来，理性地看待越战。他们意识到越战的复杂性。当时美军进入越南，美国上下是支持的，现在政府陷入困境，民众却抛弃政府，这是不理智的。他们认识到，民众不应该责骂政府，而应该与政府共进退。

民众的情绪稳定后，基辛格继续开展和谈工作。他认为，老挝之战后，美越可以进行新的谈判。既然要谈判，总得有方案，因此，1971 年春，基辛格说服总统制定了一个新的和平方案。

以退为进，利诱越南北方

这个方案是在 1970 年 10 月 8 日布鲁斯所提出的那个方案的基础上加以扩充而成的。不过这个方案有两点新的建议，基辛格认为这样的亮点足以诱惑河内参与谈判。

第一点是，协议签订之后，美国保证在“6 个月内”将军队全部撤出南越，满足了河内要求美军全部撤出越南的要求。第二点是，美国将按照河内的要求，让阮文绍在南越举行“全国大选”前一个月辞职下台，满足了越南北方政治的需求。

这个方案基本上是美国以退为进的外交策略，既能打动河内，加紧谈判，又能让美国民众看到希望，缓和国内反战情绪。后来的事实证明，这个方案开启了华盛顿与河内谈判的新局面。

从新方案上看，这个方案的确很诱人。河内得知后，便同意谈判。1971 年上半年，基辛格前后 6 次与越南北方代表秘密会谈。相比之前的谈判，1971 年的会谈效果明显，每次都有进展。对此，基辛格说道“和平几乎唾手可得”。

第一次会谈在 1971 年 5 月 31 日举行。在会上，基辛格解释说，美政府将在越南战争结束，签订和约之后，远离越南，越南的局面将任由越南北方自行处理。这一点既符合河内利益又符合美国利益。对此，黎德寿没有提出异议。

随后，基辛格强调就地停火，他说越南北方部队可以留在南越。不过，黎德寿并不买账，他觉得美国不能拍拍屁股走人，让南越与越南北方继续内战，他要求基辛格在美军撤走前做好政治安排。

第一次会谈双方和声和气，虽有分歧，但是谈判进展顺利。

第二次会谈是在 6 月 26 日，基辛格借助到伦敦会谈之际，飞到巴黎与黎德寿谈判。这次黎德寿提出了九点和平方案。历经多次谈判，基辛格第一次看到有可能达成协议的曙光。这九点方案措辞严谨，既包含河内的意见也包括华盛顿的意见，更为重要的是，该方案内容没有任何一点是冒犯美国人的。

基辛格审阅完方案，认为该方案不触犯美国的核心利益，便迅速地接受方案，并且将它作为谈判越南战争的“基础”。这也是美国日后处理越南战争协议的基础。

可以说，第二次谈判完美结束。谈判结束后，基辛格回到华盛顿。然而，他刚到华盛顿，便发现越南北方代表在巴黎提出了完全不同的和平方案。这个方案老调重弹，要求阮文绍必须马上下台，美国必须公布美军全部撤离越南的日期。

基辛格大吃一惊，立刻发报给巴黎，询问黎德寿他们秘密会谈的方案内容是否有效。黎德寿淡淡地说，6 月 26 日谈判的秘密方案依旧有效。至此，基辛格明白了越南北方代表的真正意图，私底下秘密谈判的同时，公开宣传，让美国国内反战继续高涨。

1971 年 7 月，基辛格采取两手出击的策略。他在 12 日和 26 日与越南北方代表秘密谈判。然而，期间，他却周游世界，访问了越南、印度、巴基斯坦以及中国。

时刻紧盯基辛格的记者却晕头转向，他们听说基辛格会与越南北方代表在巴黎会谈，便纷纷跑到巴黎等待基辛格，然而他们不知道，基辛格转了亚洲一圈才到欧洲。

为了摆脱记者的跟踪。7 月 12 日晚上，基辛格故意在餐厅与巴黎电视节目主持人吃饭。记者如愿以偿地拍到了基辛格与知名女主持人吃饭的照片。第二天，全世界的报纸都刊登了他们两人的照片。对此，《新闻周刊》华盛顿分社主任梅尔·埃尔芬感叹地说：“亨利是我所知道的唯一用私生活来掩护本职工作的人。”

晚饭后，基辛格继续秘密与河内代表谈判。会上，双方一直研究九点方案。不过，虽然双方谈了 4 个小时，但依旧没有商定最终方案，因此，双方约定 14 天后商谈。7 月 26 日，美国“阿波罗”号成功登天，基辛格也成功地与越南北方代表会晤。这次谈判，收获颇丰，两人对其中七条达成了和解，双方分歧缩小了许多。对此，基辛格笑逐颜开，他按捺不住心中的激动，他感觉自己将要到达和平的殿堂。

谈判结束后，基辛格飞回华盛顿与尼克松商讨具体方案，着力解决和谈中没有谈拢的两点问题，即美军撤出的条件和南越的政治前途。8 月 15 日，方案修改结束。基辛格便借助总统宣布货币与贸易政策改革之际，秘密前往巴黎。8 月 16 日，基辛格与黎德寿谈判。

在撤军时间上，基辛格提出，美军将在 1972 年 8 月 1 日前全部撤出越南，不过撤军有个前提，那就是美越必须在 1971 年 11 月 1 日前达成所有协议内容。

在南越政治前途上，基辛格说，美国会做出 3 点保证，在南越总统大选中保持中立；如果苏联限制对越南北方援助，美国也会限制对南越援助；美国发表声明，尊重东南亚各国采取不结盟方针。

从方案上讲，基辛格做得细致入微，他满怀期待河内能够接受。不过，河内却没有立即回复，而是花了整整 1 个月的时间考虑。他们用 3 个星期研究方案，用 1 个星期来准备，随后才给基辛格答复。

出乎基辛格意料的是，河内居然直接拒绝新方案。这个结果让基辛格措手不及。当基辛格追问拒绝理由时，河内说，美军撤军日期太远，阮文绍一人竞选总统，美国中立毫无意义。

至此，基辛格明白，美国想要在年前彻底获得和平已经是不可能的事情。不过，基辛格发现，黎德寿一直坚称美军必须将南越交给越南北方是重开谈判的前提和核心，此前他一直没有意识到。

事实上，黎德寿也一样没有读懂基辛格方案的合理性与灵活性。他们以为美国会同意他们鄙视阮文绍总统选举的丑剧，以为美国会同意越南北方打掉阮文绍政府。直到第六次会谈，黎德寿才看明白基辛格的用意，不过，看明白之后，越南北方停止谈判，他们不仅希望阮文绍下台，更重要的是获得南越的控制权。

不过，华盛顿并没有放弃外交谈判。华盛顿立即着手制定一套方案发给河内。华盛顿建议基辛格与黎德寿再次会谈，同时附了一封信，告诉越南北方这是“在 1971 年年终以前寻求谈出一个公正解决办法的最后一次努力”。

半个月后，河内传来消息，他们说，黎德寿不能按照约定在 11 月 1 日会谈，不过，黎德寿可以在 11 月 20 日与基辛格进行会谈。获得消息后，基辛格欣然接受。不过，就在基辛格期待 20 日谈判到来的时候，河内告诉基辛格黎德寿“病了”，提议基辛格同春水谈。

基辛格答复说，春水解决不了问题，他只能跟黎德寿和谈，然而河内没有回复他。他感到很失望。近三年来的付出换来的却是依旧和谈。截至年底，已经有 1.4 万驻越美军为国捐躯，10 多万美军负伤，国内反战呼声居高不下。基辛格想要完成美国民众的愿望，但是他“失败”了。

咬定青山不放松，立根原在破岩中。千磨万击还坚劲，任尔东西南北风。这是基辛格的风格。所以，他不会像许多人那样问“为什么会这样子”，而是在想“我怎么做更好”。

第八章
帮助美国摆脱越战泥沼

如果说历史有任何教育意义的话，那么其教育意义就在于：没有平衡，就没有和平；没有节制，就没有公正。但是，我同样相信，如果没有一个道义上的罗盘，在含糊暧昧的现实中确定航向，并且使得牺牲具有意义，任何国家都不可能正视甚至明确它的抉择。

——基辛格谈公正与道义

运筹帷幄，默许轰炸方案

渴望结束战争，积极与越南北方和谈，换来的却是一次次的失望。对一般人来说，失败是成功之母这个信条则不适用，因为失败的次数越多，内心承受的压力越大，越容易产生悲观失望情绪，甚至是放弃的念头，而撞到南墙不回头的基辛格却决定继续努力。对他来说，失败这两个字永远不存在，就像俾斯麦所说："对于不屈不挠的人来说，没有失败这回事"。

1972 年 3 月 31 日，越南北方的四个师在苏联坦克与远程大炮的支援下，对南越发起了突然袭击。对此，基辛格颇感意外。因为，前一次和谈失败后，他就预料越南北方会发动进攻，可是他没有想到越南北方的进攻时间会是在和谈进行的前一天。

一个多月前，尼克松发秘信给河内要求重开谈判。河内答应在 3 月 20 日谈判，但是，河内却屡屡拖延时间并对基辛格的谈判要求视而不见。基辛格勃然大怒，便下令驻巴黎谈判新任大使威廉·波特停止与越南北方代表半公开的谈判。

一看美国人生气了，河内便在 3 月 31 日回信说，河内愿意在 4 月 24 日与华盛顿重开谈判，不过美国必须恢复半公开的巴黎和谈。基辛格立即回信同意。然而，信件还没有发出去，越南却又起战火。

越南战场硝烟弥漫：越南北方军队势如破竹，长驱直入，而南越则损失惨重，节节败退。这次，越南北方军队兵分两路，发起了钳形攻势，威胁西贡。基辛格格外着急，他与尼克松、艾布拉姆斯商量对策，却没有确定最终方案。

1972 年 4 月 2 日，局势恶化，南越新编的第三师扛不住越南北方的狂轰滥炸，屡战屡败。当情报传到华盛顿，基辛格开始悲观起来，他认为美国在越南将遭受大举进攻。其实，他这种判断是有道理的，自 1968 年开始，越南北方对南越虽然有过军事行动，但是却从没有像这次一样几乎动用全部兵力，将 12 个师投入到这一场战役中。

不过，越南北方进行这次军事行动，不过是为外交谈判服务的，他们只是想通过战争让美国再退让一步，争取谈判的筹码。基辛格当天就拍电报告诉河内，美国对这次战役表现得十分克制，争取谈判能够取得成功。

4 月 3 日，基辛格在华盛顿召开特别小组会议。4 月 4 日，尼克松做出了两项决定：

第一，从苏联下手。基辛格心里非常清楚，越南北方如果没有苏联的武器支援，根本无力发动空前规模的战斗。因此，尼克松与基辛格判断，必须冒风险拆穿苏联的企图，阻止苏联与越南北方继续疯狂地进攻。不过，为了保证美苏先前已经商定好的会谈，即 5 月 22 日美苏高级会谈不受影响，基辛格让麦克洛斯基在国务院揭露苏联支援越南北方的秘密，采取非正式地批评，以免触怒苏联。麦克洛斯基按照要求发表了苏联参与越南北方军事行动的声明，然而这一事情刚发表，五角大楼与中央情报局也跳出来批评苏联，导致事态扩大化，新闻媒体一看政府多个部门批评苏联，便也自由发挥，怒骂苏联，使得美苏关系陷入困境。最后，基辛格不得不下令国务院低调行事。

第二，美军针对越南北方行动做出反应。五角大楼宣布，美国将“采取一切必要步骤保护还留在南越的美军”，同时，美国加强了海空军力量，美军在东京湾部署了 6 艘美国航空母舰、5 艘巡洋舰、40 艘驱逐舰。在关岛，美军将 B-52 机群增加到了近 100 架。在泰国，美军在乌塔保驻有 53 架 B-52 轰炸机和 224 架战斗轰炸机，岘港驻有 113 架战斗轰炸机。

对五角大楼来说，虚张声势方面，可以配合白宫，但是一听说白宫想要动用 B-52 轰炸机，他们就不乐意了。在他们看来，B-52 轰炸机价格不菲，日夜执行轰炸任务，他们非常心疼。不过基辛格可不管这么多，他怒斥五角大楼专家，告诉他们只有用轰炸机给河内、莫斯科传达强硬的信息才有可能换来和平。以至于五角大楼的人无可奈何地笑道：“亨利是一个了不起的信号手，但是他使劲向红色共产党发信号，却从没理睬过我们向他发的信号。”

方案已定，那么紧接着便是美军实施的轰炸计划。从 4 月 6 日开始，美国出动昂贵的 B-52 轰炸机袭击非军事区以北 60 英里地带。穆勒海军上将当天也宣称，除非越南北方停止军事行动，否则美军将“逐步向北推进”。不过，越南北方并不理睬，依旧进攻南越军队。4 月 7 日，西贡西北部的禄宁失守，西贡告急。艾布拉姆斯只好在次日将军情告诉基辛格，说越南北方这次不拔掉阮文绍誓不罢休。基辛格一听，立刻告知尼克松，尼克松一听，立刻下令出动B-52飞机轰炸越南北方。这是自 1967 年以来，B-52 轰炸机首次深入越南北方后方袭击目标，不过，这仅仅是开始。

经过一番讨论之后，尼克松批准了“自由门廊”计划，即出动 B-52 轰炸机在周末轰炸河内和海防。其目的是，摧毁越南北方的部分油库，逼迫河内停止军事进攻。对此，基辛格完全赞同，他说：“我们认为这是一个策略……具备政治和军事双重作用，我们必须让越南北方做出决定……”。

军事、政治双管齐下

随后，轰炸便开始了。在轰炸中，美军顺利执行任务，不过也出现了一段小插曲。人长眼睛看得见东西，炸弹却不长眼睛。美军在轰炸的时候不小心将炸弹投到四艘苏联商船上。对此，莫斯科提出抗议，责骂美国是在搞侵略行动。不过，基辛格却反唇相讥，他说："只有越南北方停止进攻，美军才会停止轰炸，如果越南北方熟视无睹继续进攻，那么美军将'准备轰炸越南北方的任何地方'。"

对于轰炸计划，基辛格是赞成的，但是国会和民众却不赞成，他们纷纷谴责尼克松与基辛格。《华盛顿邮报》报道说："约翰逊以及前几任总统在过去坚持没做的事情，尼克松总统居然在一夜之间全做了。既派飞机轰炸河内和海防，还在南海集结美军舰队。他准备将越战推向与苏联对抗的边缘。"

对此，基辛格根本不放在心上，他知道，这次轰炸不过是适度回击，根本不是对苏联的挑衅，不会造成美苏严重对抗。为此，他对批评者淡淡地说道："我即将前往莫斯科。美苏根本不存在因为越战而严重对抗的事实。"民众不知道，基辛格还在继续利用连环套原则牵制苏联，让苏联帮助美国解决越战问题。这年4月中旬，美苏进行了好几项双边贸易，而且多勃雷宁和基辛格还深入讨论限制战略武器问题，并交换意见。基辛格还拟定一项方案，方案的核心是，如果苏联人愿意在最后的协议里将潜艇导弹包括进去，即包含陈旧的SS-7和SS-8陆上远程导弹和一定数目的H级潜艇，那么美国将允许苏联在这类进攻性武器的数量方面保持优势。

这个方案打动了苏联大使多勃雷宁。对此，他认为基辛格秘密访问莫斯科时机成熟，允许基辛格访问苏联有助于改善限制战略武器会谈陷入的僵局，同时能够缓和美苏因为越战而产生的对立情绪。于是，苏联大使便做了安排，勃列日涅夫发出邀请，基辛格则欣然接受，连环套原则历经波折总算有了希望。

不过，基辛格此行的主要目的是解决越南问题，而非安排最高级会议。他想要告诉勃列日涅夫，将苏联的政策放到越战上去赌博是愚蠢的行为。任何大国都不可能心甘情愿遭受小国家侮辱，克里姆林宫和白宫的纠缠将导致对抗，不利于限制战略武器的谈判。所以，他希望苏联能够限制对越南北方的武器援助。

4月19日，基辛格离开白宫，借助参加酒会的幌子飞往莫斯科。到达莫斯科之后，他与勃列日涅夫前后交谈四五次，会晤的主题虽然是尼克松访问莫斯科的准备工作，但是会谈大部时间却都是在讨论越南问题。

经过交谈，基辛格才发现，原来不仅美国想要尽快结束越战，苏联这个强敌也希望尽早结束越战。只不过，发动战争容易，结束战争却没有那么轻松，此次越战就像迷宫一样，两个超级大国参与其中，却找不到和平之门。对于越南北方的军事进攻，勃列日涅夫深感不快，只不过，他无法控制河内的行动。对此，政治阅历日愈丰富的基辛格提出让苏联限制对越南北方的武器供应。然而，勃列日涅夫却不赞同，尽管他认为越南北方的做法很愚蠢，但是兄弟有难不得不帮。基辛格使尽力气以大国不该怂恿帮助邻国使用武力的理由劝阻苏联，对方却置若罔闻。基辛格眼见说服苏联无望，便说尼克松希望根据越南人自身的选择进行谈判，以便体面结束战争。基辛格为此还将最新停火方案告诉勃列日涅夫。勃列日涅夫一听，发现美国这次真的有心谈判，于是，他便暗示基辛格，越南北方谈判手段过于僵硬，不过，他告诉基辛格，黎德寿马上会去巴黎，到时他会督促黎德寿，让黎德寿与基辛格秘密会谈。

此行，基辛格虽然没能说服苏联限制供应越南北方武器，但是他也取得了不错的成果。首先，在美苏限制战略武器协议上，他取得了可喜的成就，勃列日涅夫欣然接受了基辛格提出的方案。以后，任何限制战略武器会谈的一揽子方案都包括了潜艇导弹。其次，双方还在贸易、卫生研究、环境问题、空间合作以及“海上事故”等问题上达成了一致意见。

回到美国后，基辛格在将莫斯科会谈结果汇报给尼克松后，便帮助尼克松润色有关越南问题的演讲稿。4月26日，尼克松对外宣布三件事情。首先，在7月1日前，美国将从越南再撤回2万美军，至此越南领土上仅剩下4.9万美军。其次，恢复巴黎和谈，通过和谈解决问题。最后，美国海、空军将继续轰炸越南北方，直到越南北方停止军事进攻。

在基辛格看来，尼克松做出的这三个举动“既是一个军事行动，也是一个政治行动”，对美越和谈有着至关重要的推动作用。

美国人想要和谈，越南北方人未必着急和谈。在越南北方看来，不加紧打仗占领地盘，浪费时间谈判是愚蠢之举。因此，越南北方对美国所做出的“友善举动”漠不关心，他们继续动用军队进攻南越。越南北方兵精粮足，屡战屡胜，而南越却因为士气低落，节节败退。基辛格看在眼里，急在心里。

5 月 1 日，越南局势恶化。就在苏联最高领导人在莫斯科大阅兵的时候，越南北方正开着苏联坦克在南越横冲直撞，广治市瞬间沦陷，西贡军队一败涂地。

战场的形势让美国人大为失望，南越军队的惨败促使莱尔德“越南化”策略遭受巨大打击。可以说，“越南化”计划彻底失败。但是“胜败兵家事不期，包羞忍耻是男儿”，失败并不能击垮基辛格，相反失败激发了基辛格的斗志。

军事赌博：布雷越南北方港口

既然南越军队扶不起，“越南化”计划失败，那么基辛格与尼克松将会采取什么新的计划呢？军事威慑，还是和谈？

打仗，风险太大，不打，越南北方军队“不知好歹”。基辛格和尼克松纠结了。经过一番商量，他们决定先和谈，后军事。可是，和谈并不顺利，基辛格与黎德寿的会晤根本谈不拢。和谈走不通，那就继续打仗。

经过一番研究，尼克松只有两种武力选择：命令空军对越南北方进行全面轰炸；在越南北方港口布雷，切断越南北方的主要补给线。越南北方港口是越南北方给在南越前线作战部队提供汽油的重要通道。只要切断或者减少港口给越南北方军队运送汽油，那么越南北方军队在没有足够汽油、武器的情况下，自然会减慢攻势，甚至停止进攻南越。

从军事角度上看，在越南北方港口布雷是上上策，但是由于封锁布雷港口属于公开干预海防港的国际航运，会招致苏联和国际上的抗议。当年，约翰逊因为害怕直接得罪苏联，没有批准布雷方案；1970 年，军方代表在军事会议上，向尼克松申请在越南北方港口布雷行动的方案，尼克松没有同意。现在，尼克松转变了态度。

在他看来，布雷方案不能轻易实施，否则会直接激怒苏联，可能会导致美苏直接对抗，致使局势失控。不过，如今美国在越战这盘棋上，已无棋可下了，如果不冒险一试，那么美国将灰溜溜地从越南撤军。而且，尼克松所面临的美苏关系，跟约翰逊所面临的关系不一样，约翰逊时代，美苏关系紧张对立，而尼克松执政后，由于采取了缓和政策，美苏关系有所缓和。因此，尼克松认为，布雷行动虽然会引起苏联的不满，但应该不至于引发苏联直接军事介入。所以，尼克松想要赌一把。

事实上，美国历史上也曾有过与苏联赌博的政治行动，比如 1962 年的“古巴危机”。当时，苏联想要在美国后方——古巴安装核武器，从后方威胁美国的安全。肯尼迪总统抛开众议，不管是否会惹恼苏联，毅然下令美国海军对开往古巴的苏联船只进行登船检查。最终，苏联害怕跟美国发生战争，只好妥协，放弃了在古巴装载核武器的计划，古巴事件结束。尼克松此刻也想冒一次险。

对于布雷方案，基辛格有自己的想法。他担心布雷会影响美苏关系，延缓美苏最高级会谈（美苏最高领导人会晤），进而影响他的全球战略计划。不过，他也同意尼克松采取军事行动赌一把。因此，基辛格在布雷方案上便有两种态度。在公众面前，他强调美国必须给苏联点颜色看看，在私底下，他好几次跟同事说他反对布雷方案。

1972 年 5 月 5 日，尼克松召开全体顾问会议，商讨布雷事宜。会上，多数人同意总统的意见，认为美国要送份“大礼”给越南北方。基辛格此时却提出了自己的看法，他说，美军最好采取轰炸的形式，慎重考虑布雷方案。不过，尼克松可管不了那么多，他说，美军不仅要轰炸，而且要加大轰炸力度，同时也要布雷。当然，尼克松并没有逞匹夫之勇。他虽然采取了在越南北方港口布雷的行动，挑战了苏联，但是也给苏联留有思考的余地，他命令美军不得直接以苏联为目标进行布雷。

美国人在搞布雷方案，越南北方人也没有闲着。他们在巩固战果的同时，聚集军队，准备从三个方面对南越发起总攻。5 月 8 日，尼克松签署了布雷的命令。随后，美国海陆空三军对越南北方发起了攻击，陆军在前线帮助南越军队构建防御阵地，空军则对越南北方进行狂轰滥炸，海军则对越南北方港口进行布雷。

当天晚上八点，尼克松向国会介绍了布雷方案。晚上九点，他对美国人民发表讲话，指责越南北方侵略南越。他说：“越南北方之所以发动入侵南越的军事行动，是因为背后有苏联的支持，苏联向越南北方提供坦克大炮及其他武器。这次入侵致使驻越美军生命受到严重威胁。”美国“面临失败，我必须选择，要么承认失败，向莫斯科投降；要么采取行动，勇敢一搏。我采取了行动”。

那么美国可以做出什么行动呢？尼克松列出了三个对策：

第一，美军从越南撤军，但是这不仅承认了美国的失败，而且不利于世界和平；

第二，继续谈判，体面妥协，这个方案可行，美国一直致力于和谈，但是越南北方不配合；

第三，美军进行强大的军事行动。

在这三个方案中，他选择了第三个方案。随后，他说，他已经采取了行动：

一、进入越南北方各港口的所有航道都将布雷，以阻止船只开进这些港口，并防止越南北方海军从这些港口进行军事活动。

二、美军已奉命在越南北方内河和它所宣布的领海水域内采取适当的行动，以制止运送补给品。

三、将最大限度地切断越南北方铁路和其他一切交通线。

四、继续对越南北方军事目标进行空中和海上袭击。

在介绍完布雷方案之后，尼克松公开了最新的和平方案，借以表明尼克松政府和谈的诚意。但是，该方案对解决越南问题产生的是正能量还是负能量，没有人知道，只能够拭目以待。

远交近攻，求助苏联

且说，该方案一出，各方面反应不一。国外方面的反应大致如下：

莫斯科方面，勃列日涅夫召开了政治局紧急会议。但是，紧急会议后的结果是不发表措辞严厉的抗议。

越南方面：河内上下陷入愤怒，他们发表抗议，对美国“帝国主义行径”加以批评；而西贡上下欢呼声一片，因为美国终于替他们教训越南北方了。

简单地说，国外的反应都在基辛格和尼克松的预料之中。在国外各方反应之中，基辛格和尼克松最为关注的是苏联。因为苏联关系着越南局势的发展。为此，基辛格和尼克松竭力维护美苏关系。

他亲自找苏联驻美大使多勃雷宁并告诉对方，尼克松总统想见见苏联外贸部长帕托利切夫。外交经验丰富的多勃雷宁明白，尼克松是想借助接见帕托利切夫告诉全世界，美国并不想跟苏联过不去。既然不损害苏联利益，多勃雷宁自然乐意帮忙。

很快，尼克松总统隆重接待帕托利切夫和多勃雷宁的照片就传遍了美国各大新闻媒体、世界新闻媒体。苏联人自然是及时地接收到了美国无意与苏联对抗的信息。于是，苏联政府只是发表谴责抗议而已，既取消发出最后通牒，也没有取消最高级会谈。

其实，苏联人没有采取实质性行动最根本的原因还是国家利益。跟美国搞僵了，大家神经紧张兮兮的没有任何好处；而给美国面子，苏联则能与美国在贸易、贷款和限制战略武器会谈等方面大获其利。

得知苏联不“为难”美国，基辛格与尼克松会心一笑，他们这把赌赢了。但是，越南北方呢？它会不会停止进攻？在美军宣布布雷之前，越南北方军队的坦克和大炮已经展开阵势准备进攻南越，但是美军宣布布雷方案之后，越南北方军队却迟迟没有动手。从其反应上看，基辛格与尼克松又赢了。

化解了危机，基辛格与尼克松冒险成功了。但是，让他们出乎意料的是，成功还远远不止这么多。因为，越南北方领导人终于在苏联的施压下同意与美国谈判。国外情况大有进展，但是，国内的局势却并不乐观。

“鸽派”强烈谴责尼克松，说他是一个彻彻底底的好战分子，而部分“鹰派”人士则说他“穷兵黩武”。此外，新闻媒体、高级知识分子、学生、民众也纷纷反对尼克松。对此，基辛格和尼克松则不得不慎重对待，否则美国上下将离心离德。因此，基辛格只能强装出笑容来解释。

在记者招待会上，他说：“毋庸置疑，这是一个非常沉痛、为难的决定，之所以这么做，是因为我们认为除了这么做没有别的体面的办法。”随后，他回顾了整个谈判过程，最后指出美国这么做仅仅是为了维护正义。在关键的时刻，基辛格依旧维护了尼克松总统。

在国会上，他旁征博引，力图说服国会成员，让国会同意美国与苏联达成限制战略武器协议。

原来，尼克松访问莫斯科之际，国会有人抱怨美苏签订的协议对苏联有利，美国损失太多。为此，基辛格只好一一解释，说服反对者。他说，苏联在越战上帮了美国大忙，美国无论如何得报答人家的恩情，此外，美国在世界各地，比起苏联都占有优势，给苏联一点蝇头小利，能够保证苏联不惹事，这样可以减少美国的损失。经过一番游说，国会欢呼声一片，他们赞赏基辛格与尼克松所推行的利于缓和美苏关系的策略。在赞美声中，尼克松与基辛格因为越南问题处理不力而受到的批评声少了许多。

国会问题解决了，基辛格结束了连线作战的局面。他有更多的时间来处理越战问题。

6 月 19 日，基辛格再次飞到北京（这是他不到一年中的第 4 次访问）推行均势外交。他受到了周恩来总理的热情接待，中美关系更进一步。

随着三角外交的胜利及其美国军事威慑，河内被迫在 6 月底召开特别会议，商讨与美国和谈事宜。

对此，基辛格认为这是河内重新估计国内外形势的信号，开会讨论对付美国的策略，黎德寿肯定会带着新的指示与美国谈判，美越谈判定会有新进展。果然，在新一轮谈判中，基辛格颇有收获。

7月18日，基辛格借助与总统在加利福尼亚休假的空当，坐飞机到巴黎与黎德寿秘密谈判。原本紧盯基辛格的记者们发现基辛格不见了，他们纷纷猜测，基辛格已经飞赴巴黎谈判。

面对新闻媒体的猜测，白宫认为美越和谈进展到如今，没有必要再隐瞒下去了。因此，1972年7月19日，白宫对外宣布，基辛格与黎德寿在巴黎会晤。

这天晚上，白宫透露了基辛格与黎德寿谈了6.5个小时的消息，美国电视节目铺天盖地介绍基辛格与黎德寿会谈的细节。这次会晤，让美国上下看到了希望。所谓人逢喜事精神爽，原本渴望结束战争的美国人喜上眉梢，一改之前惆怅、失望、愤怒、哀伤的面貌。

美国人心情好了，股票市场也好转了。美越和谈消息一公布，原本萎靡不振的股市居然破天荒地回升，纽约交易所的股市在3小时内上涨了18个点，分析家称此为“基辛格股市”。

当晚，基辛格回到华盛顿。回来后，他便向尼克松汇报情况。他说，此次谈判，河内并没有出现任何变化，但是从黎德寿的语调里可以感到河内已经有所松动，随后河内立场将会有重大变化。

正如他所说的，此后的和谈进展得十分顺利。这年8月份，基辛格与黎德寿进行的两次会晤均取得了巨大突破。在会谈中，基辛格发现，河内代表对阮文绍政府的态度缓和了。此前，河内坚持称除非阮文绍无条件下台，否则越南北方不会停火，但是现在，他们居然谈起越南存在“两个政府”、“两支军队”和“三种政治力量”，愿意承认越南所存在的事实。不过，他们表面上还是指责阮文绍政府，据基辛格所说“（黎德寿）发言的80%的时间”都在谴责“阮文绍及其一伙”。

取得这样的结果，基辛格十分满意。越南北方承认越南南方存在着不止一个政治组织，也就意味着越南北方默认西贡政权的存在。这三种政治力量的提法，可能表示越南北方希望成立一个由临时革命政府、阮文绍政权和需要明确的“中间”力量共同组成的联合政府，这也意味着，越南北方现在愿意通过政治谈判来取代军事谈判。

和平之神似乎要降临在越南这片国土上了。

巴黎和谈“智斗”越南北方

越南死局活了，基辛格非常高兴。不过，要想解决越南问题，他还有很多工作要做。因为，他不仅要处理西贡问题和国内复杂的问题，还要与苏联周旋应付越南北方。

8 月 16 日，基辛格飞到西贡，告诉阮文绍美国与越南北方谈判的细节，并要求阮文绍促进和谈，但是基辛格并没有说服阮文绍政府。相反，他们认为美国要抛弃西贡政府了，搞得基辛格只好安抚阮文绍政府。

国内问题上，基辛格面对的最为重要的事情便是尼克松连任。作为尼克松的首席智囊，基辛格不得不投入精力准备帮助尼克松。他忙碌奔波，既作为电影中的主角为尼克松摇旗呐喊，又作为募捐人，四处募捐。

忙完尼克松大选的事情，基辛格又专注于美苏问题。1972 年 9 月 11 日，他到达莫斯科，与苏联最高领导人商讨像粮食和贷款等经济合作事宜。为了能够促使苏联帮助美国限制越南北方，他将此次合作与越战联系起来，让苏联帮助美国解决越战问题。

对此，勃列日涅夫慷慨应允。苏联之所以做出让步，是有原因的。一来，苏联农业歉收，国内动荡不安，它没有过多精力扶持越南北方；二来，驻埃及的苏联军事顾问被赶回苏联，其在中东经营多年的努力付之东流；三来，美国没有趁火打劫。

9 月 15 日，基辛格意气风发地飞往巴黎，准备与黎德寿秘密谈判。黎德寿提出了方案，这个方案指出，“要想解决越南问题，就要从越南存在两个政府、两支军队和三种政治力量这一事实出发……不把共产党政权或美伪政权强加于越南南方。”

从方案上看，河内做出了让步。越南北方公开承认南越政权的存在，这是一件好事，但是，方案依旧坚持阮文绍下台。这点让基辛格犯难。他非常清楚，让阮文绍下台，不仅阮文绍不会接受，尼克松也不会同意。

所以，基辛格采用软硬兼施的办法说明让阮文绍下台是不可行的事情，并且建议早点和谈结束战争。不过，黎德寿没有接受。最后，双方便约好 9 月 26 日再次进行会谈。

9 月 26 日，美越代表如约进行谈判。这次，黎德寿搞了一套新方案，提出要由三种同等成分的成员共同组成一个“民族和解与和睦国家委员会”，它不具有政府职责，必须按“协商一致的原则”行事。这意味着，河内做了两大调整。首先，“委员会”不是联合政府。其次，“协商一致”保证了阮文绍对委员会磋商结果拥有否决权。

很明显，河内又让步了。河内的让步让基辛格看到了希望。在谈判桌上，基辛格和黎德寿探讨了“委员会”方案的具体细节，比如第三方由谁来充当、就地停火范围具体如何等等。由于双方争执不下，最后双方商定于 10 月 8 日再谈判。

和谈顺利进行，基辛格心情舒畅，而尼克松也很高兴，因为他连任竞选胜券在握。兴奋之中的他对外宣称：尽管距离大选仅有一月之隔，但是美国并不着急签订协议。如果条件合适，大选前可以签订，如果不合适，大选后再议。

其实，基辛格心里明白，尼克松内心渴望签订协议，因为他在 1968 年许诺过，在 4 年之内结束越战，如今只剩下一个月的时间了，他比谁都希望在大选前签订协议，不过，此刻他必须说假话。政治嘛，假亦真时真亦假，不玩真假游戏，政治游戏就没法玩。

1972 年 10 月 9 日，基辛格飞越大西洋与越南北方谈判，这是他第 19 次前往巴黎谈判。在会上，黎德寿依旧抨击阮文绍政府，同时申明民族解放阵线 9 月 11 日的建议，先解决政治协议再解决军事协议。

从外交手段上看，这是黎德寿在试探虚实。对此，基辛格见怪不怪，他采取了装聋作哑的姿态与黎德寿周旋。由于双方没有开诚布公，致使会议陷入了僵局。为了更好地谈判，双方决定休会两个小时。

重开谈判后，黎德寿同意将军事和政治分开谈，即赞同基辛格所谓的“双轨制”，军事问题美国和越南北方谈判，先宣布停火、撤军、释放战俘，然后再由越南北方、南越等多方力量达成政治和解。

河内做出的巨大让步让基辛格分外吃惊。既然河内让步，那么基辛格也就顺水推舟，认真审阅越南北方提出的和谈新方案。基辛格反复看了三遍方案，最后发现，河内放弃了要求阮文绍下台的提议而建议成立一个联合政府，满足了基辛格和尼克松的要求。

不过，基辛格又发现了几个问题：一、停火仅限于南越却不包括柬埔寨和老挝；二、在“国际监察和监督委员会”来监督停火的事宜上写得含糊不清；辱骂西贡政权的态度丝毫不减。然而，这都是小问题。因此，基辛格决定深入探讨并将草案用电报形式平拍到华盛顿。具体内容如下：

一、美国尊重1954年日内瓦协定所规定的越南的“独立、主权、统一和领土完整”。

二、“协定签字后24小时内”在越南南方实行停火，美国“在60天之内”把全部美军从越南南方撤走。

三、“在撤走美国军队的同时”——也就是说在60天内——释放各方“被俘和被监禁的全部人员”。

四、“成立一个包括三种同等成分的取名为民族和解与和睦国家委员会的政权机构，以便督促越南南方共和临时革命政府和越南共和国政府履行已经签订的各项协定并组织普选。”

五、越南的统一，“将通过和平的方法逐步实现”。

六、“成立国际监察和监督委员会。”（基辛格想知道何时成立。）“从签订这项协定时起的30天内召开一个关于越南问题的国际保证会议。”

七、各方保证“尊重”老挝和柬埔寨的“独立、主权、统一和领土完整”；各方还保证“不使用柬埔寨和老挝的领土来侵犯其他国家的主权和安全”。

八、美国“将为越南民主共和国和整个印度支那”的“战后建设事业做出贡献”；河内和华盛顿之间将“建立平等互利的新关系”。

九、“这项协定从签订时起生效。”

10月9日、10日，双方展开会谈，进展很顺利，最后双方初步确定了解决越战问题的具体步骤时间表：1972年10月10日，美国停止对越南北方的轰炸和布雷行动；10月19日，基辛格和黎德寿在河内草签协定文本。（在签协定之前，基辛格必须争取得到西贡领导人阮文绍同意的草案。）10月26日，美国国务卿长罗杰斯代表美国，阮维桢代表越南北方，在巴黎正式签署协定；10 月 27 日，南越全境实行就地停火。

相比之前的谈判，这次谈判进展之快不得不让人诧异。当然，谈判进展如此之快是有原因的。首先，基辛格和尼克松渴望在大选前签订协议，结束战争，给美国民众一个交代。其次，黎德寿担心尼克松当选之后，可能不会对河内采取如此宽容的外交政策，因此，黎德寿也急于签订协议，以免夜长梦多。

和谈有结果，基辛格很开心。就在这个时候，美军轰炸了河内。难道这是和谈前的“礼炮”？越南人搞不明白。不过，基辛格还是很好地做出了处理，保证了和谈进行。后来，由于各方面因素，他们将方案做了稍微地调整，美军将轰炸推迟到 21 日，22 日各方代表在河内草签协议，30 日四方代表在巴黎正式签协议。

计划有了，只要按部就班，结束战争就水到渠成了。然而，计划赶不上变化快，没多久和谈就出现了危机。

舌战“困兽犹斗”的阮文绍

“行百步者半九十”，基辛格在越南和谈上仅仅差最后一步，如果他能够顺利说服南越，他将获得成功，而一旦出现意外，那么基辛格将功败垂成。于是，他飞往西贡。

对于西贡政府，他很有信心。首先，他找来了帮手，如大使埃尔斯沃思·邦克、陆军参谋长克莱顿·艾布拉姆斯、新任太平洋美军总司令诺埃尔·盖洛海军上将，等等。其次，他站在了西贡的角度想问题。他说，签署协议有六大好处。

第一，阮文绍将继续当政，他还拥有民族和解与和睦国家委员会一切决定的否决权；第二，越南北方同意遵守某种政治进程，不采取军事政策；第三，美国将继续在泰国空军基地驻军，保证南越的安全；第四，美国继续给南越提供经济与军事援助；第五，美国能让苏联限制对越南北方的武器供应；第六，当下时刻是与越南北方达成协议最好的时机，如果南越签订协议，南越便可以保留100万军队，控制南越1900万人口中的85%，这样南越日后便可以东山再起。不过，为了谈判顺利进行，基辛格没有将方案中未解决的问题及签订协议的时间告诉阮文绍。

面对如此有诱惑力的方案，阮文绍却表示，得先研究一下方案才能做决定。但是，这一研究出现问题了，阮文绍从驻巴黎代表那里得知黎德寿与基辛格之间的谈判要点，其中有一些是基辛格有意隐瞒的要点。

知道内情后，阮文绍勃然大怒，他立刻电令总统顾问黄德雅研究方案，同时召开国家安全委员会特别会议，商讨应对方案。黄德雅，阮文绍表亲，毕业于匹兹堡大学，毕业后供职于南越政府，充当阮文绍的美国专家，是阮文绍最得力的助手，人称越南“基辛格”。得到命令后，他立刻认真核查方案，看完之后，他告诉阮文绍，基辛格给他的这份草案存在着许多问题。

阮文绍便找来基辛格，质问基辛格。基辛格尽可能用外交语言回答，但是他的回答并没有说服阮文绍。第二天，双方进行第二次会谈。会上，阮文绍步步紧逼。他指出这个方案有三大障碍：“民族和解与和睦国家委员会”写得不明不白；“三个越南国家”将南越一分为三到底是什么意思；越南北方军队不撤出越南南方，美国为何能够同意。

面对这些关键问题，基辛格只能解释。但是在南越看来，解释就是掩饰，他们认为美国可能抛弃西贡，因此，拒绝签订协议，最终会议不欢而散。基辛格没有办法，只好与黎德寿商量将草签时间延后，黎德寿见状也只好答应拖延草签时间。

10 月 21 日，基辛格再度与西贡代表展开谈判。会上，黄德雅递给基辛格一张清单，然后开门见山地提出，要想南越签订协议，基辛格必须修改方案中的 26 条内容。基辛格看后，从容镇定。因为，这 26 处既有主要的问题，也有次要的问题。其中，大部分能够解决，只有 6 个问题最难以回答。

随后，他一条一条地解释，试图说服黄德雅与阮文绍。但是，任凭他说破嘴皮子，对方仍不同意。3 个小时过去了，会议没有任何进展。对此，基辛格很是生气，气冲冲地回到大使馆“闭门思过”。

虽然越南北方答应将签订协议的时间延后，但是他们想在 11 月 7 日美国大选前签订。如果基辛格误了签约日期，后果将不堪设想。不仅个人威信和美国信誉会遭到损害，越南问题还可能重新进入死循环。

“闭门思过”之后，基辛格试图面见阮文绍继续做工作。不过，黄德雅根本不给基辛格这个美国要员机会，他阻止基辛格与总统见面，基辛格吃了闭门羹。无奈之下，基辛格便建议多人谈判，采取公开的谈判形式，不单独面见阮文绍。黄德雅知道基辛格是尼克松的心腹，轻易得罪不起，既然基辛格同意公开谈判，那么总得给人家面子。于是，双方重开谈判。

在会上，双方舌枪唇剑，争论得异常激烈。虽然基辛格幽默风趣，措辞严谨，逻辑清晰，但是阮文绍还是不同意基辛格的方案。眼见谈判没有结果，基辛格心急如焚。按照计划，他当天必须前往金边与正在苦战中的柬埔寨总统朗诺磋商柬埔寨问题。

所以，虽然基辛格未能成功游说阮文绍，但是他还是按照行程安排前往金边。

到达金边后，他与朗诺展开会谈。朗诺承诺越南北方一宣布停火，他便立刻宣布停火。基辛格则保证，美国将继续提供经济援助和武器援助，保证柬埔寨的安全。基辛格清楚，只有越南北方实现停火，柬埔寨才有可能停火，不过，从目前来看，越南北方停火的可能性越来越小了。

访问完柬埔寨，基辛格飞回西贡与阮文绍继续谈判。然而，会上气氛依旧很紧张，阮文绍说，这个方案是黎德寿与基辛格“预先炮制的一揽子方案”，没有办法接受，还说“必要时我们将单独作战。”

基辛格听后雷霆大怒，他说：“我在北京、莫斯科、巴黎都取得了成功，怎么能够败在这里呢？”然而，这不过是气话而已。西贡的僵局使得他不得不打道回府，再商量对策。

按道理说，南越是美国的“保护对象”，南越一切仰仗美国才能够维持下去，应该唯美国马首是瞻，但是南越却在关键时刻反对美国、拖住美国，不让美国离开越南泥潭。其实，这是有原因的。

首先，阮文绍利用自己的软弱来对付基辛格。他知道美国担心南越破罐子破摔，要是南越真陷入越南北方的包围之中，美军想要撤走的梦想也就成为了泡影。

其次，阮文绍参加战争已有25年了，他并不单单是为了美国人打仗，他也为自己打仗。这次，他知道美国人非走不可，他希望拖住美国人，争取更多的武器装备和经济援助，抓紧时间巩固政权，积蓄力量与越南北方争高低。所以，他敢和美国人叫板。

基辛格回到华盛顿后给黎德寿发了一个电报。他说他目前陷入困境，美越需要在巴黎再会谈一次。发完电报后，他将所有情况汇报给尼克松，并且提醒总统注意河内的动态。他担心河内会有新情况。

尼克松听后，淡然一笑，他不着急了。因为民意测试表明，他将获得大胜，继任总统宝座。

1972年10月21日，白宫发言人齐格勒对外宣称，尼克松总统将与基辛格和罗杰斯会晤，研究当前美国与越南北方、南越和谈的方案。美国民众发现，一向幽默风趣的齐格勒这次居然拘谨起来。

其实，就在这一天，阮文绍总统发表讲话，透露了他与基辛格谈判的情况。他承认，南越可能要实现就地停火了，但是他不同意成立“联合政府”，不愿意让越南北方军队留在南方。

得到消息的越南北方，也立即发表声明，怒斥阮文绍“顽固地反对和平和民族和睦”，同时怒骂美国政府“无非是利用阮文绍来拖延战争和阻挠和平谈判”。

说服不了阮文绍，签约便将遥遥无期。对此，基辛格遭受了前所未有的压力。

发起“和平在望”的舆论攻势

外交未能成功，越南北方不高兴了。根据美国中央情报局搜集的情报来看，河内似乎在策划一项行动，军事行动或者外交行动，而美国人也因为谈判没有取得成功而不满。为了让国内民众更好地团结在总统旗帜下，基辛格便开始了他的老把戏——社交生活。

1972 年 10 月 15 日，基辛格邀请《纽约时报》驻华盛顿办事处主任马克斯·弗兰克尔吃午餐，他一方面介绍越南情况，指出越南和平即将到来，一方面则劝告弗兰克尔不要批评总统，而应该夸奖总统，进而让“鹰派”和“鸽派”团结一致，携手应对越南问题。

过后，《纽约时报》果然没有批评尼克松，相反，为了团结一致对外，报纸还盛赞尼克松与基辛格，并且号召民众支持尼克松政府，与政府共渡危机。

11 天后，也就是 10 月 26 日，越南北方政府发布了一份长达 2500 字的声明。这份声明揭露了美越秘密会谈的九点协议及其细节。这份声明掀开了基辛格秘密外交的帷幕。

得知消息后，基辛格便组织国家安全委员会成员开会讨论，制定应付方案。经过一番分析，他们发现，河内之所以公布这份声明，最大的可能便是想逼迫美国政府按照美越和谈的约定在 10 月 31 日签订协定。既然河内想要促进和谈，那么美国也应该做出回应。

最后，基辛格决定召开记者招待会，澄清美越秘密外交的事实并且通过媒体告诉河内，美国信守和谈方案，只是目前有点小问题，请河内方面稍安勿躁。制定好方案之后，基辛格便呈交尼克松审阅。尼克松审阅后，批准了该方案。只是，基辛格没有料到他会因为说了四个字而享誉世界。

10 月 26 日 10 点 35 分，基辛格走进新闻发布室，开始发表演说，他说：“女士们，先生们，现在我们听到了两个越南声音。很显然，这场拖住美国 10 年的战争马上要结束了……”。

“我们相信，和平在望了。我们相信，一项协定已经近在眼前。”

此话暗示美国与越南北方尚有争执不下的问题，即何时签协议的问题。越南北方希望 10 月 31 日签署，美国原本能够按时签约，但是现在美国因为南越问题而不得不推迟签约期限。

“留下的问题只需再同越南北方代表举行一次谈判就能解决，依我看来，顶多三四天就够了，所以我们不是说要拖很长的时间。”

最后，基辛格说了一句至关重要的话。他说：“在没有合适的协定条款之前，美国绝不会让别人逼着签署协议，当条款合适的时候，任何人也别想阻挡美国签署协议，本着这种态度，只要对方配合，那么我们相信我们能够在最短的时间内给美国带来和平与团结”。

很显然，基辛格这段外交发言十分精练。他所提的三个要点格外分明，“在没有合适的协定条款之前，美国绝不会让别人逼着签署协议”，很显然是讲给河内听的；“当条款合适的时候，任何人也别想阻挡美国签署协议”，是讲给西贡听的；“本着这种态度，只要对方配合，那么我们相信我们能够在最短的时间内给美国带来和平与团结”，则是讲给美国人听的。

记者招待会结束后，基辛格奔波于各大新闻媒体，宣传“和平在望”的观点。他希望借助新闻媒体让美国人和河内政府明白，结束越战是尼克松政府势在必行的行动。结果，民众欢呼了。军人家属热泪盈眶，国会成员高声欢笑，股票一路猛涨。所有的美国人沉浸在惊喜之中。

此刻，他们不愿意去想，在尼克松执政期间，美军阵亡 1.5 万人，负伤 11 万人，耗费 500 多亿美元的事实，不愿意去想尼克松下令美军往越南投下了 360 多万吨炸弹，造成越南白姓死伤 60 多万人的事实。他们只知道，越战悲剧即将结束。

河内也表示理解并做出了答复。黎德寿建议美越早日恢复巴黎和谈。这正是基辛格所倡导的最后举行的一次谈判。基辛格认为此次谈判只需要 3—4 天，便能够解决问题。不过尼克松拒绝了黎德寿的要求。

尼克松为何会拒绝？原来尼克松对越南北方有了新的要求，他想要再赌一把。11 月 2 日，尼克松发表演讲，他说美国外交取得了重大突破，很快美国就可以得到“体面的和平”。但是他也说：“协定合适了，我们才签字，早一天也不干；协定谈合适了，我们就签，一天也不拖。”

他想要整个东南亚停止战争，而不是基辛格所要求的那样仅仅是越南的和平。得知基辛格申请赴巴黎和谈被尼克松拒绝这件事情，政府高层人员认为基辛格失宠了，于是他们纷纷批评基辛格。

首先发难的是五角大楼。五角大楼的部分官员递给总统一份数据，然后声称，越南北方计划在宣布停火后将进行一次大规模抢占地盘的军事行动。对此，五角大楼官员声称，想要制止这一行动，必须有一支装备齐全的国际监察部队才行。不过协议没有说明，很显然基辛格没有考虑到。

其次，国务卿罗杰斯也认为谈判协定起草得太匆忙、太马虎了。

当然，对基辛格最为不满的霍尔德曼和埃利希曼也借机批判基辛格。他们发布流言说，基辛格在谈判中越权行事，背着总统干事情……。

一旦和谈失败，基辛格便会成为替罪羊。不过，就在这帮人嚼舌头的时候，基辛格却忙着工作。

1972 年 11 月第一周，基辛格与尼克松敲定最后方案。他们将有争议的问题全部分为主要和次要。做好一切准备工作后，基辛格便发报给河内，商讨谈判项目的次序问题。收到信件后，河内也积极回电。

11 月 4 日，双方达成秘密协议，商定于 11 月 20 日恢复巴黎谈判。这次，基辛格对速战速决抱有很大希望。他觉得，河内很渴望和谈，河内派出黎德寿跟美国谈判就是最好的证明。

11月7日，美国大选结束，尼克松赢得了49个州中60%以上的选票，大获全胜，这是他政治生涯中最主要的两大胜利之一。

局势一片明朗。11 月 10 日，河内宣布黎德寿即将前往巴黎，河内说，如果美国不想对九点协议做根本的修改，那么基辛格再与黎德寿会谈一次也是可以的。此外，河内准备释放战俘。

河内有诚意谈判，那么美国也该拿出和谈的诚意。尼克松下令美国调集扫雷舰为越南北方港口扫雷。

不过，和谈还得西贡同意。为此，基辛格派心腹黑格到西贡谈判。他本人因为跟西贡高层闹僵，不愿意亲自前往。黑格受命后前往西贡，与阮文绍等人前后举行多次谈判。尽管黑格转达了尼克松的美国立场，但是阮文绍始终不妥协。

黑格见软硬兼施后都没有取得效果，便打道回府，向基辛格和尼克松汇报情况。其实，南越如今不过是破罐子破摔而已，阮文绍不过是想抓住美国这根救命稻草。南越改变不了大局，正如同美国大使馆的官员所说的那样“冰山正沿着自己的流向前进，西贡不管怎么谈，都改变不了这一切”。

一边是和平在望，一边是西贡政府的坚决不同意。局势会如何发展？

巴黎谈判，一波三折

西贡政府不同意签协议，并不妨碍美国与河内和谈。1972 年 11 月 14 日，河内宣布，河内代表黎德寿已经前往巴黎。

广播说："最近，美国建议在美国和越南民主共和国之间举行另一次秘密会谈，借以解决签订协议等问题。越南民主共和国为了表示诚意，同意美方建议。同时，越方也要求美方能够真诚地谈判，只有这样，结束战争，恢复和平才有可能。"

河内发出和谈信号，基辛格便准备前去谈判。跟以前秘密外交不同，这一次，基辛格召开了记者招待会将秘密外交转为公开的秘密外交。

第一次谈判，基辛格开门见山地提出了南越阮文绍的最低要求，然后强调了尼克松的最低要求，最后提出了协议中的一些细节问题。其中，基辛格拿出了一张"议定书"的长单子。此外，基辛格提出了增加一条新内容的要求，即 1954 年非军事区南北分界线的确认问题，这是尼克松同意的条款，同时也是阮文绍坚持的内容。

对于这些内容，黎德寿并没有做出回答，毕竟自己权力有限。虽然这次会谈没有取得一致性意见，但是两人却开起了玩笑。黎德寿说："亲爱的亨利，和平后，你能否介绍我去哈佛做马克思主义的特约教授？"对此，基辛格笑着回答道："随时欢迎，不过，你也得让我在河内教教政治学嘛。"

双方在玩笑之中互相告别。处理完正事，基辛格又开始玩起了老把戏——采用与妙龄女子约会吃饭的手段来摆脱记者。他与婀娜多姿的金发女郎到位于布瓦西·唐格莱街的路易斯大娘餐馆吃饭。

这家餐馆并不出名，然而就在这一天，却一"夜"成名。原因很简单，基辛格与一位美国女郎简·罗斯·库欣在这里进餐。也在这一天，这个名不见经传的小餐馆聚集了无数的摄影记者、新闻记者，以至于最后警察不得不出动警力维持秩序。

当天下午，基辛格与黎德寿进行第二次谈判。谈判前两人在记者面前聊天，黎德寿戳着手指谈论事情，这时基辛格打趣道：“你别老戳手指对着我，别人以为你在教训我呢？”对此，黎德寿回答道：“你不知道，我想笑的时候，总喜欢戳指头。”随后，双方进屋开始谈判，谈判结束后，两人热烈握手，让记者拍照，似乎这次谈得很融洽。

但是，前两次谈判的顺利并没有延续下来。第三次谈判，双方不欢而散。这让激情澎湃的记者无所适从，他们不知道该如何撰写通讯稿，原本好好的会谈怎么会突然间变坏呢？政治谈判怎么会比秋天的云变化得还快呢？

基辛格本人对此则见怪不怪了，谈判瞬息变幻，前一秒两人可能称兄道弟，下一秒可能怒目相对。虽然没有谈妥，但是他却期待感恩节期间的谈判。或许到那时候一切都有结果。可是，他没想到在他进行下一轮谈判前，他遭受到了来自国内外的压力与攻击，陷入了困境。

首先，西贡出手了。西贡一方面派特使到美国，“逼迫”美国做出三点保证：不得搞联合政府；所有越南北方军队必须从南方撤走；明确规定非军事区为两个越南的边界。另一方面，西贡媒体批评基辛格。西贡媒体谩骂基辛格，说他“夜郎自大”、“野心勃勃”等等。此外，他们还抨击他越权行事，“基辛格博士可能越权行事了……基辛格博士越权一两步，侵犯了总统的权力，现在是基辛格反省的时候了，千万不要野心勃勃……”。

自己为和平大业殚精竭虑，疲惫不堪，却被当作欺骗行家、越权行事的“犹太佬”，基辛格雷霆震怒，他打电话质问黄德雅。然而，黄德雅却否认西贡政府授意西贡媒体反对基辛格、诋毁基辛格的事情。黄德雅说，西贡媒体是自由、民主的。黄德雅的这一番官话搞得基辛格很是郁闷，然而，他又无可奈何，毕竟嘴长在别人身上，笔在人家手上，他也无能无力。

其次，华盛顿高官给他出难题了。西贡指责基辛格越权的说法，居然得到了太平洋彼岸的华盛顿的支持。11月25日，保守派双周刊《世事札记》报道说：“尼克松总统对基辛格的所作所为分外不满，因为基辛格与越南北方签订的协议，实际上是对越南北方的宽容，允许越南北方开进几千辆坦克。”

在内外夹击的情况下，基辛格在感恩节当天与黎德寿进行了长达6个小时的谈判。这次谈判虽然是在感恩节期间进行的，但是谈判并没有任何喜庆的味道。在谈判中，黎德寿一改温和的态度，咄咄逼人。虽然黎德寿同意象征性地撤出越南北方人民军，但是黎德寿却再次提起让阮文绍下台的要求，这条意见在此前，黎德寿已经声明放弃。此后，黎德寿开始怒骂西贡的各项要求。他指责阮文绍坚持南北政府主场，在搞三个越南国家，他强调越南人民是一个整体，对南越坚决不让步。

黎德寿这一突然转变，基辛格一时无所适从，他质问黎德寿改变立场的原因。但是，黎德寿没有给他满意的答复。眼见希望落空，基辛格也着急了，他警告黎德寿，尼克松总统停止了20度线以北的轰炸，是为了显示谈判的真诚，如果越南北方不认真合作，那么轰炸随时恢复。他想借此拉黎德寿回到谈判桌上，然而，黎德寿却拍案而起，怒气冲冲地说："10月31日已经过去，美国大选也结束了。所有证据表明，你们是想继续战争。"

这是黎德寿首次对基辛格发怒，基辛格意识到这种反警告的严重性。一旦处理不当，基辛格将由促进和平的英雄瞬间成为推动战争的刽子手，而且，黎德寿所说的正是基辛格理亏的地方，原本商量好的草签协议，因为基辛格未能说服西贡而导致草签迟迟未能进行。

于是，他静下心来，建议改天再谈。对此，基辛格回忆道："我不知道河内究竟做了什么决定，不过从那以后，双方的谈判却陷入一个基调：解决办法好像伸手即可得到，但是，当我们真的伸手去抓的时候，它却又缩回去，就是让你抓不着。"

当天晚上，基辛格向尼克松汇报情况，随后开始推想河内局势。他想：这年夏天和谈的时候，河内高层意见就不统一，发生分歧，这次应该也是他们意见不统一才会导致黎德寿一改常态。

当然，这也跟美国有关，美国一推再推签署日期，源源不断地给南越政权运送军事物资，且对阮文绍的要求加以迁就，美国的一系列动作表明美国借着和谈的幌子在准备战争。

除了这两方面的原因，还有一个原因。那就是河内想要看看美国大选后，国会如何对待越南问题，是禁止轰炸，还是放弃阮文绍，又或者双线并进，从而逼迫尼克松撤军结束战争。

11月25日，基辛格前往什瓦齐勒罗瓦与黎德寿会谈。两人谈了两个小时，但是依旧没有结果，双方约定12月4日再会谈一次。

会谈的不顺利又给结束战争带来了阴影，基辛格只得继续和谈"马拉松"。可是，就在他全力以赴解决越战问题之际，有人给他出难题了。

合纵连横，成功签订停战协议

在政治上，离间计是屡见不鲜的。在中国，离间计深受欢迎，屡试不爽。秦国人离间廉颇与赵王，刘邦阵营离间项羽与范增等等。在国外，离间计也被高度重视。这不，正当基辛格埋头研究越南方策的时候，西贡就使出了离间计。

11 月 28 日，阮文绍派阮富德到达华盛顿，争取独自面见尼克松。西贡认为尼克松与基辛格之间有分歧，他们能够利用尼克松对基辛格的不满打压基辛格，进而维护西贡的利益。然而，尼克松看出了南越的别有用心，便在公开场合会见阮富德。

但是，阮富德并不死心。在会上，他递交了阮文绍的亲笔信，信中要求签订停火协议前，双方总统进行一次会谈。的确，自从在中途岛公告发布之时的见面外，两人差不多有 4 年没有见面了。

不过，尼克松总统拒绝了会谈，他说美国一旦认为协议合适，那么美国就会签字，不管西贡是否参与。此后，他还警告阮富德，如果西贡还想孤注一掷继续战争，那么美国可能通过国会或者他本人下令停止支援。最后，他还说，失去美国援助，南越的生存便会遭遇巨大的挑战。

一见会谈无望，阮富德也只好失望而归。西贡离间计失败了，基辛格躲过了一劫。可是，祸不单行，阮富德前脚刚走，国内反对派就开始拆基辛格的台。

大选之后，尼克松胜出，但是根据法律，他有权重组政府。重组政府意味着，许多人都有希望取代基辛格，即基辛格的政治前途存在着不确定性。美国右翼说他“出卖”美国，出卖盟友，应该下台；左翼说他欺骗美国民众，将他说成是一无是处之人，让他下台。

就在这个时候，尼克松站出来了，他宣布，他的国家安全事务助理基辛格将继续效力第二届政府。同时，他让齐格勒发表声明：“尼克松总统相信，基辛格博士作为美国代表继续进行谈判，会做出成绩。”

至此为止，谣言才熄灭，基辛格在国内的压力才减少。

12 月 4 日，基辛格与黎德寿展开谈判。会议一开始，黎德寿便再提上次的强硬立场，越南只有一个政府，阮文绍必须下台，河内没有必要撤军，而且阮文绍必须释放政治犯，否则越南北方可能延缓释放美国战俘。基辛格针锋相对。双方你来我往，互不退让。虽然当天商谈两次，却毫无结果。

12 月 6 日，双方在吉夫别墅会谈 4 小时。相比之前针锋相对的谈判，此次谈判氛围有所缓和，黎德寿放弃了阮文绍下台的要求，同意越南北方军队象征性地撤出南越。这让原本困难重重的谈判有了转机，双方进入了深一层的谈判。

基辛格当晚汇报尼克松，告诉尼克松在短期内双方可能达成协议，让远在欧洲访问的国务卿罗杰斯做好签署准备。

的确，后来的谈判进展神速。经过 12 月 8 日与 12 月 9 日的谈判，基辛格取得了不错的进展，和平在望。他说："我们之间的分歧越来越小，达到这样的地步，只要对方接受半月前他们同意美方的那一部分，协议将能够迅速完成。"

这里面的"那一部分"指的是非军事区域的完整性，而越南北方对于非军事区提出了南北非军事区的边界线方案。为了处理掉最后的"难题"，基辛格与黎德寿商量约定下次见面带着专家商讨具体问题，草拟执行协议各项内容，比如绘制地图，标清南北地区的归属地问题。

会后，基辛格便飞回华盛顿，准备资料去西贡与阮文绍"谈判"，让阮文绍同意签署"协定草案的定稿"。这次前往西贡，他使尽全力，终于说服南越总统阮文绍接受签字。

12 月 10 日，美国专家代表沙利文与越南代表阮基石在法国巴黎会晤。在会上，阮基石提出修改 17 处内容，弄得沙利文十分不满。他说："对方将战场上的消耗战挪到了谈判桌上"。

当晚，他向基辛格汇报情况。12 月 11 日，基辛格亲自与黎德寿谈判，提出 17 处问题，但是，黎德寿并没有直接答复。比如，基辛格希望建立一支 5000 人的部队，可以不受限制，在非军事区执勤，同时这支部队拥有后勤基地，然而越南北方则希望只建立 250 人的部队，后勤由越南北方或者南越提供，只能在特定区域行动。

很显然，越南北方想要迫使美国让步，同时借着谈判的空当整顿装备，然后进攻南越。对此，基辛格丝毫不退让。他只让沙利文留在巴黎跟对方谈判，寻求共同点，自己飞回美国。于是，起起落落的谈判又跌倒了谷底，形成冰点。

其实，越南北方人之所以这么做是害怕历史重演。1954 年他们签订日内瓦协议，以为可以迎来独立、统一，但是他们迎来的却是法国军队和美国军队。现在他们担心尼克松政府再次耍手段，一旦和谈不成，便立刻恢复轰炸。

所以，他们的担心是有道理的，可是这种担心却让基辛格难堪。因为，和谈太久了，美国民众承受能力有点受不了了。早在 4 年前，他曾经在美国民众面前宣称 6 个月内解决越南问题，可是拖到现在还没解决。

现在，好不容易有了进展，签订合约指日可待。可是，越南北方却提出这样的难题。对此，国内许多人开始质疑基辛格的“和平在望”。基辛格只能将所有的苦水和委屈往肚子里咽。12 月 14 日，基辛格将巴黎和谈报告交给尼克松，两人商讨方策。两人最终做出了重大决定。

第一项，72 个小时认真谈判。尼克松向河内拍电报，警告说，美国将给河内 72 个小时与基辛格商谈签订协议的时间，如果河内未能认真谈判，签署协议，那么美国将恢复轰炸。

第二项，最后通牒。尼克松电告阮文绍，警告道，华盛顿的忍耐是有限度的，如果阮文绍非得坚持到底，那么他将下令断绝提供援助。

第三项，高层宣传。基辛格与政府高级官僚商谈，在48个小时之内，与国防部、国务院等高级机构官员进行探讨巴黎和谈的看法，介绍他本人对巴黎和谈的想法。

方案制定后，12 月 16 日，基辛格代表白宫面向美国上下发表讲话。他说：“美国决不能接受别人的讹诈而签订协定。美国决不仓促签署协定，而且我可以说，美国绝对不会听信花言巧语去签订协议，除非协议合适。”

12 月 17 日下午四点钟，尼克松签署轰炸命令，动用 B-52 轰炸机对越南北方全方位、大规模地密集轰炸，此次，河内和海防也在轰炸范围内。这次轰炸行动持续了 13 天，直到 12 月 30 日才宣布停止。

面对美军的狂轰滥炸，河内深受其害。1973 年 1 月，河内同意与美国进行谈判。1973 年 1 月 8 日，基辛格与黎德寿开始谈判。经过将近半月时间的激烈争锋，双方达成一致，商定于 1973 年 1 月 23 日草签越南停战协定，并于 1 月 27 日在巴黎签订协议。

至此，长达数年之久，会谈超过百次的谈判终于开花结果。

受到非议的诺贝尔和平奖获得者

1973 年 1 月 27 日，越南民主共和国、越南南方共和临时革命政府、越南共和国（南越）和美国四方在巴黎签订《关于在越南结束战争、恢复和平的协定》，基辛格前后花费 4 年多，历经 174 次谈判，最终取得了“和平”。

当时很多记者想采访基辛格，看他在做什么。他们不知道这个饱受争议的政治家此刻在做着什么，不知道基辛格对于越南战争有何看法。基辛格得知后，通过新闻发布单位说道：“我正在搞爱情，不是搞战争。”

美军撤出越南泥沼，体面结束战争，基辛格功成名就，他不仅受到了美国上下的赞赏，还获得了 1973 年的诺贝尔和平奖。

1973 年 10 月 16 日，挪威诺贝尔和平奖五人委员会宣布基辛格与黎德寿获诺贝尔和平奖。对此，各方反映不一。基辛格本人激动万分，他说：“在我的社会生涯中，还没有哪一件事情比获得此项殊荣更让我激动万分。”

的确，诺贝尔和平奖对基辛格来说是莫大的奖赏。诺贝尔奖是由瑞典著名化学家、硝化甘油炸药的发明人阿尔弗雷德·贝恩哈德·诺贝尔的遗产作为基金成立的。此奖分为物理、化学、生理或医学、文学、和平五个奖项，总体评奖标准是：世界上在这些领域对人类做出重大贡献的人。诺贝尔奖历经发展，是世界上富有影响、含金量极高的奖项。

诺贝尔和平奖作为其中一个奖项因为关系到和平问题而备受瞩目。它的评判标准是“为促进民族团结友好、取消或裁减常备军队以及为和平会议的组织和宣传尽到最大努力或做出最大贡献的人”。

当然了，虽然诺贝尔奖含金量高，但是有时候诺奖委员会所选定的人物或者机构却让人难以置信。基辛格获奖也备受争议。1973 年诺贝尔和平奖公布后。哈佛大学和马萨诸塞理工学院 60 名师生联名写信给挪威议会，指责他们将和平奖颁给了基辛格，弄得诺贝尔奖委员会两名委员辞职。这些反对者的理由无非是基辛格支持总统采取军事措施轰炸越南。

的确，采取武力逼迫越南北方妥协签订协议造成了巨大的灾难。越南战争造成了巨大人员伤亡，单单死亡的人数就高达400万人。其中，越南损失惨重，军队伤亡人数多达百万，平民伤亡800万，国破家碎，惨不忍睹。

美国也损失惨重，5.6万军人阵亡，30多万军人受伤，耗资4000多亿美元。尽管美国二战后经济繁荣，但是长达十几年的越战，使得美国经济急转直下，直到1982年才得以复苏。

然而，战争意味着代价，没有不流血的战争。20世纪60年代末，美国陷入越战不能自拔。基辛格从政后，力求采取和谈方针解决越南问题，然而由于越南问题涉及多个国家、多个政权，盘根错节，他奔波三年毫无结果，他只好采取武力促进和谈，这无可厚非。如果基辛格不那么做，不采取武力促和平的方式，或许美国将陷入战争泥潭更长时间，双方死伤将更为惨重。如果美苏对抗，甚至会诱发第三次世界大战。从大局上看，基辛格完全有资格获得诺贝尔和平奖。

从外交上，基辛格为美国做出了巨大贡献。第一，美苏纷争不休，两国为了争夺世界第一，搞起军备竞赛，导致世界局势紧张。然而，在尼克松政府时代，基辛格与苏联达成了多项战略武器限制协议，缓和了美苏局势，维护了世界和平。尽管美国处于守势，但是基辛格却利用以退为进的方式，保住了美国在世界各地的势力，牵制了苏联，不得不说是大功一件。

第二，基辛格参与了中美破冰之旅，进而影响了中日关系，维持了亚洲的稳定与和平。这不得不说是一大贡献。

第三，他经营中东，虽然扶持以色列，但也努力保持中东势力的平衡，促使以色列与阿拉伯国家友好相处。

综合以上各点，基辛格获得诺贝尔和平奖是有一定道理的。

1973年12月10日，授奖仪式在奥斯陆举行。当时基辛格正在布鲁塞尔参加越南北方组织理事会会议，原本可以亲自前往，但是他顾忌各方的反映，没有亲自前往，而是派美国驻挪威大使托马斯·伯恩作为他的代表前往领奖。伯恩躲开了雪球的袭击和反美示威者，溜进奥斯陆大学的礼堂，领取了基辛格应得的诺贝尔和平奖金。拿到奖金之后，基辛格没有将其占为己有，而是将所得到的6万美元的奖金，捐赠给在越战中牺牲和失踪的美军士兵的子女作为奖学金之用。

不管各方对基辛格表示怎样的不满，如何进行攻击，诺贝尔奖委员会主席阿德塞·莱欧奈斯夫人还是说了句相对客观的话，她说："有关巴黎协定的消息使全世界出现了欢乐和希望的浪潮。"

第九章

中美关系划时代的奠基人

一般国家很少从历史中吸取教训，更别说从中得出正确结论了。

——《重建的世界》，基辛格，1957

战后中美关系：遗憾的对抗

中美关系是很有意思的。且不说清朝、民国与美国的关系，单就新中国与美国的关系而言，其关系的起伏、一波三折就足以让人感叹。

一个是世界上人口最多的社会主义国家，一个是世界上实力最强大的资本主义国家。意识形态不同，文化不同，实力有差距，加上国际时局的影响，两国关系犹如海中的小船，处于摇摇晃晃的状态之中。

其实，中共与美国的关系可以追溯到二战期间。二战中，中美名义上是盟友，有着共同的责任和义务抵抗法西斯。可是，虽说是盟友，但美国却没有在经济上、军事上大力支持中国，而是“舍近求远”将绝大多数物资、部队运往欧洲作战，将亚洲战场留给积贫积弱的中国。

尽管如此，美国还是比较重视亚洲战场。出于对蒋介石当局消极抗战的不满，美国政府对中国共产党较为重视。所以，它采取了支持共产党的政策，不仅派出新闻记者进入红色政权根据地。当时，美国在中共“辖区”设有代表机构，在 1944—1947 年间，美国在延安设立了官方代表。

这一时期，中共和美国的关系较为密切。二战结束后，美国翻脸了。为了世界一哥的宝座，它推行“亚洲新秩序规划”，支持国民党政府，企图让中国成为“强大、统一、亲美”的国家，采取了扶蒋反共的政策。

1949 年，中国共产党取得政权，国民党败退台湾。面对新中国，美国政府开始新的衡量。经过一番思考，美国展开了外交攻势，希望能够与新中国建交。为此，美国派出司徒雷登与新中国接触，并且提出了艾奇逊三条件，然而这三个条件都不符合中国利益，被中方拒绝。

中美建交大门从此紧闭。就这样，处在太平洋两端的两国关系“相隔千里”。可是，即使相隔千里，美国对中国也不是采取“老死不相往来”的策略，而是凭借财大气粗和强大的军事力量，威胁新中国。

一方面，美国精心构筑了“东方弧线”的新月形封锁战略，主要是“三大岛链”，目的在于封锁社会主义阵营，其中就包括了中国，直到今日，这“三大岛链”依旧存在；另一方面，美国出兵朝鲜半岛，侵略越南，肆无忌惮地插手亚洲事务，威胁中国的安全。

也因为如此，两国关系处于敌对、紧张的状态之中。但是，这种关系随着国际局势及中美的处境发生着变化。20 世纪 60 年代末，世界格局出现了翻天覆地的变化：英法等国从二战中缓了过来、亚非拉民族独立运动风起云涌、日本担心美国核保护能力、“火药桶”中东硝烟弥漫、美苏争霸持续升级。

国际格局发生了变化，美国国内也出现了问题。主要有两方面：首先，越战问题。越南战争搅得美国政府寝食难安，美国民众反战呼声高涨。其次，美国经济面临着危机。从 1957 年开始，美国就出现了严重的、持续的经济萧条。到 1967 年初，美国财政每年赤字高达 90 亿美元，到 1968 年则高达 250 亿美元。

简单地说，美国在二战后初期那种打遍天下无敌手的辉煌战绩已经成了昨日黄花，美国陷入了危机。如果不采取与时俱进、适应国际的外交政策，那么美国可能失去世界头号强国的“荣誉”，所以，美国迫切需要另外一个足够强大的力量与苏联对抗。

举目望去，众多国家中，基辛格和尼克松不约而同地认为中国是不错的国家，值得结交。之所以选择中国，倒不是美国高看中国，而是中国的实力与处境与美国“相似”。

中国人口众多，潜力大，而且发射了“两弹一星”，综合实力增强。同时，中国也需要盟友。当时，中苏关系交恶，两国陈兵百万于边境，局部战争不断，1969 年珍宝岛战役，中苏关系跌落到谷底。在这样的背景下，中国希望与美国恢复外交关系，进而恢复联合国合法席位。

敌人的敌人就是朋友，加上双方互有需求，中美合作就有了可能。不过，由于意识形态问题和中日问题、台湾问题，中美关系一直处于紧张对抗的状态。尽管双方明白，中美关系恢复是不可逆转的，但是却一直没有一个很好的契机。基辛格说道：“尼克松总统入主白宫后，非常关心中国的发展，但却苦于找不到打通两国关系的渠道，无法跟中国联系”。

事实上，中美双方是有过接触的。1970 年 1 月 20 日，中美大使会谈第 135 次会议在华沙中国大使馆举行。美方驻波兰大使小沃尔特·斯托塞尔说，美方愿意同中国搞好关系，可以派人到北京或者接受中方代表到美国直接会谈。中方首席代表、驻波兰大使馆临时代表雷阳则表示，在五项原则的前提下，中方愿意和美国沟通谈判，改善中美关系。

这一年国庆，中国最高领导人毛泽东破天荒地在天安门城楼会见了美国人士埃德加·斯诺先生及夫人。很显然，中国向美国传递出“试探”的信息，但是中美双方谁也想不到，中美合作的开端不是从谈判桌开始而是从乒乓球桌开始的。

世界乒乓球锦标赛简称“世乒赛”，于1926年开办，历史虽然短暂，但影响广泛，与世界杯、奥运会并称为乒乓球运动的三大赛事。在 20 世纪 50 年代前，乒乓球的趋势是“欧洲打亚洲”，但 20 世纪 50 年代后，亚洲逐渐领先。比如，中国队就蝉联了第 26、27、28 届部分冠军。

1971 年，第 31 届世界乒乓球锦标赛在日本名古屋举行。赛前，国际乒联与日本多方邀请中国参加，国际乒联主席罗伊·埃文斯甚至不远万里来拜见周恩来，劝中国参赛。周恩来觉得此事事关重大，便上报毛泽东，毛泽东认真考虑后，决定派队参赛。

赛前，周恩来召集参赛队员，要求他们利用这次机会接触他国球队，有机会也可以邀请他们到中国进行友谊赛。据参与乒乓外交的乒乓健将梁戈亮说，虽然邀请球队访华，但邀请别的球队也不邀请美国队，跟别国球队握手，也不能跟美国队握手。

但是，事情发生了变化。第一天比赛结束后，中国队乘坐巴士从体育馆返回宾馆，在路上却碰到了“拦路虎”——美国运动员格伦·科恩。

科恩是美国数一数二的乒乓球队员，也是典型的“嬉皮士”成员，对美国中产阶级主流价值观异常不满，崇尚自由逍遥的生活态度。这年，19 岁的科恩跟随球队参赛。这天，当他在球场练习完后，才发现大巴走了。

从赛场到宾馆有 15 分钟的车程，路程不长，但科恩人生地不熟，该怎么回宾馆呢？当时又没有智能手机，就在科恩左右为难之际，他发现了中国队的大巴，于是阴差阳错地搭上中国球员乘坐的车。

当时，中美关系依旧是“紧张”的，双方对抗依旧存在。看到这个美国“客人”，中国队员先是诧异，后是大家大眼瞪小眼。科恩也发现情况不对，居然坐上了“敌车”，他很尴尬，但还是找了个位置坐下来。

原本热闹的气氛顿时烟消云散。看到这种情况，中国主力运动员庄则栋机智地做出了大胆的举动——主动攀谈，并且送给科恩一块印有黄山图案的杭州织锦作为纪念。

庄则栋是20世纪60年代的体育明星，国内比赛三连冠，国际比赛也是三连冠（第26—28届世乒赛男子单打冠军）。他打球以进攻、速度、气势著称，绰号“小老虎”。

队员那么多，为什么是他成为中美关系的破冰人物之一？其实，这跟他的胆识有关。虽然中美关系依旧“紧张”，但作为主力队员有着丰富社交能力的“小老虎”认为来者即是客，无论如何也不能冷落人家。

俗话说，礼尚往来。科恩觉得也应该回赠点什么。于是，他翻找背包，把包翻了个底朝天，结果是他找到一把梳子。最后，他尴尬地说道：“兄弟，我想送你点什么，但是我总不能送你把梳子吧。”

说完后，大家不约而同地笑了。原本尴尬的气氛顿时有所缓解。不久，车抵达了宾馆。下车后，双方热情地话别。就在这个时候，有个记者发现了，他将科恩手持织锦的情形拍了下来，作为重要新闻报道了。

在中美对抗的时代里，中美青年却抛开一切友好相处，这引发了世界的关注。新闻一经报道，世界各地记者蜂拥而来，准备继续追踪中美青年“邂逅”的故事。

第二天，科恩买了两件印有“Let It Be”（顺其自然）字样的运动衫，自己穿一件，而另一件则赠给庄则栋，并且拥抱了庄则栋。这个画面也成了记者心目中最给力的镜头。

原本是两个青年的邂逅，现如今却成了国际大事件，那么中美两青年的友谊会不会升华为中美关系的“突破口”呢？持续了二十多年对抗、现在想着合作的中美政府成了世界的焦点。

偶然事件在观众、政府的推动下成了中美关系发展的桥梁。不久，美国乒乓球队副领队哈里森来到中国乒乓球队所住的酒店与中国代表团负责人见面，询问中国能否邀请美国队到中国进行友谊赛。

在这次比赛中，中国男队获得了团体冠军，而美国队则仅仅排在第24名。

美国提出到中国进行友谊赛也算是跟中国切磋学习，是理所当然的事情。由于时局问题，中国代表团负责人将信息传回国内。

此时，应邀访华的乒乓球队有加拿大、英格兰、哥伦比亚、尼日利亚四支球队，没有美国队。4 月 3 日，中国外交部收到报告后，作了详细分析，最后认为不应当接受美国的要求，理由是美国政府支持蒋介石政权。周恩来审阅后，同意外交部意见。

不过，他附上一句：“请把愿意访华的美国队员名字记录下来，以便日后同他们联系。请毛主席阅示！”随后这份报告呈交到毛泽东主席处，毛主席圈阅后，此报告就退到外交部王海容处存档。

中美友谊仅限于两个青年吗？美国队访华似乎成为不可能。然而，就在当晚，事情发生了转机。据说，毛泽东看到中美队员互赠礼物的报道后，立刻指示中国队邀请美国队访华。

第二天，美国国务院接到了驻日本美国大使馆发回的《关于中国邀请美国乒乓球队访华的报告》。国务院一看事关重大，便呈交国家安全委员会，基辛格审阅后，呈交尼克松。

尼克松阅后激动万分，发电报给驻日美国大使，指示美国队接受中方的邀请。尼克松后来说：“我从未料到对中国的主动行动会以乒乓球队访问北京的形式得到实现。”

事实上，谁也没有料到中美外交大局居然会以乒乓球为开端。

4 月 10 日，美国乒乓球队代表团抵达北京，开始为期 8 天的中国之旅。此行人员共有 15 人，其中也包括了科恩。他是新中国成立后第一批获准进入中华人民共和国境内的美国运动员之一。

一到北京，他们就受到了热情的招待。先是参观了故宫、长城、清华大学、北京大学、观看样板戏等活动，而后，美国队便与中国队进行两场比赛，一场在北京，一场在上海。

比赛结束后，周恩来总理在人民大会堂接见美国乒乓球队队员。在会上，科恩就说自己是嬉皮士，问总理有什么看法。他以为总理会打官腔，说嬉皮士是“西方资产阶级堕落的东西”，但周总理却鼓励他道：“年轻人要尝试不同的事物，祝你进步！”

随后，周总理说道：“你们在中美两国人民的关系上打开了一个新篇章。我相信，我们友谊的这一新开端必将受到我们两国多数人民的支持。”

周总理的演说让基辛格和尼克松喜出望外，他们发现与中国合作有了可能。于是，尼克松政府一方面指示美国队邀请中国队访美，一方面取消了美国企业家与中国进行贸易中的外汇限制。

就这样，小球转动大球，中美关系开始了历史性的新篇章。虽然，庄则栋、科恩及当年访华的美国运动员大多数已经去世，但他们为中美关系正常化所做的贡献肯定流芳百世。

“波罗 1 号”，基辛格的第一次中国之行

许多人不知道，这场乒乓球友谊赛不仅仅是中美两国人民友好的象征，更是开启了中美两国外交正常化道路的象征。

友谊赛后，中美两国经过多次通信来往，尼克松总统确定委派基辛格秘密访问中国，代号为“波罗 1 号”行动。之所以取名叫“波罗 1 号”行动，是因为尼克松认为此次基辛格之行犹如当年马可·波罗中国之行一样。

当然，尼克松最后派遣基辛格前往中国，也是有一定原因的。其一，基辛格是哈佛博士，是资深的国际战略家，担任过多届美国政府的外交顾问或军事顾问，经验丰富，可以担当大任；其二，基辛格是尼克松的心腹，办事沉稳且守口如瓶，保密方面绝无问题。

1971 年 7 月，在外交烟幕弹的保护下，基辛格开始了北京之行。当年 7 月 8 日，基辛格到达巴基斯坦，与巴基斯坦总统叶海亚·汗将军见面，并参加叶海亚·汗总统特意为其举行的宴会。就在宴会达到高潮时，基辛格突然手捧腹部，连叫“难受”。

这不是有人“下毒”，而是基辛格“生病”了。南亚流行痢疾，容易引发身体不适，基辛格肚子“疼”也就是再正常不过了。不过，叶海亚·汗总统却说道，伊斯兰堡天气酷热，不利于基辛格博士恢复健康，基辛格应该前往伊斯兰堡北边群山中叶海亚·汗的别墅去休养。基辛格欣然接受，指派手下官员前往查探。晚宴结束后，基辛格到宾馆休息，而前往查探的人员便留在那里，帮助基辛格演戏。

第二天清晨，基辛格在巴基斯坦政府严密地保护下，登上了一架巴基斯坦国家航空公司波音 707 飞机飞向北京。由于此次是秘密访问，陪同基辛格前往的人只有少数几人，就连他最得意的秘书黛安娜·马修斯也不得不留在巴基斯坦作掩护。

7 月 9 日北京时间正午 12 点，基辛格等 6 人在章文晋的陪同下抵达北京南苑

机场。叶剑英、黄华、周恩来特别助理熊向晖、外交部礼宾司司长韩叙前往机场迎接，并给基辛格安排了住处——钓鱼台宾馆五号楼。

从7月9日下午至11日下午1时，周总理同基辛格进行了六次会谈。在第一次会谈上，基辛格拿出厚厚的纸稿念稿。周总理听完后说："交谈嘛，博士何必念稿子呢？"基辛格则答道："我在哈佛教书多年，未曾念过稿，最多也就是个提纲。但是今天不同，对周恩来总理，我念稿子都跟不上，不念稿子更跟不上。"说完，在场的人哈哈大笑，会谈气氛轻松、愉快。

双方谈到了台湾问题。台湾是中国的固有领土，这点美国国务卿艾奇逊在中美关系白皮书中承认台湾是中国的固有领土，美国不干涉中国内政。不过朝鲜战争爆发后，美国便派遣舰艇进驻台湾海峡，宣布台湾地位未定，随后台湾问题悬而未决。周总理说，既然尼克松愿意和中国和好，那么美国政府必须承认中华人民共和国政府是中国唯一的合法政府，台湾是中国不可分割的一部分，美方必须限期从台湾撤军。

对此，基辛格回复道，美国不支持"两个中国"和"一中一台"，更不支持台独。美国在台湾的军事力量中的三分之一与印度支那战争相关，美国已决心尽快结束战争，并且在本届政府任期撤出三分之二的驻台美军，随后撤出其余美军。

对于正式承认中华人民共和国政府为唯一合法政府这个问题，基辛格说或许尼克松总统在下任前半期能解决，随后他指出美国将放弃需要超过三分之二多数票方能通过的议案，帮助中国恢复联合国席位。

至此，台湾问题中的大原则问题基本解决。

解决了台湾问题，双方谈及了战俘问题，基辛格希望中方尽快释放朝鲜战争被俘的美军，周恩来则强调可以缩短刑期，但是要等到中美关系改善。

最后，双方谈到了世界格局。基辛格提出，二战后，世界各国实力下降，格局出现了真空，美国出丁道义不得不介入世界事务，并且为此付出了巨大代价。如今美国要调整对外关系，只分担一部分世界事务。对此，周恩来强调，中国虽然是大国，但是尊重独立发展，不会威胁世界和平。

经过六次会谈，双方达成了一致意见，即先着手解决两件事：一是中美双方建立直达双方最高层的秘密联系通道——巴黎渠道，中方代表是驻法大使黄镇，美方代表则是驻法武官沃特斯；二是中美将同时发表尼克松受邀访华的《公告》。

秘密访问中国行程结束之后，基辛格秘密飞回巴基斯坦，随后又乘飞机到巴黎，出席晚宴，参加与越南北方代表的秘密谈判会议，等待行程结束后，他便飞回华盛顿。

7月15日华盛顿时间晚上10时30分，尼克松开始面向全国发表讲话，他说“没有中华人民共和国和它的七亿五千万人民的参加，稳定而持久的和平”几乎不能实现。之后，尼克松宣布，他早已派基辛格与中国代表会谈，双方将同时发布公告。公告内容如下：

周恩来总理与尼克松总统的国家安全事务助理基辛格博士，于1971年7月9日至11日在北京进行了会谈。获悉，尼克松总统曾表示希望访问中华人民共和国，周恩来总理代表中华人民共和国政府邀请尼克松总统于1972年5月以前选择适当时间访问中国。尼克松总统愉快地接受了这一邀请。

中美两国领导人的会晤，是为了谋求两国关系的正常化，并就双方关心的问题交换意见。

公告一发布就引发了美国内部大讨论。有人认为中美缓和会得罪苏联，苏联会雷霆震怒，并且制造柏林危机作为报复，美国不能不重视；有人认为，尼克松此举不过是政治作秀，是为下一届连任拉取选票；有人认为，美国此举会损害美国与在台湾的国民党政权之间的密切关系。

但是，反对的声音是微弱的，中美缓和赢得了美国国会上下的一致认可，就连挑剔的共和党人也拿起香槟祝贺尼克松所取得的成就。

随着中美关系缓和，中日关系也得到了缓和。随着田中角荣访华，实现中日两国邦交正常化。而苏联得知中美关系缓和，诧异不已。虽然他屡次派使者来中国商量和好事宜，但是出于各国利益，双方并未谈拢。

对于中国之旅，基辛格印象深刻。他说：“已有很多人访问过这个美丽的国家了，对我们来说它却是一个神秘的国度。”对于周恩来，他说：“谈话内容深刻，这只有在一位伟人面前才能够经历到。我们之间的谈话也富有哲理，充满趣味，富有启发意义。我相信，通过这样建立起来的关系会成为当代国际关系的基石之一。”

总体来说，“波罗1号”行动是成功的，中美双方还会继续交谈。但是，没有人预料到，基辛格第二次北京之旅的时间会是1971年10月16日。

推动尼克松访华，再造外交新功勋

1971 年 10 月 16 日，基辛格作为尼克松特使再次前往中国，执行“波罗 2 号”行动。不过与“波罗 1 号”不同的是，基辛格此行是公开的，他此次中国之旅的主要目的是与中方协商安排尼克松访华日程和后勤问题。

为了此次北京之旅，尼克松大力支持基辛格。他不仅调用总统专机让基辛格乘坐，还将他的心腹班子调出来辅助基辛格，其中有专机驾驶员拉尔夫·艾伯塔齐上校、白宫的高级军事助理空军准将詹姆斯·德·休斯、尼克松的助手德怀特·拉·蔡、白宫通迅处主任艾伯特·雷德蒙准将、白宫新闻秘书办公室的蒂莫西·埃尔伯恩等。

第一次北京之旅，中国政府做了相关报道，美国人基辛格已经为国人所熟悉。因此，当基辛格到达北京之后，再次受到热烈的欢迎。

到达北京后，他们商讨了有关尼克松访华的细节问题。

确定细节之后，基辛格于 10 月 26 日飞回华盛顿。就在这一天，中华人民共和国在联合国的合法席位经第 26 届联合国大会上以 76 票对 35 票的压倒多数通过恢复。11 月 15 日中国组成的以乔冠华为团长，黄华为副团长，熊向晖和其他七人为正、副代表的中国代表团出席了联合国大会。

台湾当局则黯然神伤，他们明白中国大陆与美国已经开始打交道，大势已去，只能顺应历史大趋势。

既然商定好了访问日期，尼克松政府便准备对外公布出访事宜。11 月 30 日，尼克松与基辛格会谈后决定，举行记者招待会，宣布访华相关情况。在记者招待会上，总统新闻秘书罗纳德·齐格勒透露国务卿罗杰斯和基辛格博士将陪同总统一起出访。

基辛格说，尼克松与毛泽东将在北京会晤，尼克松总统将会访问苏州与上海，随同前往的还有总统夫人及人数有限的高级助手团队。其实，此次前往的人多达数百人，其中还包括各大新闻媒体记者。

在记者问答会上，有些记者提出了陷阱重重的问题，给基辛格出了许多难题。有记者问："共产党中国的权力基础在哪里？"基辛格却回答道："总统访华不允许美国人对中国内部问题进行猜测"，巧妙地化解了危机。

在记者招待会上，基辛格一再强调这次访华是一次工作访问，而非官方外交访问。他暗示道，美中建交还有一段路要走。后来事实证明，基辛格是对的，中美在 1979 年 1 月才正式建交，前后历经 3 任总统，历时 7 年之久。

对于基辛格的介绍和回答，报界十分满意。他们对于基辛格开启了美中长达 25 年之久的破冰之旅感到非常佩服。《纽约时报》赞扬道："只有基辛格神秘性的才能，才能够与东方人相比。也只有他才能建立如此功勋。"

1972 年 2 月 20 日，尼克松总统访华团在学生、政府工作人员、支持者、电视台摄影记者、安全保卫人员等的关注下，登上了安德鲁斯空军基地的"空军 1 号"，飞往北京，开始为期 7 天的历史性访问。

1972 年 2 月 21 日 11 点 30 分，印有美国标志的飞机抵达北京，尼克松访华团受到最高规格的接待（这在当时的美国人中算是获得了特殊的待遇）。中国组成了以周恩来总理为首的 42 人的接待团前往迎接，此外机场上还安排了陆海空三军仪仗队，大约 500 人，欢迎尼克松访华团到来。

随后，尼克松夫妇一行人分别下榻于钓鱼台国宾馆的两幢大楼里。3 个小时后，毛泽东主席接见了尼克松与基辛格。他们从哲学谈起，谈笑风生，毛主席肯定了尼克松的对华政策，而尼克松则敬佩毛主席的才华，他还引用了毛主席"一万年太久，只争朝夕"的诗词，双方相谈甚欢。在中美最高领导人会晤的同时，美国国务卿罗杰斯和其他助理则与中国相关代表商谈具体合作问题。当晚，周恩来总理则在人民大会堂为尼克松访华团接风洗尘。

此后几天，尼克松谈判团与周恩来谈判团进行了多次会谈。主要分为三层谈判：第一层，中国外长和美国国务卿之间的谈判，商讨促进贸易往来的问题；第二层，尼克松总统同周恩来总理之间的谈判；第三层，中国外交部副部长乔冠华和基辛格之间协商草拟文件问题。其中，基辛格与乔冠华的谈判至关重要，他们负责探讨、拟定联合公报事宜。

尼克松总统访华是中美历史性的大事件，它的意义自然是不消说的，而基辛格作为推动中美关系的重要人物更是名垂青史。

缔造美国世界外交格局：均势外交

三个层次同时开展，最后都取得了不错的成果。虽然中美贸易往来谈判内容有些单薄，但是经过补充，合作项目增多。

尼克松总统周恩来总理历经的四次谈判，在回顾国际形势以及双方合作问题上取得了一致的看法。尼克松提及世界将会有五个中心力量：美、苏、中、日、欧洲。他说，美国与日本的友谊是利于中国的，因为这样既能够保证美国在太平洋的利益，又能防止日本军国主义死灰复燃，毛泽东主席同意这个看法。至此亚洲新格局的雏形已经形成，在中日建交之后，亚洲形成了中、苏、日三足鼎立的局势。

在越南问题上，中国不做任何表态，劝美国从越南撤军，尽快结束战争。当然，在这些人中，基辛格与乔冠华的工作接触最为繁重也最为重要，双方经过不断地讨价还价最终才达成一致。

美方提出了既不鼓励“两个中国”、“一中一台”的解决方案，也不鼓励其他国家取代美国在台湾的军事力量，但是中国认为这是内政，是次要地位的。中国最初要求的美军无条件撤出台湾，后来改为逐渐撤出台湾，但都遭到美国拒绝。美国认为要以和平解决台湾问题为基础。双方陷入僵局。

在举办的晚宴上，周恩来总理说：“我们双方有着巨大的原则分歧。”这个消息传出后，《华盛顿邮报》据此推断中美谈判陷入困境，刊登了“宴会祝酒词暗示麻烦”等文章。

2 月 27 号，双方就《中美联合公报》达成最后协议，并且签署公报发表。中国代表周恩来总理与美国尼克松总统在公报上签字。

公报签署后，双方商定第二天发表。1972 年 2 月 28 日，《中美联合公报》发表。其主要内容是：

中美两国的社会制度和对外政策有着本质的区别。但是，双方同意，各国不论社会制度如何，都应根据尊重各国主权和领土完整、不相互侵犯、不干涉内政、平等互利、和平共处的五项原则来处理国与国之间的关系。国际争端应在此基础上予以解决，而不诉诸武力和武力威胁。美国和中华人民共和国准备在他们的相互关系中实行这些原则。

中美两国……任何一方都不应该在亚洲太平洋地区谋求霸权，每一方都反对任何其他国家或国家集团建立这种霸权的势力……

美国认识到，在台湾海峡两边的所有中国人都认为只有一个中国，台湾是中国的一部分。美国政府对这一立场不提出异议。它重申它对由中国人自己和平解决台湾问题的关心。考虑到这一前景，它确认从台湾撤出全部美国武装力量和军事设施的最终目标。在此期间，它将随着这个地区紧张局势的缓和逐步减少它在台湾的武装力量和军事设施。

简单地讲，自此，中美两国结束了长达25年的对抗，开始适应新的世界格局，展开贸易合作，促使中美关系正常化。对此，基辛格说："上海公报发布是个革命性的转变，它成功地维持了中美长达7年的和平关系，在1979年中美正式建交后被正式取代。公报没有秘密条款或者补充条款，其重点不是台湾问题而是国际关系。"

的确，一个拥有五千年文明的国家与一个仅有两百多年建国史的世界头号强国合作，一个拥有7亿人口的大国与一个只有两亿人口的大国和平相处，这在当时是轰动世界的消息，这也意味着世界和平的可能性更多了一些。

这次北京之旅，对访华团代表来说是印象深刻的。基辛格对中国有了新的认识，他说："苏联人一般比较生硬，中国人拐弯抹角；苏联人坚持特权，中国人讲求普遍性原则，试图将自己的实力弱化，在对方适应的时候，才在这种基础上提出自己的要求；苏联人把友好作为成功后的奖赏，而中国人则在谈判之前将友谊作为缰绳……"。

尼克松则对中国文化情有独钟。他游览中国长城、明十三陵、故宫，观看中国特色的芭蕾舞《红色娘子军》，体验了中国大好河山的风光，而后参加中国宴会。在宴会上，他首次接触到茅台酒。对于茅台，他大加赞赏，他觉得不可思议，酒精含量如此之高的酒居然能饮用。回到华盛顿之后，他还在女儿面前炫耀，他将茅台倒好，拿出火柴点燃，准备表演一番。然而由于他没有控制好节奏，导致酒精燃烧，差点酿成悲剧。

访华团其他成员对中国也是赞赏有加，其中基辛格女秘书晕倒事件也被后人津津乐道。在白宫，24 岁的朱莉·皮诺和 29 岁的黛安娜·马修斯是基辛格的贴身秘书，她们此次也跟随基辛格访问中国。

根据安排，她们跟随尼克松总统夫人参观中医院。两位姑娘穿上了白衣大褂，带上口罩，全身武装之后，便跟随中国医生走进手术室。在里面，她们看到医生用针灸替一位病人做肺部手术。针灸，名满九州，在中国已有两千多年的历史，是传统中医治疗领域中的一项行之有效的方法。不过，在美国却不流行。当针灸医生将银针插入病人穴位并用力捻动银针时，朱莉却吓晕了。回到华盛顿后，两人接受杂志社邀请，撰写在中国的旅行经历，形象地介绍了中国文化。

访问之旅结束，尼克松一行人回到华盛顿。在这里，他们得面对一些声音。因为在公报之后，美国新闻评论，中国从公报中获得了很多利益，在政治、科技、文化等等方面占了大便宜，而美国付出了高昂的代价却仅仅换取了与中国握手言和的结局。最后尼克松与基辛格只好做出解释，强调与 7 亿中国人和平相处将给世界带来和平，才平息了不满的声音。

总体而言，美国上下对于尼克松、基辛格的北京之旅还是赞赏有加。因为他们开启了中美关系的大门，这是历史性的转折点，两人备受瞩目，获得的掌声不断，从而减缓了他们在越南问题上遭遇的压力。

中美领导人签署协议之后，美国企业机构纷纷转向中国这个潜在的巨大市场。那些通过商品进出口规定获得数百万美元利润的美国人在得知消息后，立刻采取了行动。他们开始讨好中国的经济顾问，企图从中获取额外的利润。

经过此次访问，不论是作为尼克松总统的国家安全事务助理，还是作为美国国务卿，基辛格在中国都成为了一个受尊重的客人，都是中国人的好朋友。

成为中国的“老朋友”

打开中国大门之后，基辛格便着手解决越战问题。历经多年的努力，他终于在1973年1月27日签订了《关于在越南结束战争，恢复和平的协定》，结束了越战。越战结束后，基辛格便安排行程再次访问中国。

1973年2月15日，基辛格到达北京。此次北京之行，他收获颇多，最重要的便是他受到了毛泽东的接见。

2月17日晚上，毛泽东主席与基辛格一见面，两人便天南海北地聊起了天，谈到世界的过去、现在和将来，基辛格感觉到毛泽东想要与华盛顿建立更为亲近的关系，不过毛泽东没有明说。后来周恩来告诉基辛格，毛泽东主席允许美国在北京设立一个联络处，方便中美外交联系。这对于一直想要推行三角关系的基辛格来说，是一件大喜事。他异常兴奋，回到宾馆立即向尼克松汇报，与尼克松商谈具体事宜。虽然“联络处”并不是大使馆，但是它并不比大使馆级别低，它具有外交功能，双方可以通过联络处进行外交、贸易、文化交流。“联络处”的设立，利于中美日后建交。

这年5月中旬，美国最著名的外交家戴维·布鲁斯抵达北京，担任美国驻北京联络处主任。这是美国自1949年后第一个在中国的官方代表机构。其实，美国在中国也派遣过驻中共的代表机构，那是在1944年至1947年间，美国在延安设立了官方代表。这年5月末，中国派黄镇前往华盛顿担任联络处主任，这是当时的中国大使中唯一一个中共中央委员会委员，可见中美互相重视的程度。

也许基辛格跟中国有缘，这年11月份，基辛格再次访华。与过往不同，他这次是以美国国务卿的身份访华。当时，中东爆发了第四次中东战争，也叫赎罪日战争，基辛格正忙于处理中东问题。

然而，中东地理位置特殊，局势复杂，宗教、种族斗争激烈，加上英、法、美、苏等大国介入，中东战火不断，烽火连天，局势动荡不安。基辛格参政后，采取了软硬兼施的措施尽力维持美国在中东的力量，然而却始终未能使这块战火之地平息。这年 10 月 6 日，阿拉伯国家采取了报复手段发动了战争，战火再次燃起。基辛格不得不来回奔波，解决战争问题。这年 11 月 10 日，他再次飞到北京访问中国。

当天晚上，周总理按照外交礼仪给基辛格接风洗尘。宴会上，基辛格颇有感慨地说道："我们此行的所有人都不会忘记我们第一次进入中国时的兴奋之情。当时，我们认为中国是一个神秘的国度，直到今日，我们才知道，我们之所以会这么认为，更多地是因为我们的无知，而非中国本身有什么神秘之处。"

晚宴后，基辛格对周总理说道："您可能不知道，要是不用谈 242 号多好啊。"242 号指的是 1967 年联合国安理会要求以色列军队撤出占领阿拉伯各国领土的第 242 号决议。

周总理听后笑了笑，在一旁的乔冠华副部长随即说道："那么，基辛格博士，您觉得 338 号和 339 号决议又怎样呢？"这两个决议是 1973 年 10 月联合国针对第四次中东战争所做出的停火协议。基辛格一听，便说道，我听说联合国大会上，乔冠华先生在与苏联代表雅科夫·马立克辩论时曾经拍桌子。乔冠华立刻回答道："不过，我可没有拍鞋子。"拍鞋子是指 1960 年的联合国大会上，苏联领导人尼基塔·赫鲁晓夫用皮鞋敲桌子的著名事件。此话一出，逗得在场的人哈哈大笑。

随后，基辛格与毛泽东主席进行会谈，两人谈了足足 135 分钟，这是历史上少见的一次会谈。第二天《人民日报》报道如 2 月份尼克松访华一样，在头版刊登毛主席与基辛格会面的照片。不过，这次报纸报道说，毛泽东与基辛格是在"友好的气氛中"会谈，暗示了中美关系将会更进一步。

后来，基辛格与周恩来总理进行了三天半的谈判，双方确定了公报的内容措辞，这份公报暗示了两国将建立正式外交关系。

虽然此次北京之旅，基辛格喜讯连连，但是双方仍察觉中美关系的前景不太明朗。因为尼克松搞出了"窃听门"，也就是"水门事件"。此事件东窗事发，尼克松总统深陷其中。他们担心一旦总统有变，那么可能会影响中美大局。为此，周恩来总理接受《纽约时报》记者采访时说，他希望尼克松总统能够度过目前的困难，并说，两国关系不会受到"水门事件"的影响。不过，多数人心里明白，"水门事件”造成的影响，会削弱美国的力量，加强超级大国苏联的力量。

11 月 13 日，周恩来总理在人民大会堂为基辛格饯别。期间，基辛格说：

不论美国会发生什么事情，不管哪一个总统执政，我们关系中所取得的进展今后将继续发展下去。

经过多次的交流，基辛格对周恩来总理充满了敬意，他说：

周恩来温文儒雅，耐心无尽，聪慧过人，机巧敏捷。他在我们讨论之际，轻而易举地就点破了我们新关系的实质，似乎除此之外别无明智的选择。当周恩来逝世时，我深感悲痛。世界将不会那么富有生气了，前景将不会看得那么清楚了。

对毛泽东主席，基辛格更是颇为崇敬，他在《白宫岁月》中写道：

毛泽东几乎不会一个人唱独角戏，这点其他政治领袖做不到，而且，他还不需要别人帮忙准备演讲稿，而是即席聊天，在开玩笑中带着主要的论点。……他的话点明了一个方向，但是却不会规定具体的道路。

不过，毛泽东有时候也会开门见山，直指主题。有一次，基辛格在与邓小平会谈中，他说美中两国的关系是建立在健全的基础上，无求于对方。结果第二天，毛泽东则毫不留情地说道：“如果双方都无求于对方，那么你来北京做什么？如果双方都无求于对方，那么我们为何要接待你和尼克松总统？”

未曾中断的“中国之缘”

基辛格，深受中国人民喜爱，被称为中国人民的“老朋友”。其原因不仅仅是因为他开启了中美破冰之旅，也因为他一直主张应该正确对待中国，与中国一起共建世界和平新秩序。

基辛格这种积极建议中美保持良好关系的外交政策却遭受到四面八方的攻击。其中对他攻击得最为猛烈的声音便是：基辛格之所以强调中美和好，不过是为了自己的商业利益，是为一己私利。

1989 年 9 月，《华尔街日报》报道了基辛格中国投资公司的存在。中国投资公司到底是怎么回事呢？原来，这里面还有一小段故事。

1978 年，历经文化大革命浩劫的中国，在经历“两个凡是”之后，邓小平等高级领导人开始转变策略，发展经济，实行改革开放政策。由于中美关系和好，又在 1979 年建交，因此，美国等大公司便纷纷投资中国，美国石油公司、自由港公司、国际集团等大公司都在基辛格的牵引之下进驻中国。

当然，基辛格也想从巨大的中国市场上大赚一把。1988 年 12 月，他成立了有限投资合伙公司——PIE 中国投资公司，其目的是帮助美国顶级公司投资中国。基辛格任公司董事长同时兼任首席执行官，其他董事会成员多数是美国运通、自由港公司、美国国际集团、西部信托投资公司、亨氏食品公司和可口可乐公司掌门人。他聚集了 7500 万美元资金，准备大干一场。

对于媒体报道，基辛格否认道：“中国投资公司从没有投过一分钱。”的确，如果基辛格真想投资的话，那么他的公司早就日进斗金了，可是现实却是他们一分钱没拿到。为此，民主党人史蒂芬·索拉兹看不过去也为他说了句好话：“我相信基辛格博士这么做与经济利益无关，他一向维护威权政权。”他的助手温斯顿·洛德也说：“即使基辛格在中国没有一毛钱的商业利益，他也会维护中国。”

不过，他们的辩护并不能消除美国大众的疑虑，《洛杉矶时报》和《华盛顿邮报》相继刊登报道说，基辛格之所以如此袒护中国，可能是他在中国有商业投资。为此，基辛格十分生气，他决定访华。

1989 年 11 月 7 日，基辛格高调访华，这是他第 15 次访华。在访华前，尼克松也琢磨着访华事宜。基辛格得知后，便打电话询问尼克松办公室尼克松何时访华，他不想与尼克松撞到一起。后来，他在报纸上得知，尼克松已经到了北京。随后，基辛格带领美国国际集团毛利斯·格林博格前往中国，开始访华之旅。

到中国之后，他们受到了中国方面的热烈欢迎。在当晚的宴会上，基辛格说道："部分美国人认为中国应该在当下情况下先走一步，而有些中国人却认为美国应该先走一步。"为了双方能够更好地和平相处，基辛格提议双方共同行动，让中美关系恢复到正常的轨道上。

第二天，邓小平接见了基辛格与格林博格。会上，基辛格为美国采取制裁措施解释道：美国为了照顾本身利益不能违背自身价值观，不得不做出决定，但是他希望美中关系能够改善。邓小平则指出，中国为了中美关系一直很努力地做工作，然而此次事件美国必须先做出表态。随后，基辛格与格林博格还得到了江泽民、李鹏等高级官员的接见，商谈具体的合作事宜。最后，基辛格参加了驻华大使温斯顿·洛德为他举办的盛大招待会。

11 月 11 日，基辛格回到了华盛顿。白宫便发出邀请信邀请基辛格共进晚餐。在晚宴上，基辛格向布什、贝克和斯考克罗夫特做出了详细的汇报。他说："中国政府最反感别国政府干涉中国内政，30 年前，因为苏联的干涉，促使中共放弃了苏联。"

尽管布什讨厌基辛格，但是他也意识到中国问题事关重大，有必要采取缓和措施。因此，他派遣斯考克罗夫特和伊戈尔博格秘密访问中国，主动与中国进行谈判。

第十章 斡旋第四次中东战争

当大国在为生存斗争而冲突时，他们之间的所有条约就不再具有约束力。

——俾斯麦 普鲁士"铁血宰相"兼外交大臣

拥有特殊身份的中东问题处理者

1973年9月21日，这一天，对基辛格来说，是人生中最重要的一个日子。因为，在这一天，他通过了参议院批准获得了国务卿的职位。

这次任命对他来说，可谓是实至名归且意义重大。实至名归是说，此前几年，他虽然作为国家安全委员会助理，但是所做的却是国务卿甚至总统所要做的事情；意义重大则是他又创造了一个奇迹：成为美国历史上第一个犹太人国务卿。

作为基辛格家族传人，他光宗耀祖了。不过，他希望因为当上国务卿而施展才华，建功立业。这种机会很快就找上门来了。就在他任职不到两个星期的时候，第四次中东战争爆发了。

四年多前，他刚刚出任国家安全委员会助理时，朝鲜击落美国间谍战机，基辛格临危不惧，很好地处理了此事，赢得了众人的赞赏，在白宫站住了脚跟。此次，作为国务卿，他是否一样能够很好地处理问题呢？

中东，地理位置特殊，战略位置重要。它处于欧亚非交界处，其中苏伊士运河是贯通中西的关键通道，扼守苏伊士运河，便可纵横欧亚非，其战略位置极为重要。地缘政治学家麦金德说："如果我们把世界看成是一个岛屿，人类是世界的主宰，如果把阿拉伯半岛看成从欧洲到印度、从北部腹地到南部腹地的走廊，是世界岛屿的中心，那么，耶路撒冷的战略地位，与在中世纪或者在古代巴比伦和古埃及时期，同等重要。"

对此，彼得大帝也颇有感慨地说道："（继承者）都应该向南推进到君士坦丁堡和印度，因为谁在那里统治，谁就真正统治了世界"。

如果从油气资源角度出发，那么中东更是大国必争之地。中东油气资源丰富。石油方面，其石油存储量占世界石油总存储量的60%以上，既是目前世界上石油储量最大的地区，又是生产输出石油最多的地区。天然气方面，其存储量占世界的41%。

油气资源是现代工业的基础，没有油气，就意味着没有发展和未来。对此，基辛格说：“谁控制了石油，谁就控制了所有国家；谁控制了粮食，谁就控制了人类；谁掌握了货币发行权，谁就掌握了世界。”

事实上，中东的战略地位及其资源使得它成为大国必争之地，它引“狼”入室了。不管是英国、法国，还是德国和美国，都没有经过中东国家的同意，开着战舰，兴致勃勃地前来开发资源，并为了利益而大打出手。

早在一战前，英、美、法、德、俄就在此明争暗斗，他们以中东民族冲突、宗教冲突为切入点，在中东争权夺利。经过几十年的斗争，英国终于靠着欺骗阿拉伯国家、扶持以色列，击溃德国，和好法国，遏制美国而成为中东的最大赢家。

二战之后，英法在中东的势力遭到了毁灭性的打击，美苏取代英法，入主中东。为了争霸，美国在中东找到盟友——以色列。在美国的强有力支援下，以色列在阿拉伯国家重重包围之下生存了下来，并发展为中东头号军事强国。

但是，美国并不想以色列一家独大，所以，在维护以色列的同时，它也与阿拉伯国家和好，争取达到中东均衡状态，使美国利益最大化。约翰逊政府就极力推行“对等平衡政策”，但是，以色列并不买账。

尼克松上任后将中东事务交由罗杰斯和国务院负责。为此，罗杰斯“萧规曹随”，继续施行对等平衡政策，企图维持中东势力均衡的态势。不过，效果并不明显。第三次中东战争，以色列大获全胜，而阿拉伯则近乎“完败”。这种结局，阿拉伯国家自然是不会接受的。战争随时可能爆发。

且说基辛格与中东的关系。既然他作为国安会助理，为何未能插手中东事务呢？其实，这里是有原因的。第一，他不是中东问题方面的专家。虽然他是欧洲研究以及战略核问题专家，但是他并非中东问题方面的行家。虽然他也是犹太人，但是在第四次中东战争爆发前，他甚至连中东都没有去过。

第二，基辛格是犹太人。尼克松认为，中东问题涉及犹太人与阿拉伯问题，基辛格出面不合适，容易引发阿拉伯国家的反感。因此，尼克松没有让他负责中东问题，而是将中东问题交给国务卿罗杰斯负责，并任命职业外交官约瑟夫·西斯科担任罗杰斯的助理。

西斯科不负所望，很快就拟定了一份有关中东问题的政策文件。在他拟定的政策里面，他提到：最重要的首先就是要遏制住苏联在中东地区日益增长的影响力，务必要让阿拉伯国家信任美国，信任美国不会偏袒以色列。除此之外，美国还应该说服以色列撤军，从它占领的阿拉伯土地里面撤出来。美国最需要做的就是安排出一种“和平”，并将苏联也拉拢进这一建设性的努力当中来。

对于西斯科的提议，美国高层多数认同，唯有基辛格对此保持着怀疑的态度。他认为西斯科的政策说起来容易，做起来难。因为想要和苏联大力合作本身就是一个很大的难题。要知道，在当时，美苏正处于全球争霸时期，且苏联处于优势地位，谁也不能肯定苏联会合作。

不过，既然中东问题不归他负责，他也就没有明确表示反对，而是低调对待。毕竟官场是非多，多管闲事容易惹来麻烦。当然，低调并不意味着不关心。对于中东问题，基辛格高度关注。作为犹太人的一分子，他无法坐视以色列问题不管不问，更何况在以色列，还有他的许多好友。

基辛格的童年好友库尔特·弗莱希曼就是在纳粹屠刀下残存的一个。此人希望生平能够访问以色列，但是，很不幸，还没来得及访问，他就去世了。好友远逝，基辛格伤感不已。他决定帮助好友完成遗愿。他特意给犹太人全国基金会送去了支票，让他们在约旦山中选一片土地，然后种上300棵树以纪念他当年在费尔特镇的故友。

不管从哪方面讲，中东，对基辛格而言，意义非凡。这种意义非凡注定了基辛格与中东会有千丝万缕的关系。很快，中东问题就找上了“他”。

借约旦危机改变美国中东政策

就在基辛格处理越南问题的时候，中东出现了问题。美国国务卿罗杰斯推行的对等平衡政策没能维稳中东。中东局势恶化，其中，约旦危机四伏就是一个典型的例子。

约旦地处沙特阿拉伯、伊拉克、叙利亚和以色列四个国家的包围之中。虽然它属于阿拉伯国家，但它又与以色列和平相处。结果，因为两面不讨好，成了周边国家的“眼中钉”。外部不稳定，约旦内部也不团结。

在约旦土地上，活跃着从战争中逃出来的贝都因人和巴勒斯坦人。他们在这里组建了游击组织并将约旦作为打击以色列的前哨基地。然而，约旦国王侯赛因不同意。由于谈不拢，双方便兵戎相见。

1970 年 9 月，约旦局势严重恶化。这倒不是因为约旦正规军打不赢游击队，而是约旦政府打赢了战争惹了麻烦。叙利亚不高兴了，他们认为游击队是同胞，但约旦政府却兵戎相见，这明显是不仁义之举。因此，叙利亚有必要支援“同胞”，于是，叙军逼近约旦边境，大战一触即发。

中东危机再次发生，美国遇到了难题。为此，尼克松特意召开了一次高级会议。在会上，以罗杰斯为代表的温和派，强调采取政治手段，而原本无权干涉中东事务的基辛格却强烈反对，他认为没有军事干预的外交根本不起作用。最后，尼克松决定双管齐下——政治手段与军事威慑并用。

9 月 18 日，尼克松、基辛格和以色列总理果尔达·梅厄夫人进行会晤。在会晤过程中，尼克松说，一旦约旦有变，以色列必须出兵支援。当然，作为回报，美国不仅将批准以色列要求的 5 亿美元援助项目，还提前给以色列送去了 18 架喷气式战斗机。

经过综合权衡，梅厄夫人爽快地答应了。回国后，她让拉宾与基辛格保持联系，共同处理约旦危机问题。美以达成协议，但阿拉伯国家并不知道，他们继续为“正义”而战。当天，一批叙利亚坦克杀气腾腾地进攻约旦部队。第二天，叙利亚又出动 100 多辆坦克进入约旦境内。

情况越发严重了。于是，美国高层召开特别会议。在会上，基辛格指出应“先礼后兵”，先通过外交手段解决问题，即让苏联约束叙利亚行动。如果苏联无视美国的警告，那么美国将采取行动。一直想要对叙利亚动用武力的尼克松也认可了基辛格的说法。

事实上，这次会议表明美国已决定放弃对等平衡的中东政策，而采取威慑平衡政策，可是，高高在上（地理纬度高）的苏联却不知道。所以，虽然美国政府严重警告苏联不要玩得太过分，但苏联却熟视无睹。

“是可忍孰不可忍”，基辛格生气了，既然敬酒不吃，那就吃罚酒吧。他给拉宾打电话，让以色列空军支援约旦。拉宾知道基辛格正在气头上，于是他说，现在战场情况不明，不可轻举妄动，等他搞到最新情报再说。与此同时，他说，美国要想以色列支援约旦就应该有一套完整的方案，比如怎么样支援约旦，以色列支援约旦后，如果苏联参与了，那么美国将如何应对，等等。

拉宾善意的“拒绝”并没有消除基辛格心中的怒火，他说：“现在的局势已经到了十万火急的地步。”不过，拉宾还是没有同意基辛格的建议，他要基辛格想明白后再说，然后挂了电话。后来，基辛格提出拉宾到华盛顿商讨解决方案的要求。9 月 21 日，拉宾抵达华盛顿。

拉宾告诉基辛格，以色列内阁随时待命，他们会在第一时间召开紧急会议，同时，以色列空军也已经做好了袭击叙利亚坦克的准备。只要耶路撒冷签署作战命令，那么以色列空军将会对叙利亚发动毁灭性的打击。

拉宾的大力支持让基辛格非常感动。现在，他心里有底了。只是，这时候中东战局有了新的变化。约队抵抗不住叙队的猛烈进攻，节节败退。侯赛因心急如焚，他直接打电话到美国大使馆求援。

师出有名了，美军可以行动了。不过，西欧很多国家反对美国干预中东事务。美国遭遇了困境，但是，出于对中东大局的考虑，尼克松和基辛格是不会让别的国家推翻侯赛因政权的。那么，美国应该怎么干预呢？

国务卿罗杰斯建议尼克松和苏联联合行动起来促使中东地区平静下来。不过，基辛格却强烈地反对。经过权衡，尼克松听取了基辛格的建议，不计代价干预战争。最终他们确定了方案：尼克松先给苏联大使警告，随后基辛格担任美国代表与以色列代表拉宾执行联合军事行动方案。看来，美苏直接较量的大戏即将上演。

方案确定后，基辛格忙了起来。他跟拉宾通话并了解以军作战计划：以军通过钳形攻势，将叙利亚部队赶出约旦；达到军事目的之后，以队将立即撤出约旦。看后，他立即同意以军的方案。

很快，潜伏在约旦南部的以色列坦克迅速出动，开往约旦，而以色列空军则从空中侦察叙利亚部队的动向。中东问题闹大了。就在这个时候，战场情况发生了变化。约旦坦克部队英勇作战，打退了叙军的进攻。

局势有变，计划也得有变化。以军随即停止前进，以色列召开了内阁会议。会议主要内容是，叙军受挫后会不会加派增援部队？远在后方的苏联顾问会不会因为叙军进攻受挫而随军南下，直接到前线指挥作战？

最后，以色列内阁做出决定：如果叙利亚境内的500辆坦克继续向约旦推进，那么以色列将不管苏联是否直接参与，都会继续命令部队进行干预。以色列准备孤注一掷大干一场，而美国呢？基辛格和尼克松准备好了吗？

真假战场化解中东危机

以色列决定倾力一战，基辛格则布局演了一场真假战争，最终化解了约旦危机。

拉宾将以色列内阁的决定告诉基辛格。首先，如果叙利亚增派部队打垮约旦部队，以色列就会出动空军袭击叙利亚的坦克。其次，以色列不能保证以色列陆军是否会进入约旦，不能保证以色列军队仅仅局限在约旦境内作战。最后，以色列需要拥有“美国保护伞”这样的后盾。没有美国做后盾，以色列难以挽救亲美的侯赛因政权。

此时，战场局势依旧不容乐观。叙利亚虽然遭到顽强的抵抗，但是并没有停止进攻，相反，叙利亚增派一小批坦克越界与约旦军队作战，双方陷入了胶着状态。侯赛因则再一次请求美国“紧急救援”。

针对这一情况，基辛格和拉宾进行了紧急会晤。拉宾认为，美国不要介入到中东战争中去，约旦问题由以色列来处理即可。不过他重申以色列需要尼克松保证，当以色列的军队进入约旦或叙利亚的时候，美国必须要对苏联进行威慑，以防止苏联进行干涉。

既然以色列愿意做先锋，基辛格自然帮助以色列求情，于是，尼克松答应了拉宾，威慑苏联。

商定之后，双方便展开了工作，拉宾向以色列政府汇报美国答应作为以色列后盾的消息，而基辛格则建议尼克松总统下令美军进入备战状态。原本就想教训苏联的尼克松立即同意。当天，美军 82 空降师进入戒备状态。

此后，基辛格还特令部队行动幅度大一些，公开一些，以便苏联人能准确无误地接收到这个信号。当然，基辛格如此做，不是为了炫耀武力，更不是要真的打仗，而是想警告苏联：如果苏联不去约束叙利亚人，那么美国将出兵攻打叙利亚。

为了更逼真地演戏，让苏联误认为美军将不惜一切代价与苏联对抗，基辛格亲自坐镇指挥。他在美军指挥室里发号施令。这位曾经的美国大兵，如今却指挥着美利坚帝国的部队。由于他一言一行颇有威力，深受在场军官们的赞赏。

一位军事观察家对基辛格的这次表现给予了高度评价，他说："基辛格在处理这次严重危机的过程中，再一次经历了战火的洗礼。聪明的基辛格知道，苏联已经参与到约旦战争之中，为了约旦局势、中东局势，我们美国也要参与进去。在军事和外交方面，我不得不说他做得很出色。"

这一真一假的行动相互配合，取得了莫大的效果。在战场上，约以军队屡战屡胜，叙军损失惨重，掉头返回叙利亚边界。在外交上，苏联外交官也已经在星期一赶到了大马士革，要求叙利亚马上结束入侵约旦的行动。

得知消息后，基辛格参加了印度驻美大使馆利益照管处负责人古尔巴勒博士举行的宴会。基辛格之所以参加这次宴会，不是想放松下心情，而是他已看出苏联改变策略，想通过宴会与苏联代表进行沟通，尽量缓和美苏关系。

正如基辛格所预料的，苏联外交官沃隆佐夫在经过短暂的犹豫后，还是趁着喝咖啡的机会，将基辛格拉到一边谈判。他告诉基辛格，苏联正在全力制止叙利亚入侵约旦的行动。早已料到苏联会这么做的基辛格并没有马上就做出回应，而是先用质疑的眼光将对方打量了一番，然后严肃地盯着对方说道："我清楚地记得，我们在上次交谈的时候，你就已经告诉我叙利亚不会再增派军队了。"

基辛格一说完，沃隆佐夫就急忙辩解道："我的确是和你说过这样的话，但是我们对叙利亚越境入侵约旦也是不了解的，而且我们的军事顾问也是一到边界就停了下来，没有继续前进啊。"

对此，基辛格直接对沃隆佐夫说道："这件事情完全是你们和你们的受援国惹出来的，既然是你们自己的问题当然就得由你们自己去解决了。"谈话至此结束，中东危机也因此而彻底缓解。

9月23日，叙利亚最后一批坦克从约旦退出，美以合作取得圆满成功。为此，华盛顿举行酒会，基辛格和拉宾握手相庆。通过这次合作，基辛格和拉宾建立起了一种特殊关系，而以色列人也将基辛格当作好朋友来对待。虽然基辛格只把以色列当作是美苏战略争夺中的一个特殊部分，但是以色列人对于基辛格的信任和友好却为基辛格日后的发展提供了良好的条件。

1971 年，罗杰斯和拉宾在谈判重开苏伊士运河的临时解决办法方面产生了分歧。罗杰斯坚持要让拉宾做出单方面让步，否则就要在一段时间内停止运交喷气式飞机，而拉宾则寸步不让。见到双方互不退让，基辛格便站出来调解。不料，此事不仅没调解成功，反而越闹越大，并且成了头条新闻。为了息事宁人，基辛格在尼克松的授意下，向拉宾保证，美国会为他们继续运送飞机，一如既往地援助以色列。

基辛格又一次帮助了以色列，以色列人铭记在心，誓死跟随美国。所谓，滴水之恩，当涌泉相报。在尼克松竞选连任过程中，拉宾帮了大忙。他甚至不顾外交礼仪，出面劝说支持民主党的犹太人帮助尼克松。

不过，基辛格对此却不敢大肆宣扬，他知道，自己是犹太人，跟以色列有着千丝万缕的关系，不适宜高调行事，以免引起反对派的攻击。

约旦的危机总算过去了，而基辛格也因为这次危机成为了一位中东问题专家。基辛格成功处理了约旦危机，那么 10 月 6 日爆发的中东危机，基辛格又该如何处理呢？

中东政策遭遇“强敌”

第四次中东战争爆发，基辛格深感意外。虽然中东局势一直动荡不安，但是，总体是可以驾驭的。基辛格认为，阿拉伯国家实力有问题：其一，阿拉伯国家内斗不团结，根本不是以色列的对手。其二，在 1967 年“六天战争”中，阿拉伯国家遭受重创，实力恢复需要一定的时间。其三，美苏正处于缓和期，苏联不会轻易冒险帮助阿拉伯国家。

的确，战争是综合实力的较量，没有实力则谈不上战争。可是，虽然阿拉伯国家损失惨重，短时期无力再战，但是，背负着民族耻辱的阿拉伯国家并不甘心，他们相信一切皆有可能。

埃及总统安瓦尔•萨达特决定化解中东危机。虽然他是军人，但不是好战分子。他曾经主动向以色列递出了橄榄枝，但是遭到以色列的拒绝。和平之路没有希望，他只好求助于战争。他认为，发动一场战争，将美苏拉进来，那么中东局势将会有所改观。

于是，他向苏联提出了供应武器弹药的要求。但是，苏联要么以受援国做出有损主权的事情，要么就以国际和平为说辞，一再拒绝阿拉伯国家的要求。面对苏联一而再再而三的推托，阿拉伯国家愤怒了。

既然你不提供武器，那么我就找美国要。此举惊动了苏联，苏联本来就担心埃及会投靠美国，削弱苏联在中东的实力，所以，它最后向埃及提供了大量的军事装备。只是，这一举动被美国情报机构探得，他们将信息汇报到华盛顿。只是，华盛顿并不在意。

以色列却不一样，埃及在自家门口武装军备，他们夜不能寐。因此，以色列总理果尔达•梅厄夫人赶到了华盛顿，询问尼克松美国是否会对苏联给埃及运送武器的事情采取措施。为了安抚以色列，尼克松答应会在接下来的 4 年时间里再向以色列提供 48 架飞机。

美国的这一做法激怒了萨达特。他更加确信战争是唯一能够促使美国改变对以色列立场的办法。之后，他便开始和其他两位举足轻重的阿拉伯领导人一起制定战争方案。这两位领导人一位是沙特阿拉伯国王费萨尔，另一位就是叙利亚总统哈兹·阿萨德。

与此同时，萨达特还特意到莫斯科访问，争取更多的武器弹药。既然埃及血战的决心已下，苏联也就只好同意。它一方面向埃及和叙利亚运送大批量先进武器，另一方面则向叙利亚派了很多苏联顾问，帮助叙军训练部队。

对于苏联的这一举动，基辛格认为苏联不够意思，没有尽到大国的责任。不过，基辛格并没有太在意，因为就算阿拉伯人武装起来，其内部不和也会将战争搅得一团糟。的确，阿拉伯国家本身就存在着分歧，阿萨德和萨达特也一样。

萨达特想要先把以色列赶出它所占领的阿拉伯领土，之后再利用石油资源来压制美国，迫使以色列人退到之前的边界。阿萨德则是想要彻底消灭以色列，将以色列从世界地图上抹去。但是，经过萨达特的努力，阿萨德同意不消灭以色列，而仅将以色列赶出巴勒斯坦地区。此后，两人决定在 10 月 6 日对以色列开战，行动代号为“巴德尔行动”。

该计划引起了其他阿拉伯国家的注意。大多数阿拉伯国家一开始并不赞成这个计划，但是后来一看埃及和叙利亚决心已定，劝说无效，便纷纷赞成这个计划。不过，约旦国王侯赛因却不赞同。

他在 9 月 10 日到达开罗，和萨达特会晤。侯赛因说，他不会参与阿拉伯国家对以色列的进攻，他只是想对以色列摆出要开辟第三战场的架势来，阻止以色列通过约旦领土从侧翼进犯叙利亚南部。

9 月 13 日夜晚，萨达特进攻准备做好。勃列日涅夫得知消息后，采取了默许的态度。因为他认为这个行动对苏联十分有利，只要能够掌握得当，就可以利用这场战争给西方国家造成损伤，也能打击美国在中东的势力，可以说是一举两得。

9 月 24 日，美国中央情报局发现埃及开始大规模地调动部队，储备了大量的武器弹药和后勤物资。国家安全局收到了在伊朗南部美国的一个秘密基地发来的密报：埃及人已经建立起了一个周密的野战通讯网。

9 月 25 日，苏联就开始通过运输船向埃及运送远射程的“飞毛腿”导弹。叙利亚的坦克也开始改变了平时的防御状态。

9月29日，基辛格看到了中央情报局送来的情报：叙利亚在戈兰前线附近加紧调动坦克。该情报由以色列方面提供。众所皆知，以色列情报组织摩萨德是世界上最优秀的情报组织之一，其提供的信息很靠谱。

所以，基辛格便让手下和以色列大使西姆哈·迪尼茨核实一下情报是否属实。一个小时后，迪尼茨给基辛格打电话。他说，叙利亚军队目前正处于防御状态，除非叙利亚参与埃及战线，否则叙利亚不可能主动进攻以色列。此外，不到开战那一刻，以色列没有确凿的证据能够证明阿拉伯人有同时在两条战线上配合进攻以色列的打算。

尽管如此，基辛格还是源源不断地收到情报。所有的情报表明，埃及与叙利亚有可能发动进攻以色列的战争。然而，以色列高层和美国高层多数人却不当一回事情。在他们看来，打仗是要资本和实力的，经受重创的阿拉伯国家不可能这么快发动战争。

一句话，战争即将发生，但没有多少人相信。不仅如此，基辛格还为阿以和平做了不少事情，他布下大局，另有打算。

冷静面对“赎罪日战争”

在美国主导下的中东和平能保证美国利益最大化，所以美国政府使劲办法要促使中东维持一定的和平。基辛格上任后，自然也不会对世界“火药桶”坐视不管。

他试图拉拢阿拉伯国家，安抚阿拉伯国家。9月25日，基辛格设宴招待13位阿拉伯国家外长和大使。在宴会上，他说：“对于目前的问题，美国一定会采取光明正大的态度，也一定会尽最大努力去寻找能够让这个地区和解的最有效的办法。”

之后，他还说道：“我们会对所有人表现出谅解精神，我希望大家也能和我们一样朝着实现和平的方向努力。我认为现在最重要的事情，就是要找到能够将现在你们无法接受的状况改变为你们能够相处和适应的局面的方法。”

不过，阿拉伯人对此并没有信心，阿拉伯联盟秘书长哈茂德·里亚德说道：“我们阿拉伯人不会指望日后会发生令人惊喜的重大转机，既然美国承诺会竭力找到一种公正的方式来解决目前的问题，那么我们便也祝愿将来会得到这个解决的办法。”

在安抚完阿拉伯国家的同时，基辛格还压制以色列。9月28日，一列载着苏联犹太人到舍瑙堡的火车，遭到了一帮自称为“巴勒斯坦革命之鹰”的恐怖分子的伏击。这些巴勒斯坦人扣留了5名犹太人和一名奥地利海关官员作为人质。

他们威胁奥地利，如果奥地利不禁止犹太移民通过舍瑙堡，那么他们将杀害这些人质。迫于无奈，奥地利总理布鲁诺·克赖斯基同意了他们的要求。这个消息传出后，以色列总理梅厄夫人赶到维也纳劝说克赖斯基改变决定，不过，并没有成功。消息传回以色列，以色列上下愤愤不平。

对此，基辛格插手了。他害怕以色列会产生利用这次事件对阿拉伯难民营发动突袭的念头，或者通过进攻埃及或叙利亚的办法来制止当前越来越严重的恐怖行动。于是，他便打电话劝说迪尼茨，并且让迪尼茨转达信息给以色列高层，以色列必须保持克制，不能轻举妄动。

他说：“阿拉伯人是绝对不会在处于软弱和屈辱的地位时和别人进行谈判的。何况，苏联也不会再让阿拉伯受到重创。如果苏联帮助阿拉伯人，那么美国势必也要参与，到时候一场大战将不可避免。”

最后，他还强调说，如果战争爆发，那么不管谁发动了这场战争，都会影响到阿拉伯国家对美国的石油供应，美国不会坐视不管。

此外，基辛格还在武器上压制以色列。10 月 1 日，以色列政府要求美国加快运交之前答应提供的战斗机。它提出这个要求并不是担心战争的爆发而是想要保持在这个地区的军事力量优势威慑阿拉伯国家。不过，基辛格迟迟没有处理，因为他认为以色列依旧抱着攻击阿拉伯国家的“小九九”心态。

然而，他所做的努力并没有阻止战争的到来。因为，战争发动机一旦开启，那么就意味着战争必须进行，直到分出胜负为止。

10 月 2 日，埃及开始沿苏伊士运河全线进行了紧张的战斗准备，而叙利亚也动员了后备役部队。

10 月 4 日，苏联人秘密从开罗和大马士革撤出了好几百名苏联人的家属。

得知这个情报后，基辛格认为这是萨达特赶走了苏联顾问，是萨达特与苏联闹僵的信号。不过，情报专家们却不这么认为，苏联人突然将家属撤回是个不祥的预兆。情报专家的解释让基辛格大吃一惊。他问情报专家，苏联撤出家属是否就意味着将要发动战争。情报专家说，这种情况可能是爆发战争的前兆，但是他们还不能马上确定。

内心感到不安的基辛格，便命令中央情报局在 48 小时之内提交更为可靠的情报信息。10 月 5 日，国家安全局从伊朗基地收到了苏伊士战线发出的证实即将开战的信息。同一天，叙利亚增加了一批新坦克，并且摆出了进攻的阵形。战争马上要来临。

这一天，警觉的以色列人也开始采取措施。参谋长戴维·埃拉扎尔将军取消了以色列军人的所有休假，他命令各部门做好征召后备役的准备。此外，他还将已经退休的艾里尔·沙龙将军召回部队。战斗经验丰富的老将军沙龙，一看到埃及军队集结的情报照片以后就肯定地说道：“依我看来，不出一两天就会打起来。”

当天，华盛顿收到一份关于中东局势的电报。电报说，埃及和叙利亚正在进行军事准备，可能是因为阿拉伯人害怕会遭到以色列进攻所采取的行动，也很有可能是预示着埃及和叙利亚或者任何一方已经计划要进攻以色列。电文称，沙列夫代表总理要求基辛格能够向埃及和叙利亚保证以色列没有侵略意图。

如果说，电文到这里就结束了，那么中东历史将会改写。然而不幸的沙列夫偏偏画蛇添足，在后面附加了一条信息，即有关以色列的情报分析数据显示，大马士革预料到以色列会先发制人，因此在进行演习；埃及正在从事着大规模的军事演习，这次演习将在 10 月 7 日结束。

更为不幸的是这份电报因为画蛇添足而被华盛顿情报人员忽视，而没有在第一时间递到基辛格手中，等到基辛格看到情报的时候，一切都来不及了。

另一方面，10 月 6 日早上 6 点，以色列外交部长埃班收到了一封紧急电报。电报中说以色列已经得到了确切消息，埃及和叙利亚已经决定下午 6 点发动战争。埃班立刻与基辛格通话。在电话中，他将刚刚获取的情报信息全都告诉了基辛格。

基辛格则说道："我刚刚和埃及大使交谈过，他向我指控说现在以色列海军正在从两个地方发动进攻。虽然我对于此事并不相信，但是我还是希望你能够尽快查明埃及的指控是否具有真实性，以便决定我们下一步的行动。"

然而，当天下午 2 时，阿拉伯国家发动进攻，第四次中东战争爆发。

精心设计“中东连环套”

是福不是祸，是祸躲不过。不管美国如何采取威慑平衡策略，中东战争还是爆发了。既然战争已经开始，那么美国该采取何种态度、何种措施应对呢？

战争事关重大，基辛格不得不将报告呈交给了尼克松总统。陷身于“水门事件”的尼克松原本焦头烂额，无暇他顾。不过当他看到苏联对以色列下手的报告后，顿时大发雷霆，要求基辛格采取强硬措施对付苏联，大力支持以色列。

不过，基辛格并没有直接按照尼克松的意思去做。虽然他知道，中东战争爆发跟苏联脱离不了关系，但他认为有必要争取一下苏联，为下一步行动做好准备。于是，他给驻华盛顿的苏联大使多勃雷宁打了一个电话。

他说，希望莫斯科尽全部力量去阻止埃及和叙利亚的行动。同时，基辛格还提议美国和苏联两个超级大国能够彼此约定：一旦战争爆发起来，两国都不要介入其中。多勃雷宁说等他和克里姆林宫协商以后，会立刻给基辛格答复。

没过多久，多勃雷宁回复说，苏联对他提的这两个要求全都接受，并且会遵守承诺。苏联之所以这么慷慨，是因为苏联已经提供给埃及和叙利亚大量的先进武器及经济援助，他们认为阿拉伯国家必定能够打败以色列。不过，只要苏联不直接介入，基辛格就满足了。

当天下午三四点钟，基辛格确认了情报。的确是阿拉伯人发动了这场战争。战争已经打响，那么基辛格自然不能坐视不管。他召开华盛顿特别小组会议，商讨如何处理中东问题。在会上，提出了两种意见：一是出动军队，采取军事行动，直接支援以色列；二是仅仅给以色列提供武器装备与经济援助。其中，支持武装干涉的占多数。不过，针对采取军事行动，基辛格强烈反对，这让人诧异不已。

身为犹太人，以色列同胞正因遭受阿拉伯国家的入侵而岌岌可危，他原本应该呼吁美国高层对战争进行武装干涉，然而他却极力反对。事实上，他反对自然有反对的道理。

首先，他认为阿拉伯国家不是以色列的对手。从军事实力上，阿拉伯国家比不上以色列。美国没有必要给以色列援助。

其次，埃及有意向与美国和好。经过几次中东战争，埃及也意识到了消灭以色列是不太可能的，埃及慢慢地开始接受美国的平衡政策。如果美国能在战争中保持中立，那么埃及就可能投向美国的怀抱。

再次，战争能推动中东和平。第三次中东战争后，阿拉伯国家满腔怨恨，他们势必要报复以色列，如今他们不顾自身实力的弱小，攻打以色列，表明了阿拉伯国家洗刷耻辱的决心。以色列也对阿拉伯国家不满，因此，放任他们大打一架是有好处的。等到他们打得差不多了，美国再出手，中东就容易和平了。他说："想要双方马上停战并且退回到战前是不可能的，但是我想让以色列这么做，如果以色列扭转战局，那么我将可以借此来牵制他们。"

最后，苏联已经答应不直接介入。苏联不直接介入，意味着以色列受到打击的压力变小，意味着美苏不会直接对抗。

不过，战争一开始，以色列代表拉宾便找上门来了。他说，以色列南北两线上聚集着埃及和叙利亚 2000 多辆坦克，他们对以色列阵地发动了猛烈进攻，以色列遭受着巨大的压力。以色列希望美国能够履行一个星期以前答应的向以色列运交 48 架喷气式战斗机、坦克和电子装备的约定。基辛格说，他会召开会议商讨具体办法。

10 月 7 日，即战争的第二天，基辛格再次召开会议，商讨具体措施。会上，基辛格与国防部长施莱辛格达成一致意见，由美国国防部向以色列提供响尾蛇导弹和一定数量的新武器。不过，他们也认为，为了不引起阿拉伯国家反感，美国不直接派飞机运送武器，而是由以色列自己派飞机前来弗吉尼亚基地运载武器。

不过，当天晚上，迪尼茨打电话给基辛格。他说，国防部长施莱辛格不允许以色列飞机着陆装载武器。对此，基辛格骂道："这群该死的白痴。"

施莱辛格不是白痴，他不过是不太赞同基辛格的举动。施莱辛格认为，中东阿拉伯国家掌控着石油资源，而且正与美国和平共处，美国不能偏袒以色列而抛弃阿拉伯国家。因此，最后，他决定拒绝支援以色列。

既然国防部不给，那么基辛格便也不着急给。他想再玩一次连环套。他想通过最惠国待遇在以色列和苏联之间搞交易。

其实，1972年美国就答应给苏联最惠国待遇了，只不过得通过国会表决才行。然而，国会议员亨利·杰克逊却声称，如果苏联不取消对犹太人移民的限制，那么国会将否决这个最惠国待遇提案。

因此，基辛格便对以色列提要求了。以色列想要美国提供枪支弹药，那么必须停止对亨利·杰克逊的支持。

随后，基辛格开始实施连环套方案。他对苏联大使多勃雷宁说，如果苏联能够在中东问题上有所克制，那么美国将给苏联最惠国待遇。如果苏联不合作，那么，美国随时取消最惠国待遇。多勃雷宁一听，便急忙报告克里姆林宫。第二天，苏联便答应合作。

与此同时，基辛格则对以色列大使迪尼茨说，如果以色列想要从美国这里获取武器物资，那么以色列必须反对亨利·杰克逊。迪尼茨思来想去，最终没有办法，同意了基辛格的要求，毕竟拿人的手短嘛。

可以说，基辛格的连环套成功了。不过，他也面临着巨大的压力。因为战场形势不容乐观。

掌控局势的双面人

战争打到第四天，阿拉伯国家屡战屡胜，以色列则屡战屡败，陷入了困境。以色列内阁连夜开会，商讨各种方案，最后他们决定，如果以色列到了生死存亡的最后关头，那么以色列将动用核武器。

随后，迪尼茨打电话给基辛格，让美国抓紧时间支援以色列。他说，梅厄夫人让他代为转达，以色列损失惨重，现在美国不仅要运交已经答应的飞机和坦克，而且还需要提出一份新的购买武器的清单。

基辛格答复说，他会考虑这份清单。他告诉迪尼茨他已经说服五角大楼为以色列弄到了两架飞机。至于坦克，他说，要想从美国的库存里提取这批坦克的话，恐怕要花费好几个星期的时间。

两架飞机，对以色列来说，根本无法满足战场需求，迪尼茨便问基辛格，美国能否从欧洲的基地调拨一些坦克过来。对此，基辛格也是敷衍了事。基辛格原本就不想第一时间支援以色列，他想要的是等待时机，忍让苏联一会儿。否则怎么会要求以色列自己开飞机过来运载物资呢？

由于战场形势极度恶化，而基辛格又不断地“推诿”，着急万分的迪尼茨找到基辛格要武器装备。面对怒气冲冲的迪尼茨，基辛格委屈地说道：“你也要理解当前的情况啊！这两架飞机可是我亲自出面才好不容易得到的，要不然恐怕连这两架也没有呢。”他还说，现在五角大楼反对此刻向以色列交付飞机。基辛格的意思是说他现在正在官场上为迪尼茨作战。

打发了迪尼茨，基辛格立刻与多勃雷宁会晤。不过，基辛格和苏联大使多勃雷宁谈话却又是另外一种论调。他告诉多勃雷宁，美国国会大发雷霆，准备对以色列进行援助，并且打算重新评估美国与苏联的缓和政策。基辛格还说美国与以色列是盟友，不可能熟视无睹，现在是他一人压住了美国在中东动用武力的念头。

随后，基辛格便请苏联积极制止中东战争。

不过，当天晚上，基辛格在演说中直接向苏联人提出了警告。他说：“我们坚持实行抵制侵略性的外交政策。一旦有人在中东以内的任何地区采取了不负责任行动，那么缓和局面就将无法维持下去！”

很显然，基辛格想通过和平大局来压制苏联。不过，此刻正值阿拉伯国家节节胜利，苏联对此警告当然是不会放在心上的，他们正梦想着阿拉伯国家彻底打垮以色列，将美国挤出中东。

不过，苏联人没有料到，原本胜利在望的阿拉伯军队却因为种种失误，贻误战机，给了以色列喘息的机会，战争进入了相持阶段。以色列军队勇猛作战，节节抵抗。在北线戈兰高地，叙利亚军队几乎攻破戈兰高地，长驱直入，但是由于叙利亚军队决策失误，放弃了对第 7 装甲旅的致命一击，结果第 7 装甲旅利用机会组织力量加强了防御，北线进攻无望。

南部战线，埃及军队突破巴列夫防线后，没有迅速推进，而是建立桥头堡，巩固成果，给了以色列加强纵深的机会，战争也处于相持阶段。

此时，以色列与阿拉伯国家的战争正处于关键阶段，一旦阿拉伯国家获得更多武器支援，那么几乎弹尽粮绝的以色列将无力反抗，进而可能亡国，美国在中东苦心经营多年的成果将全部毁灭。此时，也是美苏角逐的关键时刻，因为，谁敢先支援中东国家，谁就得背负战争的主要责任。当然，这也是美国不敢光明正大用美国飞机运送武器物资给以色列的主要原因之一。

10 月 9 日，苏联沉不住气了。苏联采取了一系列行动，介入中东战争。情报显示，苏联军舰在地中海地区出现了猛增的现象，而且开往叙利亚和埃及港口的苏联物资供应船只数量也开始增长。其次，勃列日涅夫改变缓和的态势，他在写给阿尔及利亚领导人的信中写道，他要力保阿尔及利亚人民利用他们的一切手段，采取所有必要行动，去支援埃及和叙利亚对以色列反攻。

这出乎基辛格的意料。他想到了苏联会介入中东，但是他没想到的是苏联会在这个时候介入中东。

一看到苏联方面的军事调动，以色列大使迪尼茨便着急找基辛格商量。他说，以色列战机、坦克损失惨重，武器弹药严重不足，如果美国不在第一时间支援以色列，那么以色列将有可能使用核武器。

至此，基辛格明白，以色列已经到了最后关头。迪尼茨所说的以色列可能动用核武器，很显然不只是说说而已，因此，他便对迪尼茨说道，他会及时给迪尼茨回复。

如果美国再继续拖延，那么核战争爆发是避免不了的了。对此，基辛格如何破局？

最后决定：全力支持以色列

基辛格将此事汇报尼克松，两人进行了详细的研究。

随后，基辛格便与迪尼茨见面，基辛格告诉迪尼茨，总统已经同意了以色列的全部要求，以色列损失的所有飞机和坦克，美国都会给予补充；美国还会提供包括干扰装置在内的全部电子设备，同时也允许以色列运输机在欧欣纳海军航空站着陆。基辛格相信，总统答应会给以色列补充全部损失的承诺，一定会鼓舞以色列的士气，也能够给迪尼茨一个交代。

然而，针对尼克松与基辛格的做法，犹太议员带头“闹事”，向政府施加压力，要求政府给以色列运送去更多的军事物资。为此，基辛格只好跟国防部长施莱辛格打招呼，让他与迪尼茨商讨后勤方面的细节问题。

就在基辛格与国会成员过招的时候，苏联人正忙着给叙利亚和埃及运武器。基辛格得知后，紧急召见迪尼茨询问具体情况。迪尼茨说，叙利亚配备了苏联提供的最新式的反坦克导弹，命中率极高，以色列坦克损失惨重。戈兰战线上，尽管叙利亚进攻受挫，但是叙利亚军队轮番进攻，以色列正在艰难抵抗。西奈战线上，埃及突破巴列夫防线后，20000 多的埃及军队连同 400 辆的坦克装甲车，渡过运河正步步推进，而以色列却因为弹尽粮绝，难以组织有效的反攻。

说完之后，迪尼茨愤怒不已，他十分不解地问基辛格，既然尼克松总统已经批准了援助的事情，为什么美国到现在还不能够交付？他还向基辛格强调，梅厄夫人已经说过，一旦以色列到了最后关头，可能使用核武器。基辛格只好再次安抚迪尼茨，他说会尽快给他一个满意的答复。

不过，迪尼茨失望了，基辛格并没有给他满意的答复。心急如焚的迪尼茨只好采取威逼手段来获得援助。以色列各大新闻媒体都报道着美国一直在拖延援助以色列的时间。美国抛弃盟友的言论登上了各大新闻媒体。

看到报道后，尼克松勃然大怒，质问基辛格为何未将最初答应的 5 架“鬼怪”战机交给以色列。基辛格只好推托说：“国防部那群人不好好合作。”

总统不满意，不少国会议员也不满意。其中，国会议员杰克逊带头闹事，他们质问基辛格为何迟迟不支援以色列。基辛格只好再拿国防部顶罪，他说：“国防部天天有人念叨阿拉伯国家的石油。”

此话一出，议员们不闹了。他们知道，盟友很重要，但是国家利益更重要。没有以色列，美国照样可以造一个，但是没有石油，美国的生活、发展就会受到影响。

话虽然圆了，但是事情还得做。于是基辛格打电话给国防部长施莱辛格，请他尽快安排飞机将美国对以色列的军援物资运过去。施莱辛格说此事难办。他曾经试图让民营飞机运载武器物资，但是没人愿意蹚这摊浑水。

随后，基辛格召开记者招待会。他说，苏联虽然支援埃及和叙利亚，但是苏联的支援是有限的，仅仅局限于军火和材料，并没有大规模支援阿拉伯国家，苏联在中东问题上是比较克制的。

10 月 10 日，美国国家安全局和中央情报局收到了中东发来的紧急报告。报告称，苏联最大的运输机安东诺夫 -22 目前正在执行运输任务，定期飞往大马士革和开罗。很显然，苏联对埃及和叙利亚的空运支援规模越来越大。

从情报图上看，苏联已经有 21 架运输机抵达叙利亚，另外还有两艘装载苏联物资的大型运输舰也已经开始朝战区驶去。这些情报引起了基辛格的高度注意。看完情报后，基辛格就立刻给迪尼茨打了电话，邀请迪尼茨晚上 8 点来白宫会晤。

两人谈了很久，也争吵了很久。在请求苏联呼吁停火问题上，迪尼茨情绪激动。他气愤地说，战争是苏联他们挑起的，且明知道战争爆发却没有通知美国，美国根本没有必要照顾苏联的面子。

对此，基辛格没有反驳，因为他知道此刻以色列上下对苏联是恨之入骨的。

在支援问题上，双方也发生了分歧。基辛格告诉迪尼茨，美国正在想方设法运送物资武器。不过，迪尼茨不满意，他不明白为何美国会如此对待盟友。面对迪尼茨的质问，基辛格只能说，他会尽快处理。

的确，这次他真的上心了。因为，苏联人“玩”上了瘾。当天晚上，苏联在东欧的 3 个空降师高度戒备，这让基辛格感到不安。基辛格当即就打电话叫来迪尼茨，商讨解决办法。这次，他大方地告诉迪尼茨，他准备让五角大楼“屈服”，全力支援以色列，向以色列提供飞机、坦克和电子设备。

他之所以这么做，倒不是因为迪尼茨着急，而是他看到苏联咄咄逼人的气势。他认为如果不反击，不给苏联一点颜色看看，局势会更加难以把控。此外，以色列正备受煎熬，如果不及时支持，以色列在短时间内很难反败为胜。所以，他决定在这关键的时候，迅速出击，重拳打击苏联。

基辛格明白，以色列拥有美国的支援，将会迅速反败为胜，到时候，他就可以有足够的资本与苏联谈判，将苏联拉回谈判桌上狠狠地讹诈。基辛格后来回忆道：“其实我们本来是想要在第一周内举行一次会谈的，但是因为情况所限，这一点并没有做到。所以我才决定要向以色列运送大批的军事物资，为我们开辟出一种崭新的局面来，之后再考虑以后的问题吧。”

10 月 13 日，尼克松召开国家安全委员会会议。他毫不含糊地命令道，美国要立刻大规模、无限制地使用美国运输机，把军需物资全都直接运到以色列机场去。既然总统都发话了，那么五角大楼也就无话可说。

这一天，几十架美国运输机运载着上千吨军备物资源源不断地飞向特维拉夫，这些物资数量比苏联支援埃及和叙利亚 4 天数量的总和还多。同时，美国 40 架“鬼怪”战机也先后运往以色列。迪尼茨知道后，高兴得手舞足蹈。

战争是政治的延伸，既然政治谈不拢，基辛格也只能全力以赴支持以色列。他知道，只有在战场上获得了主动权才能够迫使对方服软、谈判，和平才有希望。美苏争霸的场所由谈判桌彻底转到战场上。

借力苏联，压制阿拉伯国家

拥有美国支持的以色列顿时像脱离平阳的猛虎，扑向了阿拉伯国家，展开了大规模的反击战。

经过几天的奋战，以军不但在战场上转危为安而且挥师逼近叙利亚首府大马士革及威胁开罗，彻底掌握了战争的主动权。

局势的突然逆转让苏联措手不及，苏联开始慌了。首先，美国出手了。美国的支援意味着美国可能介入中东战争，直接向苏联挑战，而苏联并不想直接与美国产生冲突，因为一旦战争升级，苏联从美国那里得到的利益就会随风而去。

其次，战争败局已定。苏联没有想到，胜利在望的阿拉伯国家竟然功败垂成，苏联的美梦顿时成了镜中花水中月。这让苏联人很不自在，它开始担心以色列会将战线推到埃及、叙利亚国境。到时候，苏联在中东将臭名远扬，苏联势力会受到严重削弱，因此，苏联开始采取缓和行动。

一方面，苏联压制埃及。10月16日，苏联总理阿列克谢•柯西金秘密飞到开罗，和萨达特一起磋商战争问题。萨达特是不愿意停战的，但是残酷的现实迫使他同意停火协议。他说，停火没问题，但苏联必须保证实施停火协议。

另一方面，苏联驻美国大使多勃雷宁拜见了基辛格。他告诉基辛格苏联已经逼迫埃及同意签订停火协议，现在美国也应该责令以色列停止军事行动。不过，就像当初苏联和阿拉伯国家处于有利的攻势地位时不想停火一样，现在已经由劣势转为优势的梅厄夫人也不想就此罢手。她命令继续进攻埃及和叙利亚。

10月18日，苏联大使多勃雷宁将一份关于由联合国主持、苏联提案的停火草案交给了基辛格。基辛格此前就已经料定苏联必然会有所行动。不过，看完草案，他惊呆了，因为草案中居然写道，以色列全部撤离它所占领的阿拉伯国家领土。

失败者怎么能够提出“霸王条款”呢？自古以来，游戏规则都是由胜利者制定的，失败者只能任人宰割。因此，基辛格断然拒绝草案，他说：“这样不合情理的建议草案，根本就不会起到任何的作用。”

基辛格不满意，也就等于美国不满意，美国不满意，中东问题将得不到解决。苏联人着急了，他们做出了一项决定：邀请基辛格到莫斯科商讨中东问题。10月19日，勃列日涅夫邀请基辛格到莫斯科商讨中东问题。

讹诈苏联人的机会终于来了，怎么着也不能放过。不过，谈判时间不对。因为一旦双方谈判，苏联人势必会要求以色列立即停火，而基辛格也不得不支持苏联人的停火案。这样一来，以色列就没有足够的时间来巩固战果。但是，他还是接受了勃列日涅夫的邀请，毕竟苏联都发话了，总得给点面子嘛。

当天晚上，基辛格参加完宴会便动身前往莫斯科。莫斯科之行事关重大，基辛格不仅不着急，反而去参加晚宴，难道这是庆功宴？当然不是，他之所以参加是因为给他饯行的是中国驻美国联络处主任黄镇。中国也关心中东局势，希望中东战争尽快结束，因此，黄镇便办宴席给基辛格饯行，祝他凯旋。

在飞往莫斯科的路上，基辛格收到了两份电报：分别发自美国白宫和沙特利雅得。其中，来自白宫的电报是好消息。基辛格将全权代表尼克松总统与莫斯科谈判并可以签署任何协议。这让基辛格感到很是意外，因为按照标准办事程序，基辛格得将在莫斯科的所有协议带回华盛顿，由尼克松亲自审批。

来自沙特阿拉伯利雅得的电报则是“坏”消息，阿拉伯国家运用石油武器对欧美开战，引发了20世纪70年代最严重的“石油危机”。遭遇石油禁运，意味着美国遇见难题，但是，有研究著作认为，此次“石油危机”是基辛格一手策划的。

1973年10月20日，基辛格抵达莫斯科会见列日涅夫。勃列日涅夫认为，中东局势非常危险，苏美必须让双方停火。基辛格当然同意双方停火，不过他说，要想停火就必须要将中东与和平谈判联系起来，否则，停火很有可能失败。

由于分歧较大，第一次会谈几乎没有任何进展。但是，基辛格打探到了苏联底细：勃列日涅夫依旧同意缓和精神，避免冲突。既然苏联有意和平，基辛格自然不能得理不饶人，于是他决定退让一步。

基辛格想退让，而以色列这个盟友却不想。第二天，中东战局再次发生改变，以色列并没有将美国老大哥放在眼里，以军兵分两路进攻阿拉伯国家。基辛格该如何抉择？让步结束战争，还是以胜利者姿态拖延战争？基辛格保持了理性，他在和勃列日涅夫会谈的过程中，依旧退让一步，让焦头烂额的苏联喘了口气。

当然，基辛格给了苏联面子，苏联自然要回报人家。它尽量满足基辛格提出的停火意见，让以色列与埃及直接进行政治对话。基辛格停火案主要有三点：双方停火，当晚就在联合国安理会表决，12 个小时后生效；实行联合国第 242 号决议，但是不要求以色列军队撤出占领区域；呼吁各方谈判，以色列直接对话阿拉伯国家。

自建国以来，以色列与阿拉伯国家干戈不止，大战 4 次，小战无数，双方死伤惨重，然而仇恨依旧未能化解，双方也从未正式面对面地谈判。这次，基辛格提供给双方化干戈为玉帛的机会，或许中东局势会缓解。

和谈结束后，基辛格便发电报告知尼克松总统。随后，他以尼克松总统的名义发了一封电报，告诉梅厄夫人和谈内容，同时他警告梅厄夫人不要感情用事，理性对待这场战争，要保持政治家的风度。梅厄夫人很不高兴，但是，她也知道战场上的胜利并不能真正带给以色列和平。

10 月 22 日，就地停火案顺利通过，中东战争宣告一个段落。为了促进以色列和埃及会谈，基辛格还特意飞往耶路撒冷，跟以色列高官解释停火案。飞机一到机场，基辛格发现，成群的以色列人向他欢呼，这让基辛格大为感动。

干戈化为玉帛，战争结束，这是最美好的事情。然而，虽然美苏达成了停战协议，但是，交战国双方却不愿意停战，而是继续战争。

智用“讹诈与反讹诈”巧解“中东连环套”

虽然协议签了，但是基辛格有些担心。他知道，以色列人一向脾气火爆，坚忍不拔，有仇必报。尽管双方停火了，可是以色列是否“心服”还未可知。果然，基辛格前脚刚离开中东，以色列就动手了。

原来，以色列不甘心就此放手。当时，埃及最精锐的第三军团就像是到了以军嘴边的肉，以军不想放弃，所以，以军故意激怒埃及军队，迫使埃军先开枪。埃军迫于无奈开枪了，结果以军借机进攻埃军。

遭遇以色列的“背叛”，基辛格信誉受损不说，他还成了替罪羊。苏联大使多勃雷宁打电话给他，气势汹汹地指责以色列破坏停火协议。基辛格心里一惊，他明白以色列同胞给他闯大祸了。没多久，埃及代表也发出了抗议，他们向全世界宣布，美国骗取了苏联和埃及的信任，放任以色列攻打埃及，强烈谴责美国帝国主义行径。紧接着，苏联最高领导人勃列日涅夫也打电话“问候”基辛格。很显然，苏联人认为美国在中东问题上耍了苏联。一方面，他与迪尼茨多次交谈，软硬兼施。另一方面，他和多勃雷宁谈判，请苏联务必让埃及克制，以免战争扩大化。基辛格说：“我希望苏联能够清楚地看清当前的形势。要知道不管是哪一方继续对停火协议进行破坏，最后的结果都会损害到双方的利益，而且也会极大程度上地伤害到当前的缓和局面。”

这种双管齐下的做法起到了一定的效果。以色列不敢明目张胆地歼灭埃及军队，而苏联也减少了对埃及和叙利亚的武器空运。不过，这种效果是有限的，因为以色列没有放弃进攻埃及，而苏联也没有停止援助埃及和叙利亚。

为了避免美苏对抗，基辛格与多勃雷宁紧急磋商，安排联合国发出第二次的停火呼吁，以免苏联老大哥“蒙冤受屈”。在基辛格强力地约束下，10 月 24 日，第二次停火正式开始生效。

他原本想借助停火生效给苏联一个交代，但是，没有想到以色列又闯祸了，以军继续进攻埃军。以色列的行动激怒了苏联，苏联增兵中东。苏联有 4 个空降师进入了戒备状态；其动员部队总数达到了 7 个师，约 50000 人；还有五六艘苏联运输船也已驶进了地中海，使得该地区的苏联海军舰艇增加到了 85 艘，有 12 架运输机正在飞往开罗。根据情报分析，苏联可能已经在南部建立了一个空降部队司令部。综合所有情报来看，苏联很有可能出兵了。

对此，基辛格忧心忡忡。原本想讹诈苏联，现在却被以色列“讹诈”了。如今局势恶化，可能超出预料。如果，苏联不给面子出兵中东，那么他辛辛苦苦构建的均势外交格局就破灭了。

就在基辛格忙得焦头烂额之时，萨达特也站出来说话了。他希望苏联和美国能够联合派遣维和部队到中东去监督苏伊士前线停火事宜。没多久，该建议得到许多不结盟国家的支持。局势恶化了。

凭借多年的政治阅历，基辛格明白，这是苏联与埃及“串通”好的，如果基辛格不能约束以色列，那苏联的维和部队将采取军事干涉，而美国将无法逃脱被绑架在中东战车上的命运。基辛格该如何破局？

他冷静下来后，决定先礼后兵。于是，他主动与多勃雷宁商讨了停火后召开日内瓦和平会议的事情。然而，双方没有谈拢。相反，对方给了他一封苏联领导人勃列日涅夫写的信。该信说，以色列破坏了中东和平，挑战苏联。对此，如果美国不能和苏联一起联合起来对停火进行干预，那么苏联就有必要考虑单方面行动的问题，最后勃列日涅夫警告说，苏联人一定要让以色列在破坏停火的事件上受到应有的惩罚。

勃列日涅夫的反应在基辛格预料之中。以色列捅了娄子，不仅想将埃及最精锐的部队围歼，还挑战苏联。这种无视苏联的举动，苏联肯定震怒，不怒才说明苏联有问题。但是，苏联会采取何种行动呢？真战争还是玩讹诈游戏？

如果是真战争，美国就会面临着核战争的危险，基辛格之前的努力将功亏一篑，其外交成就将一无是处，他将成为美国历史的罪人。如果是讹诈游戏，那么美国自然不能轻易被讹诈。因此基辛格做出了一个决定：将具体情况汇报尼克松，建议玩讹诈游戏，投石问路。

基辛格的建议是，下令让美国三军紧急进入戒备状态，试探苏联的情况。尼克松原本就不喜欢苏联的仗势欺人，听完基辛格的建议后，立即下令基辛格全权负责中东问题，好好教训苏联。得到了授权后，基辛格先是召开会议。

会上，所有人认为苏联的确可能采取“单方面行动”。对此，美国决定给苏联两方面的答复。首先，美国通知苏联，如果苏联将以色列打“残”，那么美国不可能不管以色列。其次，基辛格代替尼克松起草了一封答复信件，再交由尼克松批准以后交给了勃列日涅夫。

最后，会议决定，全面升级军事戒备。基辛格命令国防部秘密将海陆空三军防御等级调为最高级别，动员三军，调配物资，给苏联造成一种假象，美国势必与以色列共存亡。如果苏联敢轻举妄动，美国将不惜一切代价与苏联对抗到底。

对于美国的反应，苏联似乎并不放在心上。据情报显示，苏联已经将核武器运到了埃及。苏联人想搞核战争，还只是核威慑？基辛格把握不准。但是，如果他放弃，那么美国就得接受苏联的讹诈，让以色列彻底退回1947年划定的边界线；如果不放弃这个游戏，那么他就必须玩下去，其代价是可能卷入核战争。

最后，基辛格决定冒险继续玩下去。他在电视演讲中提出了一场核战争的可能性。他说：“我们各方面都拥有足以毁灭人类的核军火库。我认为我们双方都负有着特殊责任，一定要让对抗保持在不威胁到平民百姓生命的范围以内。”

通篇讲话，基辛格暗示了“核战争”可能到来，威胁苏联，讹诈苏联。原本无动于衷的苏联果然被吓住了。面对基辛格强硬的措辞，克里姆林宫立刻让苏联驻联合国大使中止了关于派遣苏美联合部队监督停火的提议，同意由联合国派遣维和部队进入开罗。

随后，联合国秘书长命令一支由澳大利亚、芬兰和瑞典一共900名士兵组成的联合国部队开赴开罗。基辛格一看苏联终于配合了美国的行动，也随后解除了军事戒备，同时责令以色列停止进攻阿拉伯国家，第四次中东战争结束。

在中东问题上，基辛格由中东问题门外汉一转成为中东问题专家，体现出其奋力自强的精神，同时在与苏联、阿拉伯国家、以色列之间来回穿梭之时，充分利用了自己的聪明才智、坚韧性格，最终解除了危机，成为运筹帷幄的英雄。

第十一章 基辛格的非洲新战场

他喜欢运用权谋，灵活操纵外交一线，只是太过理性常常使他认为，拿到辞章讲究的一纸声明就万事大吉了。

——基辛格评梅特涅

安哥拉内战中的“美苏博弈”

中东战争硝烟刚刚散去，非洲却烽火再起。这次倒不是埃及和以色列打仗，而是安哥拉出问题了。美国在非洲与苏联明争暗斗，此次安哥拉发生了大事，身为超级大国国务卿的基辛格岂能坐视不理。

安哥拉，地处非洲西南部，面积 124 万多平方公里，在世界排名中位居第 22 位，也算是一个大国了。不仅如此，安哥拉资源丰富，仅其沿岸地区就蕴藏了 80 亿桶石油，且盛产钻石，具有“非洲的巴西”的美称。

这样的一个国家却多灾多难。中世纪时期，国家一分为四，四个王国割据并存。在近代，则沦为葡萄牙的殖民地。二战后，葡萄牙将安哥拉改为“海外省”，委派总督统治，企图继续统治安哥拉。

不过，民族解放已经成为二战后的主流。20 世纪 50 年代，安哥拉民族解放运动风起云涌，先后成立了安哥拉解放人民运动（“安人运”：MPLA）、安哥拉民族解放阵线（“安解阵”）和争取安哥拉彻底独立全国联盟（安盟）。

葡萄牙处在安哥拉人民的战争中，统治政权摇摇欲坠。20 世纪 70 年代，葡萄牙发生政变，新政府与安哥拉签署独立协议，安哥拉获得独立。这本是皆大欢喜的大事件，但是历史开了个玩笑，将这个皆大欢喜的故事结局改写成了悲剧结局。为什么会是如此结局？这事还得从葡萄牙政变说起。

1974 年 4 月 25 日，葡萄牙首都里斯本发生了一次军事政变，右翼马赛罗·卡埃塔诺政权被左翼势力推翻，斯皮诺拉当选为总统，阿德利诺·帕尔马·卡洛斯任总理。由于此次政变采取了和平方式，未发生大规模暴力冲突，他们采用康乃馨花代替枪中子弹，因此此次政变也被称为“康乃馨革命”。

此次政变终结了葡萄牙独裁专政的历史，开启了葡萄牙历史的新局面。首先，葡萄牙成了民主国家，开启了葡萄牙自由民主化。这个曾经叱咤风云的老牌殖民帝国也走上了民主自由之路。其次，执行新的外交政策。里斯本宣布放弃殖民政策，安哥拉是其中一个。此外，里斯本也承认澳门属于中国，并在1976年设立澳门立法议会。

这原本是葡萄牙和安哥拉的事情，为何会牵扯到美国呢？难道是鬼使神差？当然不是。之所以牵扯到美国，是因为超级大国苏联牵扯其中。在“冷战”时期，所有人都知道，只要苏联插手的地方，就有美国人的影子，有美国人插手的地方，也必定有苏联人存在。葡萄牙政变之后，斯皮诺拉总统等高层领导采取了亲苏策略，这让美国如芒在背。

本来，基辛格对欧洲共产主义和懦弱无为的南越就很不放心。如今葡萄牙发生了亲苏政变，他的悲观情绪又开始泛滥了。在与葡萄牙社会党外交部长马里奥·苏亚雷斯会谈时，他直言不讳地说苏亚雷斯是克伦斯基（俄国革命家）。

不仅如此，他还认为葡萄牙已经迅速走向共产主义，他对葡萄牙政变不看好，而驻葡萄牙的斯科特大使则力挺葡萄牙，他认为美国应该继续向葡萄牙新政府提供援助。基辛格听后，勃然大怒，当场解除了斯科特的职位，转而委任弗兰克·卡路西为美国驻葡萄牙大使。

卡路西走马上任后发现，美国和葡萄牙合作才是上策。他认为美国不应该揪着里斯本内阁中有共产党分子不放，不应该杞人忧天。基辛格一听，气得咬牙切齿地骂道：“当初是谁向我推荐卡路西的，这家伙怎么看都不像是强硬派。”

但是，苦于没有更好的办法，他还是采取了卡路西的建议，暂时不对葡萄牙采取铁腕手段。结果，他成功了。苏联也做出了缓和态势，它不但不再全身心地帮助葡萄牙国内的共产党分子，还让苏联驻葡萄牙大使与美国大使保持沟通并声称苏联不会将葡萄牙列为自己的势力范围。

美苏争霸，锱铢必较，为何这次苏联手软了？难道苏联要做好人？其实不是。只是自从美苏缓和以来，双方达成了默契，即苏联承认美国在欧洲的影响力，而美国则默认苏联在赫尔辛基的行动。

尽管如此，基辛格最终决定介入安哥拉事件。一是他担心苏联会借机插手欧洲国家事务，致使软弱无力的北约和诸多西欧国家倒向苏联，增强了苏联的实力，而削弱民主国家的实力。二是基辛格想要借助安哥拉事件重新制造缓和气氛。

说做就做。基辛格展开了活动。当时，安哥拉国内三个组织因为建国意见产生分歧，而爆发了内战。这刚好给基辛格介入安哥拉提供了一个理由。既然决定介入，那么基辛格该支持哪一方呢？他开始了分析：

首先，安哥拉民族解放阵线，简称“安解阵”（FNLA）。这个组织是由霍尔登·罗伯托领导的，以北部刚果为基地，展开斗争。由于霍尔登·罗伯托精明能干，八面玲珑，很快得到了诸多国家的支持，如罗马尼亚、印度、阿尔及利亚等。

其次，安哥拉解放人民运动，简称“安人运”（MPLA）。该组织由安哥拉医学博士、著名诗人阿戈什蒂纽·内图等知识分子领导，以罗安达周边的姆邦杜部落为基地，向四周开展斗争。由于该组织信奉欧洲马克思主义，因此他得到了许多国家的支持，比如苏联、古巴和葡萄牙国内共产党等。

最后，争取安哥拉彻底独立全国联盟，简称“安盟”（UNITA）。该组织由富有作战经验的将领若纳斯·萨文比仃领导，以南部奥文本杜人聚集区为基地，展开民族解放斗争。不过，该组织最为激进，不仅强烈抨击美国政策，而且行动极为激进。所以，虽然该组织到处寻求援助，其求援国包括越南、朝鲜，但是并没有多少成果，最后只能投靠朝鲜。它从朝鲜那里获得了大量的武装设备，并请到了朝鲜富有经验的教官来培训士兵。

其中，“安人运”是清一色的共产党，很显然不符合美国口味；“安盟”投靠朝鲜，曾经在朝鲜吃过败仗的美国人见识到了朝鲜人的疯狂，自然也不会是基辛格的选择；唯一可能的便是“安解阵”。事实上，该组织受到世界各国的支持，主要是资本主义国家。所以，基辛格没有理由不选择“安解阵”。

不过，基辛格的介入政策能否得到美国高层的支持，采取派兵介入还是经济、武器援助等方式，美国该如何实施政策，这些都是未知数，摆在基辛格面前的是内外交困的问题。

面对“安哥拉困境”

基辛格的介入提议并没有顺利开展，他面临着各种反对的声音，引发了“鸡与鸡蛋之争”：到底是美国对苏联的干预行动做出回应，还是苏联对美国的干预行动做出回应？

然而，这个问题不能一概而论，因为当时安哥拉事件升级跟苏联并没有直接关系。1974 年，“安解阵”获得别国支持，苏联与古巴支持“安人运”。美国眼见苏联插手安哥拉事务，便自然不能够置身事外，任由苏联“为所欲为”。于是，美国也开始介入。

1975 年 1 月下旬，美国下属的“四十号委员会”向“安解阵”提供了一项 30 万美元的秘密经济援助。虽然这笔经费不算多，但是却让“安解阵”解了燃眉之急。“安解阵”有了资金，便秘密集结部队，在 1975 年 3 月份，偷袭了“安人运”总部，大获全胜。

美国的介入，引发了苏联和古巴的不满。苏联加紧支援“安人运”，从水路和空运两方面双管齐下，源源不断地运输武器物资到“安人运”基地。古巴则接受“安人运”的邀请，直接派遣了一支训练有素的精英部队前往安哥拉，帮助“安人运”夺权。

获得了苏联和古巴支持的“安人运”便肆无忌惮地进行报复。这年六月，“安人运”展开了一系列反攻，将北部的“安解阵”和南部的“安盟”击溃，“安人运”大有掌控安哥拉全局之势。

战争在延续，美国的争吵也在继续。基辛格该采取何种政策？为了尽快介入战争，基辛格计划在美国国庆节飞往明尼阿波利斯发表“外交政策的道德基础”，同时召开“四十号委员会”会议，商讨美国是否决定参加安哥拉战争。

不过，他的提议遭到了美国高层的强烈反对。基辛格钦定的管理非洲事务助理国务卿纳撒尼尔·戴维斯没有给基辛格面子，他坚决反对美国干涉安哥拉，并且提交了一个报告，即努力通过外交这一政治手段，和平解决争端。

基辛格看完报告后，火冒三丈，立即撤掉了专门负责安哥拉事件的小组，同时拒绝了戴维斯加入“四十号委员会”的请求。尽管基辛格雷霆大怒，但是戴维斯还是做好了自己的本职工作，写了一份预见性备忘录提交给委员会审议。他在文中写道“如果美国要与苏联展开较量，那么美国也应该选择一个更加有利的地方”，否则“真相大白的风险太大，而最后的结局可能是双方达成妥协”。

戴维斯反对基辛格，中情局（CIA）也不支持基辛格介入战争的提议。中情局局长威廉·柯比斯声称，要想让中情局能够执行秘密计划，这个计划必须先通过总统批准，并且还必须通过国会官方拨款。他认为，在秘密运送武器装备上，苏联比美国更有优势，他们可以轻而易举地提高行动级别，美国则因为是民主国家，不能随便提高行动级别。此外，他觉得即使苏联大力支持“安人运”，“安人运”也未必会全胜。

不过，反对声音再大，基辛格也要做下去，这就是他的性格。紧接着，他提出了一个秘密计划，呈交福特总统，即向“安解阵”提供3200万美元资助，及提供价值1600万美元的军事装备。

福特总统认为对苏联不能够手软。因此，他不仅批准了这个方案，还批准了另外一个方案，即优先支持南部萨文比“安盟”军（此刻两个组织已形成联盟）。基辛格获得了福特的支持后，便展开手脚准备大干一场。

不过令他遗憾的是，安哥拉局势并不明朗。“安解阵”获得了美国的秘密援助，实力有所恢复，而“安盟”则获得了南非白人的巨额援助与军队支持。11月，南非派出了一支多达5000人的部队与安盟联军会合，“安盟”实力顿时大增，而“安人运”实力更强。一见美国介入，古巴和苏联不甘落后，他们将大批配有苏联火箭发射器的军队运往安哥拉，强力支援“安人运”，准备与“安解阵”决一死战。安哥拉陷入了硝烟弥漫的境地。12月底，“安人运”凭借着先进武器和古巴精锐部队的支持进入罗安达，成为安哥拉国家的实际统治者。

面对如此困境，美国将如何抉择？基辛格又将如何抉择？

环球旅行遭遇东帝汶事件

面对安哥拉局势，美国中情局召开紧急会议，披星戴月地研究分析，最终制订了两套方案：

一、介入安哥拉内战，支持“安解阵”，提供2800万美元的资助；

二、联系“安解阵”，要求“安解阵”接纳美国顾问。

不过，当时中情局所有的应急基金已经分文不剩，拿不出一毛钱。基辛格要想给“安解阵”2800万美元援助，就必须得想办法寻找资金。寻找资金有两个方法：和中情局秘密活动，资金问题秘密解决；通过国会，申请资金。第一个方法显然行不通，因为中情局长已经表态，这一行动必须经过国会的审批。基辛格没有办法，便只能走国会程序。

对于派美国顾问介入安哥拉内战，国会争议很大。美国高层在介入安哥拉问题的具体操作程序上出现了分歧，基辛格与国会针锋相对，互不相让，陷入了僵局。后来主管非洲事务的代理助理国务卿穆卡西前去与基辛格会谈具体事宜。

谈完之后，穆卡西回到会议室，向在场的成员介绍了他与基辛格的谈话内容。后来，有人问他：“基辛格到底看过报告没有？”穆卡西想了想说：“他看了。看了之后嘀咕了一声就走了。”随后众人便问基辛格是如何嘀咕的，穆卡西便开始模仿基辛格的嘀咕声，而后众人也开始模仿“嘀咕”声，企图从嘀咕声中判断基辛格的意图，直至最后，在场的所有人都模仿基辛格的“嘀咕声”。后来，穆卡西回忆说：“用这种方式来决定是否采取战争手段，实在是不可思议。”

最终，基辛格说服众人执行秘密计划。处理完政务后的第二天，基辛格便按照预定的安排，开始环球旅行。然而，他没有想到，就在他离开华盛顿不久，这项计划的相关信息就出现在了报纸上。1975年12月13日，《纽约时报》报道说，主管非洲事务的前助理国务卿戴维斯辞职与此秘密军事计划不无关系，反对资助“安解阵”计划的参议员迪克·克拉克则采取了措施，修正了基辛格敲定的方案，切断了所有秘密资助。

消息暴露的时候，福特总统正在北京进行访问。他们受到毛泽东主席的接见，受到了邓小平的热情招待。北京之旅结束后，福特和基辛格访问了印度尼西亚，不幸的是，这里发生了一件大事。印度尼西亚高官送走福特和基辛格之后，便利用美国支援的武器武装军队，攻打了邻国东帝汶。

东帝汶地处东南亚努沙登加拉群岛最东端，西部与印尼西帝汶相接，南隔帝汶海与澳大利亚相望。这个国家在近代沦为葡萄牙殖民地，前不久因为葡萄牙宣布放弃海外殖民地才获得独立。东帝汶却不曾想，前脚刚送走葡萄牙，后脚就进来个强邻。

基辛格得知情报后，有点难以置信。按照美国规定，印尼不得利用美国的武器发动侵略战争。不过，由于印尼打击东帝汶反抗分子刚好符合基辛格的愿望，基辛格也就默不作声。他没有采取措施约束印尼，任由印尼侵略东帝汶。在他访问完亚洲国家之后，便独自前往欧洲参加北约会议。开完会后，他又马不停蹄地飞赴伦敦出席美国大使的秘密会议。在这次会议上，索南费尔特发表了演讲，也就是后来导致福特遭受攻击的“索南费尔特主义”。

原本，这趟旅途是轻松而愉快的，但是基辛格却收到了一封让他郁闷的电报。电报说，白宫拒绝交给国务院部分机密文件，致使负责调查中情局活动的委员会将他送上了法庭，告他“藐视国会”。

好的开始，却没有好的结束，基辛格格外生气。回到华盛顿后，他召开高级会议。在会上，他雷霆震怒，发了好几次火，其中既有针对东帝汶事件也有针对安哥拉事件的因素。

东帝汶事件是他始料未及的。他原本以为印度尼西亚仅仅是为了教训一下东帝汶左派反对分子而已，但是印尼军队却采取了野蛮手段，屠杀东帝汶百姓，人口稀少的东帝汶有10万多人死亡（仅有100万人口）。原本就对基辛格不满的国会高级官员，找到了机会，便联合起来质问基辛格，印尼利用美国武器发动侵略战争是否违反了美国法律，是否应该对印尼采取禁售令。面对咄咄逼人的国会，基辛格很是头疼，他想解释，但是为了安哥拉大局（不能再次发火），他必须忍气吞声。他回答道：“关于东帝汶事件，我已经告诉你们悄悄停止对印尼军售。”

东帝汶事件便不了了之，但是，安哥拉问题依旧是基辛格头疼的问题。他要面对的不仅是苏联、非洲政局，他还要应对华盛顿官员。

在安哥拉遭遇失败，基辛格因祸得福

东帝汶事件解决后，基辛格谈到安哥拉问题。

这是他最为头疼的事情，而这其中最让他难受的是美国驻联合国大使莫伊尼汉在联合国提出了处理安哥拉事件的方式。莫伊尼汉跟美国国内保守派一样，反对美国积极介入。虽然苏联违背了缓和精神，对战争负有责任，但是美国不应该靠发动战争来解决问题，而应该督促苏联回到联合国，利用安理会来解决问题。同时，莫伊尼汉还认为，基辛格总是喜欢秘密行事，秘密轰炸柬埔寨，秘密签订巴黎协议，有失大国身份。

不过，莫伊尼汉的提议并没有得到苏联的积极反应。这让莫伊尼汉大为恼火，他在公开场合抨击苏联侵略非洲，甚至在联合国大会上，大骂苏联是非洲国家的新殖民地国家，介入安哥拉是帝国主义行为。同时，莫伊尼汉还不时给基辛格拍发电报，让基辛格威逼苏联回到谈判桌上。

从表面上看，莫尼伊汉这次践行着基辛格缓和的外交政策，不与苏联直接冲突，采取外交手段解决，应该符合基辛格口味才对，但是他的努力却全都白费了。究其原因，不是基辛格放弃缓和政策，而是基辛格认为莫伊尼汉与新保守派一样，只会纸上谈兵，真正到了该下决定的时候，却缩在一旁，不发一言。

如果说莫伊尼汉让基辛格难堪，那么消息泄露则让基辛格苦心经营的秘密计划破产。随着 1975 年 12 月 13 日秘密计划的暴露，美国上下对此存在着非议，他们纷纷要求基辛格停止秘密计划。基辛格得知后，恼羞成怒，他开始追查泄密者，不过他的得力助手哈比卜却劝告他说：“我想泄密和异议将是您必须承担的包袱……”。

对此，基辛格则面露难色说道：“总统已经表态，美国将一如既往支持安哥拉，然而我们竟然被人出卖了，而且还有人说我们介入安哥拉是担心基地问题。可是，我这么做既不是在乎石油，也不在乎基地，仅仅关心非洲国家会如何看待美国。如果我们什么也不做，那么到时美国将成为世界各国的笑柄。”

就在秘密彻底泄露之后，参议院召开了会议，公开投票表决。克拉克修正案以 54 票对 22 票的优势胜出，基辛格援助安哥拉方案终止。基辛格不满意，他认为美国不应该“各扫门前雪，不管他人瓦上霜”。他在次年一月份又提议国会表决。这一次，他输得更惨，322 票对 99 票，基辛格安哥拉援助计划彻底失败。

安哥拉事件的结果出乎基辛格的想象，也让他对此耿耿于怀。他一直认为是福特总统在背后“搞鬼”。为此，他还在私底下指责总统，认为因为福特的阻挠才致使国会阻碍外交政策顺利进行。在他看来，身为一国总统，福特应该勇敢挑起重担，要么强迫国会屈服，要么搞起秘密计划，必须支援安哥拉。

失去美国援助的“安解阵”随后被迫解散。该组织首领霍尔登·罗伯托飞往欧洲。原本有过合作的“安盟”和“安人运”起了内讧，最终分道扬镳。“安盟”首领若纳斯·萨文比亻一边拉着队伍到南方搞游击战争，一边到世界各国访问寻求帮助。一家独大的“安人运”则在苏联和古巴的支持下掌管安哥拉政局，搞起了苏联模式。不过，采用苏联模式的安哥拉并没有走上强国富民的道路。一是，盲目套用苏联模式，致使经济越来越糟糕；二是，“安盟”的游击战也让安哥拉时刻处于内战之中。安哥拉内战延续到 2002 年。2002 年，双方才达成协议，结束了长达 27 年的内战。

对于这场战争，基辛格看重信誉，他老调重弹，美国必须维护信誉，不能光顾利益而抛弃信誉，然而信誉不代表利益。一向是实用主义者的美国高层根本不会因为信誉而抛弃利益，相反，美国会因为利益而抛弃信誉。典型的例子便是美国石油公司与安哥拉政派之间的合作。当时美国政府采取了支持安哥拉“安解阵”阵营。按道理说，美国石油公司也应该只支持“安解阵”阵营，但是让人诧异的是美国石油公司不仅不与“安解阵”合作，反而与“安人运”合作，与红色政权合作。因为他们认为“安人运”将最终取得胜利，并且“安人运”并没有因为战争而找美国石油公司的麻烦，这样的合作让他们很放心。

当然，基辛格所说的信誉其实也不靠谱。越南战争中，基辛格也老是谈起信誉问题，但是美国并没有真正地做到信誉保证，相反，基辛格为了美国利益而支持尼克松对柬埔寨狂轰滥炸。所以，基辛格强调的信誉也仅仅次于美国利益，一旦美国利益受到了严重威胁，基辛格也会放弃信誉，毕竟信誉不如利益来得诱人。

针对安哥拉事件，基辛格是失败的，但是这次失败却挽救了他。福特总统停止了援助安哥拉，不仅使得美苏关系缓和，不至于产生严重对抗，还免得美国再次进入战争泥淖，维护了基辛格的声誉。此外，这次失败引发基辛格重新思考维护美国信誉的方式。事实上，在安哥拉事件上，基辛格一直深陷信誉问题，失去了足够的理性，始终未能看清苏联擅长于借助小国家牵制美国的把戏。

此次事件之后，基辛格看清了苏联的老把戏，他改用缓和策略，维护美国的信誉。其非洲新政策的成功便是典型的一个例子。在非洲，他研创新外交风格，削减武力在外交中的作用，甚至不用武力解决争端，树立美国在非洲的影响力，挫败了苏联的威风。

因势而生的非洲新战略

没有美国的援助，安哥拉“安解阵”迅速溃败。心急如焚的基辛格向参议院抱怨说，国会限制了总统的权力。对此，参议员迪克·克拉克反驳道，美国在非洲只有实行新政策，才能够获得非洲国家的认可与支持。

在他看来，苏联在非洲的实力根深蒂固，影响巨大，想要撼动苏联在非洲的根基，美国就必须改变政策，让非洲国家享有人权和民族平等才有可能跟苏联一较高低。克拉克的观点是正确的。

非洲是世界第二大洲，由于它扼守亚欧非交通咽喉，战略地位重要。此外，非洲资源丰富，其森林覆盖率达21%，矿产资源丰富，蕴藏量占世界的40%，素有“自然资源库”之美称。因此，一直是大国角逐之地，兵家必争之地。

近代时期，非洲大部沦为欧美殖民地。二战后，以苏联为首的社会主义阵营与以美国为首的资本主义阵营对抗，双方在世界各地展开了斗争，非洲也未能幸免。为了击败美国，苏联推出了“民族独立”的口号，帮助非洲各国实现了民族独立。20世纪60年代，民族解放运动达到了一个高潮，1960年这一年有17个非洲国家独立，被称为“非洲独立年”。

美国也不示弱。它一方面支持英美国家镇压民族解放运动，另一方面则在非洲建立无数军事基地。但是，总的来说，战后美苏争霸初期，苏联在非洲占有绝对的优势，而美国则处于劣势。不过，到了20世纪70年代，非洲形势为之一转。原来，采取苏联模式的非洲各国，不但没有走上独立富强的道路，反而出现了政治危机。非洲国家发现，苏联并非真心想帮助自己，而是利用自己与美国周旋，于是他们开始警惕苏联，这使美国有了可乘之机。

与时俱进才能无往不胜，基辛格明白，美国需要在非洲制定一个新的外交政策。那么，美国应该采取什么策略呢？基辛格会采取什么策略呢？跟他的均势政策一样，均势是核心，缓和是手段。他一方面接受克拉克等人的建议，一方面采纳保守派的观点，开始转变缓和政策，企图让美国在美苏争霸中一展雄威。

他的这一转变跟福特总统的理念不谋而合。福特认为美国在非洲国家的政策需要改变，他说："1976 年的非洲新政策反映了我的同情心。我觉得那里的政权不会长存，我们应该采用更加仁慈的观点。"

其实，早在基辛格参政的时候，他就接触到美国的非洲政策。当时，罗杰·莫里斯提出了五种非洲政策供尼克松总统选择。基辛格参与了会议并建议尼克松采纳第二种方案"柏油娃娃"。因为他认为美国与罗得西亚和南非的经济联系能够改变黑人的生存境遇，而一些反对美国的自由派也会因此而深受感动。只是，该方案还强调"美国支持非洲国家反对民族压迫，但是同时会放松对白人政权的孤立与限制"。

此后，基辛格执行新的非洲政策。他开始反对非洲白人少数政权，并且针对非洲国家的贫困程度实施经济援助。他在公开场合宣传他的新外交政策，甚至他还在联合国大会上说，世界应该寻求一种新的公平秩序，这种秩序的基础将不再是军事实力，而是精神力量。

1976 年，他为非洲之旅做足了准备。他先是让国会通过非洲新政策，而后在出发前举办宴会，公开声称美国即将改变非洲政策，要帮助非洲国家实现多数人的统治政权，强调了美国与非洲国家之间的"价值观和梦想的纽带"。

紧接着，他开始了非洲之旅。他对肯尼亚、坦桑尼亚、赞比亚、扎伊尔、利比里亚和塞内加尔进行了访问，在赞比亚，他还做了一次精心准备的演讲，他告诉非洲国家，希望他们忘记美国此前对非洲的态度，希望将此前美国的所作所为忘记。他说：

在我们的共同理念中，民族公正和民族平等是最基本的要求，这是时代的主流，美国支持非洲国家这一基本原则，这不是外交策略，而是道德传统赋予美国的责任与义务。白人政权将遭到美国的强烈反对，直到与非洲国家达成协议。

如果说，基辛格的演讲是一种言语上的鼓励，那么美国给非洲国家提供经济援助则是实质性的援助。当时，黑人主政的国家独立后，经济滞后，需要外援，但是罗得西亚却对他们采取了禁运，这让黑人主政的国家日子过得十分艰难。

对此，基辛格则摆出大国姿态，倡导一个财政援助计划，支援非洲国家进行经济建设。所援助的国家不分意识形态，平等对待，就连曾经与“安人运”合作过的莫桑比克政权，基辛格都不计前嫌，给该国提供了1250万美元的援助。

此次演讲，或许不得美国民众的心，毕竟这些援助都是美国纳税人的血汗钱，但是却深得非洲人的心，他赢得了满堂喝彩。对此，赞比亚总统卡翁达认为这是赞美两国关系的重要“转折点”。

的确，锦上添花不如雪中送炭。非洲国家此刻正面临着严重的经济问题，如果基辛格采取了军事援助，对非洲国家来说，则没有多少价值，甚至会引发非洲国家的反感和戒备，而基辛格采取了经济援助，在非洲国家经济困难重重的时刻救了他们一把，非洲国家自然会对美国刮目相看，将美国看成是“恩人”。

对于非洲新政策的成功，基辛格笑逐颜开。为了庆祝非洲新政策的成功，他破天荒地放慢行程，享受非洲国家的风俗民情。此次，他游览赞比亚，漫游扎伊尔河，观赏维多利亚瀑布，甚至欣赏了肯尼亚的民族舞蹈。

非洲之旅结束后，基辛格飞回华盛顿，让他始料不及的是非洲政策引发了国内大讨论。尼克松演讲撰稿人帕特里克·布坎南写道：“国务卿基辛格此次非洲之旅，是否让美国遭受更大的利益损害，或者是否会造成福特总统在竞选中惨败，我们拭目以待。”

共和党领导人罗伯特·迈辜尔也对美国非洲新政策不满。他说，此次访问将对美国南部造成严重不利后果，基辛格应该闭上嘴巴。参议院外交关系委员会迪克等人则指责基辛格对罗得西亚实行制裁。

更为严重的是，一直想要获得共和党竞选提名的里根出招了。他对基辛格的外交政策大加挞伐，说基辛格的非洲新政策会导致罗得西亚发生大屠杀，甚至发生政变，基辛格的非洲新政策不利于非洲国家建立公正合理的秩序。尽管基辛格出来回应，但是没有多少效果。

如果一项政策得不到高层的支持，那么这项政策将会很快退出历史舞台。基辛格虽然在非洲赢得了无数国家的支持，但是他要是不能够说服美国高层，或者拿出事实证明非洲新政策对美国大为有利，那么他辛辛苦苦制定的非洲政策又将破产。

妥协还是坚持到底，基辛格必须做出选择。

利用“穿梭外交”，破解非洲外交迷局

卡耐基说：“人在身处逆境时，适应环境的能力实在惊人。人可以忍受不幸，也可以战胜不幸，因为人有着惊人的潜力，只要立志发挥它，就一定能渡过难关。”从德国难民一步步排除万难登上国务卿宝座的基辛格自然选择迎难而上。

既然选择迎难而上，那么基辛格该如何开展工作呢？

摆在他面前的便有四大难题：

首先，虽然基辛格已经在非洲发表了声明，但是简单的外交辞令根本不能够真正地让非洲国家信服，他们需要的是实实在在的援助，基辛格必须说服美国高层，批准援助非洲国家的财政项目。

其次，罗得西亚轻易动不得。因为它是英国的势力范围，而英国是美国的盟友，也是欧洲大国之一，基辛格想要拿罗得西亚开刀，可不是一件容易的事情，毕竟打狗还需看主人。

再次，罗得西亚局势不稳定。19 世纪末，罗得西亚沦为英国殖民地，由英国白人直接统治。但是，在这个国家的居民中，黑人占 98%，白人仅仅占有 2%，多是英国移民，且加上白人执行残酷的殖民统治，引发了罗得西亚人的反对，民族斗争此起彼伏。

1964 年 10 月，北罗得西亚宣布独立，成立了赞比亚共和国，而南部由白人统治的政权宣布改名为“罗得西亚”。1965 年，白人政权单方面宣布独立，而英国政府却未发兵夺回罗得西亚控制权。这种做法很显然激怒了罗得西亚人，因此，他们先后成立了津巴布韦民族联盟（简称民盟）和津巴布韦人民联盟（简称人盟），进行民族解放斗争。

最后，苏联正虎视眈眈盯着非洲。20 世纪 70 年代，苏联领导人勃列日涅夫更加重视非洲，他曾在 1973 年对索马里总统说，苏联要控制西方赖以生存的两

个宝库：波斯湾的石油能源及非洲南部的矿产资源。随后，大肆地在非洲进行扩张。在短短几年之内，苏联就在安哥拉、埃塞俄比亚等非洲国家驻扎了大量的苏联军事人员，取得了7个国家20余处港口和机场的使用权利，并且与莫桑比克、安哥拉、埃塞俄比亚和刚果签订了“友好合作条约”。此外，苏联在非洲建有军事基地。从各种数据现实来看，苏联将在非洲与美国大战一场。而基辛格不能采取武力解决的办法，否则将会造成美苏直接冲突，到时候又会引起国内反战情绪。

因此，基辛格唯一能走的一条路便是穿梭外交，用他高超的外交技巧去解决罗得西亚问题，换句话说，用三寸不烂之舌平息战争。

也许有人会说，基辛格幽默风趣，聪明能干，外交经验丰富，只需要挪用以往的经验就够了。然而，这种想法大错特错。非洲不同于越南，也不同于中东。在越南战争上，越南北方军队虽然能征善战，但是始终不敢真正惹怒美国，因此，在棍棒加棒棒糖的外交方式下与美国签订协议，基辛格获得前所未有的成功。在中东问题上，犹太国家和阿拉伯国家历经几次大战，谁也赢不了谁，心里正纠结着，希望从外交上处理，所以，基辛格也能很好地把握契机，解决战争。对于罗得西亚，双方的想法不同。非洲人希望通过协商获得统治权，而罗得西亚白人却仗着有南非的援助，无视黑人的呼吁，他们更希望靠实力说话，而不是外交。

所以，基辛格必须改换以前做“红娘”的策略，采取打压白人伊恩•史密斯政权，拉拢他到谈判桌上，威逼他屈服。那么如何威逼史密斯回到谈判桌上呢？很显然，基辛格不能贸然游说，他只能针对史密斯的优势，釜底抽薪，只有让史密斯的优势变成劣势，谈判才有可能进行。而此刻史密斯政权最大的支持者便是南非。基辛格决定从南非下手。

南非地处非洲大陆最南端，东、南、西三面被印度洋和大西洋环抱，北面与纳米比亚、博茨瓦纳、莱索托、津巴布韦、莫桑比克和斯威士兰等国交界。其地理位置优越，地处两大洋航运要冲，战略位置重要，西南端是好望角航线，享有“西方海上生命线”之称。该国资源丰富，黄金、铂族金属、锰等储量居世界第一，黄金存储量占世界60%，是世界上五大矿产国之一。

近代时期，南非先后沦为荷兰、英国的殖民地。1914年，南非成立南非共和国，由白人统治。为了维持白人的统治权，白人政权实施了各种种族歧视和种族隔离政策，镇压黑人的民族解放运动，臭名昭著，其中比较著名的是严格限制黑人生育。

当然，南非援助罗得西亚的史密斯白人政权便是最为典型的事件之一。

事实上，南非支持史密斯有着许多原因：

第一，南非白人多数是英国移民，与罗得西亚白人一样，同根同源，南非不能坐视不管；

第二，南非历来执行严格的种族歧视政策，而罗得西亚史密斯政权正在执行种族隔离政策，与南非政策相一致，南非自然乐意帮忙；

第三，南非面临着困境。一旦罗得西亚白人政权灭亡，那么推行种族歧视与种族隔离制度的南非也会遭受国际上的强烈谴责，自己的种族隔离制度或许将不能存在，南非必须支持史密斯政权，减轻国际社会的压力。

因此，南非对史密斯进行了全方位的支持，从经济、军事、政治等方面支援史密斯政权，维持史密斯政权在经济、军事上的优势。

成功的“经济促进民主”的外交政策

知己知彼，方能百战百胜，基辛格得知史密斯的软肋后，便制订了计划：软硬兼施逼迫南非断绝支援史密斯政权。

首先，他发表了声明，说明了美国在罗得西亚的立场，警告南非领导人，南非想要独立发展，那么就必须合作，否则南非政权会落入黑人手中。

随后，他便飞赴南非，与南非总理约翰·沃斯特展开秘密外交会谈，商量如何处理罗得西亚问题。在会上，基辛格再次直截了当地提出了如果南非懂得明哲保身，与罗得西亚分开，那么美国将会尊重南非政权，自由处理国内民族问题。一开始，南非觉得美国不过是说说而已，但是当基辛格一脸严肃地提出“南非命运”问题时，南非高层开始担忧了。他们知道，南非虽然在非洲有一定的地位，但是与超级大国美国相比，简直不值一提，现如今，美国给了台阶下，如果不下，后果将很严重，到时候别说执行种族政策，就是个人命运的前途都未可知。因此，南非高层开始认真考虑这件事情。

三个月后，基辛格与南非总理再次进行会谈。此次，沃斯特开门见山地表态，一旦史密斯政权不妥协，不与罗得西亚黑人谈判，那么南非就将切断罗得西亚的铁路线，不支援罗得西亚。

得到保证后，基辛格便继续下一步计划，飞往坦桑尼亚等国家，听取罗得西亚周边国家的建议。周游非洲国家之后，他有了一个总体思路：罗得西亚将在两年之内实现独立，并且建立由多数人统治的政府；在成立政府前的过渡期内，黑人和白人共同执政；非洲国家解除对罗得西亚的制裁，停止游击战争；英美两国建立起一个 20 亿美元的安全基金保护白人。

紧接着，他带着草案飞往南非首都比勒陀利亚（南非三个首都，此是南非行政首都），与南非商讨方案，并且让南非总理告诉史密斯，如果愿意在两年之内过渡政权，那么可以前来南非谈判。

获得消息后的史密斯既郁闷，又担心。郁闷的是南非在关键时刻抛弃了自己，担心的是如果不放弃政权，那么美国将会采取更为严厉的措施，到时候悔之晚矣。既然美国给的待遇不错，提的条件也还可以，便前来与基辛格会谈。

在会上，基辛格开门见山地说道：“根据中情局分析，罗得西亚的经济明年将会崩盘，而罗得西亚黑人游击队与日俱增。如果你不立即谈判，一旦黑人掌权，共产主义将四处泛滥，你将无处可逃。”

迫于压力，史密斯答应进行谈判。当晚，罗得西亚代表团与基辛格罗得西亚工作组进行会谈，商讨具体方案：罗得西亚两年内独立；组建过渡政府，由白人和黑人共同统治等等。

在商谈具体细节上，双方出现了分歧。史密斯认同了建立过渡政府的建议，但是他希望临时政府的主席由黑人担任，而国防部长和警察部长则由白人担任。对此，基辛格明白，史密斯很显然想要架空黑人，继续独裁统治。不过，他没有给予答复，而是采取了将与赞比亚和坦桑尼亚讨论后，尽快给他答复的策略。最后，双方约定在当年 11 月英国召开的日内瓦会议上讨论解决罗得西亚问题。

计划进展很顺利，但是有一个问题却始终没有解决：史密斯的要求。基辛格作为调解人，如何调解双方的要求，以便双方能够实现和平。为此，他决定采取大事化小、小事化了的方法，将这个敏感问题模糊化。他跟史密斯说，可以在声明上加上一句，警察部长和国防部长临时由白人来担任。

随后，史密斯发表了声明，罗得西亚的上空顿时硝烟弥散，大家期待着日内瓦会议的到来，而作为大功臣的基辛格则受到了国内外的好评。国内的报纸头条新闻报道了基辛格不可思议的胜利；电视和媒体则抓拍了基辛格推动双方和谈的镜头；举世闻名的《时代》周刊则因为基辛格的大贡献，而再次盛赞他，称他是“在精心策划下，和平历程上最壮观的高潮”。

不过，笑到最后才是最终的胜利者，基辛格能否见到最后的胜利还得等待日内瓦会议的召开。当年 11 月，史密斯按照约定来到日内瓦与黑人首领罗伯特等人进行谈判。出乎意料的是，这场原本貌似完美的方案，竟然由于种族原因破产。在这个过程中，英国想尽办法，考虑各种方案，甚至提出在罗得西亚设立临时英国行政长官，都未能被双方认可，这个会议最终以失败告终。

罗得西亚事件看似是失败的，但是它并没有失败。首先，基辛格退任后，下一任国务卿万斯接手后，依旧是以基辛格的纲领作为谈判的基础，并且在 1979 年获得双方的认可，罗得西亚战争结束。所以，他并非是失败的，只不过是没有在任期之内完成这件事罢了。

其次，罗得西亚仅仅是基辛格非洲新政策的一个开端。基辛格在任期内推行仁慈的非洲政策获得了显著的效果，原本非洲各国对美国褒贬不一，但是现在却发生了转变，他们不再强烈仇视美国，而将美国看作是“多数裁定原则”的主要力量。美国获得了非洲国家的认可，在非洲产生了非凡的影响力，打击了苏联的势力。

再次，罗得西亚事件，给了冷战后美国非洲政策一个新的思考。基辛格非洲新政策是在尊重非洲国家的基础上，进行的一种“民主渗透”，是成功的。“冷战”后，美国则因为苏联瞬间垮台而得意扬扬。“冷战”结束后，非洲出现了真空，信心满满的美国在非洲推行多党民主制，并将经济援助与民主相挂钩，直接干预非洲国家内部事务，致使索马里事件发生，惨败而归。直接干预失败后，美国政府才采取经济促民主策略，慢慢地将势力渗透到非洲，到今天为止，美国已经成功地打进非洲。这种策略与基辛格策略不谋而合，取得了很好的效果。

第十二章 “超级国务卿”的沉浮人生

基辛格有着魅力十足但有时颇具欺骗性的个性——才华横溢、善弄权谋、行事诡秘、对人际关系和细微差别的敏感多虑、嗜于对抗和争权夺利。我所探究的一个问题是，这种个性和作为基辛格政策基础的权力政治、秘密外交之间究竟有什么样的关系。政策根植于个性，正如基辛格从梅特涅那里学到的那样。

——沃尔特·艾萨克森 原CNN董事长

黄金单身汉的婚姻

1974年3月30日，有一对新人走进了婚姻的殿堂，那就是基辛格和南茜。51岁的基辛格与40岁的南茜·马金尼斯结为伉俪。跟其父亲一样，基辛格也是"老牛吃嫩草"。

南茜·马金尼斯，土生土长的美国人。其父奥尔波特是信托产业律师，其母热衷于慈善事业。从家庭背景上看，南茜是个富二代，典型的"白富美"。按道理，她应该是知书达理的淑女。可是，事实上，由于她自小与两个兄弟和一群表兄弟玩耍长大，长得高大，富有运动气质，是个活泼可爱型的美女。

1955年，她到密歇根大学攻读研究生，毕业后，回到家乡中学任教，成为一名历史教师。可是此时，平淡的生活并非是她所想要的，所以两年后她便放弃教职工作，考上伯莱克大学攻读博士生。在暑假期间，她受邀到洛克菲勒研究所工作。

当时，基辛格也正好在洛克菲勒研究所工作，他主要负责外交工作。在这个特殊的场所，两人便这样相识。当时，南茜自信从容、落落大方，加上年轻，富有活力，是个美女。她的一举一动都让基辛格痴迷，基辛格对她一见钟情。

然而，爱情并非单方面的事情，基辛格对南茜一见钟情，南茜却对他冷眼相待。有一次，基辛格假装有事情约她出来见面，并且趁着见面的机会向她求婚，南茜却毫不犹豫地拒绝了基辛格。她回忆说，基辛格这么一个离过婚且一心往上爬的犹太知识分子，根本不对她的胃口，不是她的菜。尽管如此，南茜也答应基辛格放弃博士学位，留在洛克菲勒研究所工作。

的确，基辛格在此之前有过一段婚姻。他的第一任夫人是他逃难到纽约后认识的小女孩安妮丽丝。当时，两人情窦初开，情投意合，谈起了恋爱。后来基辛格投军从戎，而安妮丽丝则到纽约亨特学院学习，毕业后在一家旅馆找了一份工作。基辛格退役后，她回到曼哈顿找了一份簿记员的工作。此后，两人结束异地恋，继续甜美恋爱。

1949年2月6日，两人步入婚姻的殿堂，这一年，基辛格26岁，安妮丽丝23岁。不过，当时基辛格尚未毕业，收入微薄，婚礼也只能简单了事。结婚之后，生儿育女是自然而然的事情。可是，基辛格却不着急要孩子。

这倒不是他想过丁克家庭的生活，而是他对生孩子有高要求。在他看来，自己无名无利，漂泊不定本身就是一个问题，生孩子更是累赘。因此，直到1959年，他获得了哈佛大学副教授，拥有一定的经济基础后，他才要了孩子，先后有一男一女。

然而，正如一句话所说“婚姻是爱情的坟墓”。基辛格与安妮丽丝没有逃脱这个魔咒。婚后，虽然安妮丽丝精心持家，将家里弄得井井有条，但是基辛格却常年在外，很少在家。好不容易在一起了，两人却很少沟通，甚至都不说话。时间一久，感情出现了裂痕，最终在1964年离婚。

事实上，基辛格第一次婚姻的失败是双方共同造成的。安妮丽丝渴望过平常人的生活，而基辛格却渴望过权贵的生活。两个生活理念完全不同的人在一起生活，自然过不到一块儿去。不过，从根本上说，是基辛格有负于安妮丽丝。

离婚之后，安妮丽丝遇见了自己的真爱，嫁给了一个化学家，过上了幸福平淡的日子。基辛格则过起了丰富多彩的单身生活，因为在他身边有无数的明星女郎。其中，有一个足以与南茜相媲美的美女，甚至比南茜更可能成为基辛格夫人的女人，她叫芭芭拉·霍沃。

这位霍沃家的女主人不安平凡生活，四处结交政客，表现自己。基辛格也时常参加她举办的宴会。在宴会上，她的成熟与妩媚征服了基辛格。于是，基辛格便向她发起了爱情攻坚战。芭芭拉·霍沃扛不住基辛格的猛烈攻势，最终答应与基辛格恋爱。

随后，两人进入了热恋。在当时，很多人搞不明白，基辛格既然喜欢南茜，那么怎么会跟芭芭拉·霍沃搞在一起，他们不知道基辛格究竟会跟谁结婚。直到结婚第二天，大家才知道，基辛格所娶的不是芭芭拉，而是南茜。

当然，基辛格与南茜的婚姻之路并不顺利。跟第一段婚姻相比，基辛格与南茜的婚姻遭到了双方父母的强烈反对。基辛格父母信奉犹太教，而南茜一家则是新教圣公会教徒。当然，父母的反对终究仅仅是反对而已，毕竟长辈不是当事人，所以这一层的阻碍不是真正的阻碍。

真正造成两人长达 8 年未能走入婚姻的关键原因还在于南茜。南茜跟安妮丽丝一样，一直想过平凡日子，厌烦抛头露面的生活，而基辛格却一心想要成为政要名人，这让她十分失望。因此，两人的婚姻一直往后延迟，直到 1973 年年初，基辛格决定退出政坛，南茜才答应嫁给他。

然而，世事难料，就在基辛格准备退出政坛的时候，白宫发生了惊天动地的大事情。“水门事件”爆发，白宫一片混乱，在这个关键时刻，尼克松邀请基辛格出任国务卿一职。这两件事情让原本就无心归隐的基辛格兴奋不已，他放弃了辞职打算，转身积极从政。

南茜一见基辛格本性难改，也无可奈何。她想，要求基辛格放弃政治比杀了他还困难。于是，她不再坚持要求基辛格放弃从政的要求，转而答应与基辛格结婚。此后的半年时间，双方无数次商量婚期，但都因为基辛格政事繁忙而一拖再拖，甚至到结婚的前一天，基辛格都不确定是否结婚。

起初，基辛格带着儿子大卫和女儿伊丽莎白到莫斯科旅游，回来之后，基辛格将他们送往老家。可是当他确定第二天结婚后，他又打电话让两个孩子坐飞机赶往华盛顿参加婚礼。不过，遗憾的是，虽然基辛格打电话找来儿子和女儿参加婚礼，但是他却没有通知父母前来参加婚礼。

第二天婚礼如期举行，基辛格与南茜走进了婚姻的城堡，在达官政要的见证下完成了婚礼仪式。基辛格的第二次婚礼比起第一次婚礼要隆重得多，毕竟此时的基辛格已经不再是当年的基辛格了。

婚礼结束后，这对新人便乘坐洛克菲勒的私人飞机前往墨西哥度蜜月。平凡夫妻度蜜月是自由的，达官政要度蜜月却并不轻松。此时，基辛格担任国务卿一职，位高权重，为了保证他的安全，他身边有 12 位贴身特工、20 名警察，此外，还有无数的记者。在这么多人的关注之下过蜜月，恐怕他们过得也不轻松。

虽然南茜不希望过上达官显要的生活，成为社交的焦点，但是正所谓嫁夫随夫。既然命运女神安排她过显贵的生活，她也就只好顺从命运的安排，过起了台前幕后的闪亮生活。

婚后，一切归于平淡，基辛格继续从政。只是，他的好搭档尼克松总统此刻却在政治丑闻中挣扎。

好搭档搞出大新闻：水门事件

就在基辛格过上大喜日子的时候，尼克松却一点也轻松不起来。因为，他此刻正陷入美国历史上第一起总统窃听门事件（这就是后来闻名世界的“水门事件”），随时危及他好不容易获得的连任机会及其在外交上所取得的成就。当然，更为可怕的是，“水门事件”可能让他陷入官司，成为美国历史上第一个辞职的总统，第一个进监狱的总统。这许多个第一次，足以让他入围吉尼斯纪录。

“水门事件”到底是何事件，尼克松身为堂堂一国总统，如何会陷入困境，最终身败名裂呢？这事情还得从竞选说起。

尼克松的第一次竞选，仅以微弱的票数入主白宫。在第一个任期内，他曾承诺结束越战，但是光阴似箭，任期即将结束之际，越战问题虽然有大进展，却屡屡出现波折，双方未能签署协议，也就是说，他并没有兑现他的承诺。不仅如此，尼克松还不顾全国上下的反对，下令动用军事武力轰炸柬埔寨、越南北方等地，导致国内反战情绪高涨。对此，很多对手便拿此来批评尼克松，企图让他下台。

天生没有安全感的尼克松为了确保连任成功，便在竞选团队的支持下，采取了非法竞选手段，即派遣首席安全问题顾问詹姆斯·麦科德等五人暗自闯入华盛顿水门大厦的民主党全国委员会办公室安装窃听器、偷取文件。

不幸的是，这批窃听“精英”在装窃听器的时候，不小心被逮了个正着。一向就对共和党执政不满意的民主党一看，顿时乐坏了。他们便利用此事件大做文章，向尼克松总统发起了攻击。

得知此事后，尼克松立刻召开紧急会议，商量对策。在经过一番商量之后，他们借助古巴人为了自己的民族利益而进行的窃听活动应当是合法的这一论调达到了欺骗民众的目的。同时，尼克松也亲自出面，在公开场合解释。此时正值大选，由于尼克松在越战问题上取得了大进展，深获民心，因此，尼克松最后以压倒性的选票获得了连任。

不过，就在尼克松等共和党人举杯庆祝的时候，民主党人再次出手。他们发动民主党占有优势的国会，成立了一个特别调查委员会，对总统竞选活动事宜进行彻查。

这不查不知道，一查吓一跳。1973 年 3 月 23 日，麦科德扛不过法官的审判，将白宫法律顾问迪安供了出来。尼克松得知后，吓出了一身冷汗，平时厚待这帮心腹，可是他的心腹在关键时刻还是出卖了自己。

为了保住总统宝座，尼克松采取了弃车保帅的做法，让迪安当替罪羊。然而，迪安不太情愿背黑锅。在背黑锅的代价是 14 年监狱生活的时候，他扛不住了，招了，将幕后主使尼克松供了出来。

看到供文的民主党人笑逐颜开。不过，尼克松还是不愿意认罪。他公开发表声明，他事先并不知情，而后替窃听者辩护，说这些举动都是为了国家安全，是合法的、必要的，以前的总统也都是这么做的，他不是个例外。

但是，美国人并不买他的账。他们认为，此事并非空穴来风。没多久，调查委员会获得了一个情报：尼克松担任总统期间，下令在白宫办公室安装窃听系统，记录手下的谈话与电话内容。

调查委员会一看到这份资料，就如同见到救世主一般，立刻要求尼克松交出相关的录音带与文件资料。

如果说，此前的窃听民主党信息不足以让尼克松倒台，那么，私自窃听白宫成员信息则足以让尼克松身败名裂。对此，尼克松是不会交出去的。他以行政特权为由拒绝配合，并且将调查委员会告上法庭。然而出乎他意料的是，法庭以总统应该受法律制约为由，要求尼克松配合调查委员会工作。

面对这样的结果，尼克松雷霆震怒，他下令解除调查“水门事件”特别检察官考克斯的职务，企图威逼调查委员会臣服。按照美国总统的权力来看，尼克松是有权力解除考克斯职务的，这也是美国法律所允许的。然而，民主党将此事进行包装解读，描黑尼克松，引起了轩然大波。全国各地纷纷抗议，有些民众甚至将尼克松与希特勒相提并论，而热血沸腾的大学生也不甘落后，聚众游行示威，尼克松顿时陷入了群情激愤的包围中，成为口诛笔伐的对象。

形势对尼克松极为不利。然而，民主党没有收手的准备，他们展开了下一步行动——众议院弹劾尼克松总统。弹劾就弹劾，尼克松就是不愿意认罪，他要死撑到底。此时，他做了两件事情，一方面销毁录音带上不利于他的言论，另一方面则使用总统特权，坚决不配合调查委员会调查。

当然，民主党也有对策。他们利用各种媒体解读尼克松滥用总统特权一事，在美国掀起了一股讨伐尼克松的浪潮。最后，尼克松迫于压力交出了电话记录与相关文件。

虽然尼克松销毁了录音带上不利于他的言论，但是他并没有全部清除不利于他的言论。新任命的检察官在反复收听过程中发现了问题，录音中记录着“水门事件”发生后，尼克松指示手下，让中央情报局阻止联邦调查局调查的事情。至此，尼克松陷入了严重的危机。这一次，共和党人纷纷和他划清关系，他到了众叛亲离的地步。

后来，因为“水门事件”而失去政治前途的人很多，但是作为尼克松最佳搭档的基辛格却在这场丑闻中全身而退。

在“水门事件”中全身而退

尼克松身陷丑闻危机，基辛格虽然全身而退，有惊无险，但是他也遭遇了调查。

从9月7日到9月17日，基辛格前后参加了多数次听证会。虽然对于基辛格的才华以及他在美国外交政策上所做出的贡献，身为委员会成员的民主党和共和党以及美国的鹰派和鸽派两个派别，对此都始终保持着赞扬的态度，但是对于基辛格在支持尼克松轰炸柬埔寨和窃听国家安全委员会工作人员以及记者电话方面的事件上所表现出来的默许态度让他们难以接受。于是在听证会上，他们便对基辛格进行盘问，企图从中找出些蛛丝马迹。

委员会主席威廉·富布赖特开门见山，对尼克松“水门事件”表示强烈不满，随后指责基辛格在这起窃听丑闻当中所起到的作用。这也就算了，此人还将此事上升到一个高度，即称基辛格的行为严重违反了美国宪法。其他对基辛格不满的参议员，也对基辛格发起了猛烈的攻势，他们从轰炸柬埔寨、保密以及窃听这几个主题上对基辛格进行严格“盘问”。

不过，基辛格发挥了自己的聪明才智，一一做出解答。首先，他做出了诚恳的宣誓。然后对使用电话窃听事件做了详细解释。他强调窃听的目的只是为了要防止那些未经授权的材料被泄露出去，试图为尼克松开脱。此后，他还反复说，在此次事件中，他仅仅提供了一些有可能会接触到泄密材料的人员姓名，至于其他事情他本身并未参与。最后，基辛格说：“希望各位能够理解，因为这种做法在当时的确被认为是合法的程序。”

虽说基辛格对窃听事件做出了解释，但是有句话叫“近朱者赤，近墨者黑”，既然尼克松参与了，你基辛格能“独善其身”吗？因此，委员会针对基辛格成立了一个特别小组委员会，让此委员会调查基辛格是否真的与此事毫无关系。不过，调查结果最终显示，事实确实和基辛格所说的一致。看来基辛格还真是独善其身。

至此，基辛格的这次危机才算是真正地解除，才真正地当上了美国国务卿。

当然，“水门事件”前后持续两年多，基辛格不可能毫不参与，或者丝毫不过问。的确，他在此事件中虽然采取了明哲保身的策略，但是也发挥了不小的作用。

“水门事件”刚刚爆发时，尼克松曾咨询首席军师基辛格。基辛格在了解了整个“水门事件”的内幕后，他提出建议，让总统快刀斩乱麻，开除全部涉案人员，摆脱白宫与他们之间的关系。

当天晚上，尼克松打电话咨询基辛格，是否应该让白宫“闭嘴”。基辛格觉得此招无异于此地无银三百两。在他看来，既然事情已经暴露了，那么让白宫闭嘴根本无济于事，最好的办法便是坦白从宽，承认此事，获得美国民众的同情，或许还有一线希望。然而，他知道尼克松的秉性，不到最后一秒决不妥协，因此他只好支持尼克松那么做。

1973 年 8 月，尼克松御笔文人约翰·安德鲁斯与基辛格商讨解决“水门事件”的办法。当时，安德鲁斯正好在给总统写“水门事件”演讲稿，他就问基辛格应该如何写，基辛格告诉他，应该写出总统悔恨不已，模仿肯尼迪在“猪湾事件”中那样，借以获取大众同情。后来，安德鲁斯在闲聊中好奇地问道：“为什么总统不跟猪跑，反而跟着狐狸跑呢？”基辛格则严肃地说道：“因为总统就是其中的一只狐狸。”

安德鲁斯写完演讲稿，便交给白宫发言人齐格勒。齐格勒看后，强力反对，而尼克松看后也不满意，他要求安德鲁斯重新改写发言稿，不要表现出“悔恨之意”。安德鲁斯本来就不喜欢尼克松这种推诿的行为。因此，没过多久，他就愤然辞职。

1973 年 10 月 20 日，尼克松发动了“星期六夜晚大屠杀”，即他在当天解除了特别检察官考克斯和司法部长理查德森的职务。当时基辛格正在莫斯科谈判，他得知消息后，着急万分，打电话与理查德森联系。

“星期六夜晚大屠杀”一事一经报道，群情激愤，尼克松被迫交出部分录音带。对此，基辛格认为尼克松应该全部交出，坦白从宽。不过，尼克松没有这么做。

在这个关键时刻，尼克松辞职是早晚的事情。按照美国 1947 年通过的《美国总统继任法案》规定，总统一旦有“意外”不能执掌大权，那么总统权力将交由副总统、参议院议长及其内阁成员代为执行。说得具体点就是，副总统、参议院议长、临时议长、国务卿、财政部长可以继任总统。简单地说，尼克松下岗后，副总统可以不经选举直接升任总统，统领天下。当时担任副总统的是皮罗·阿格纽。

谁都知道，美国总统选举是费力气、玩心计的活，不是你有钱有权就能当选。所以，能不经选举就当上总统实在是天上掉馅饼的好事。然而，不知道是不是此人命运不好，还是修炼不够。在“水门事件”闹得沸沸扬扬的时候，他却因为遭遇税务和贿赂调查而在10月底被迫辞职。

总统深陷水门、副总统辞职，这让摇摇欲坠的尼克松政府更加脆弱不堪。基辛格开始关注尼克松总统的接班人、超级大国未来的主人。尼克松会相中谁呢？

基辛格？尼克松很想把总统宝座让给基辛格，但是他爱莫能助。因为按照美国宪法，只有出生于美国的公民才享有资格担任副总统，而基辛格则是从欧洲移民过来的，显然就跟总统宝座无缘。那么，谁会是接班人呢？

基辛格焦虑不安，使他焦虑不安的不是自己当不了美国副总统，而是因为他害怕尼克松任命约翰·康纳利担任副总统。康纳利是美国著名的政客，曾经担任过海军部长、财政部长等要职，后来一见“水门事件”爆发，便转投共和党，希望成为尼克松的接班人。

当然，基辛格所关心的不是康纳利的出身，而是康纳利的外交政策，此人在外交上刚愎自用，虽然富有激情，但是却不精明。基辛格担心此人一上台，自己将无用武之地。

或许是多年的默契配合起到了作用，或许是尼克松想要给基辛格一个面子，也或许是尼克松想要基辛格完成他未完成的事业，他没有任命康纳利当副总统，反而看中了小众议员杰拉尔德·福特。这倒是给了基辛格一个施展才华的宽阔舞台，因为福特名望不高，行事坦率，不会对基辛格的外交政策形成威胁。

1974年7月，尼克松山穷水尽，决定辞职，他开始做辞职的各项准备。8月7日，尼克松找来基辛格，两人在总统办公室进行了一次具有历史意义的会面。尼克松告诉基辛格自己将宣布辞职，而基辛格则劝慰尼克松，他说：“历史会比你的同时代人更善待你。”随后两人回顾了这几年为美利坚合众国奋斗的点点滴滴。最后两人一起祈祷，尼克松流下了悔恨的泪水，而基辛格则流下了无数的汗水。

离开总统办公室，基辛格心情久久不能平静。他对尼克松的遭遇十分同情，他说：“这是个希腊式的悲剧。尼克松正在践行着自己的本性，一旦开始，便决不会通向好的结局。”

1974年8月8日，尼克松宣布将于次日辞职。至此，尼克松的政坛之路结束。从他1946年从政之日起，他在政坛上大起大落，曾经两度连任副总统，也曾经两度竞选大败，离开权力中枢，曾经几经奋斗荣登总统宝座，最后却因为“水门事件”而身败名裂。

纵观他的总统历程，他做的最大贡献便是在外交政策上。在他任期内，他重用基辛格，采取了三角关系，缓和与苏联的紧张关系，和好中国，结束越战，扶持以色列等等，扭转了美国外交颓势，继续维持了美国超级大国的地位。

从“水门事件”中，我们似乎可以看出，虽然政治腐败不可避免，但是民主制度远远要优于专制制度。一个对国家有着重大贡献的总统却仅仅因为窃听事件触犯国家宪法而被迫辞职，沦为美国宪法的“耻辱”，这不得不引发人们的深思。从在权与法之间、功劳与宪法尊严之间、权和情之间如何抉择，便可以看出一个国家的民主程度的高低。

最佳搭档辞职了，基辛格命运会是如何，他的外交政策能否继续推行，这便得看新领导人福特总统了。

成功征服福特的"超级政客"

尼克松辞职后，福特当上了超级大国的最高领导人。

虽然福特是美利坚帝国的总统，但是他的一生也是颇有传奇色彩。他出生于内布拉斯加州，是地地道道的美国人。不过，两岁那年，父母离异，母亲带着他再嫁他人。幸运的是，继父待他如己出。

长大后，他先后在密歇根大学、耶鲁大学学习，毕业后从事律师工作。人生道路很平坦，然而二战改变了他的命运。他毅然从军，为国效力。战争结束后，他转而从政。从 1949 年到 1974 年，25 年时间，他一直做众议员。

按资历来算，福特也是政治老手了，但是他名气不大。直到"水门事件"爆发，尼克松看中他。尼克松下台后，他出任美国第 38 任总统，成为美国历史上第一位没有经过选举而直接被任命的总统。

对于前任总统的国务卿，福特会有何举动呢？按照惯例，他既然身为总统，就有权力重新组阁，辞退基辛格，任用新人，但是他没有这么做，反而重用基辛格。其中原因有三点：

其一，前总统尼克松离职前曾经提出忠告，必须重用基辛格。福特作为一个不知名的议员，深受尼克松赏识，一跃成为国家元首，这都应归功于尼克松。可以说，没有尼克松，就没有他福特，尼克松是他的大恩人。对此，他必须报答尼克松，留用基辛格。

其二，福特与基辛格很早就相识。在基辛格操持国际研习班的时候，福特就认识了基辛格，两人一见如故。福特对基辛格的聪明才智，做事能力很是佩服。后来基辛格从政，处理外交事务，颇有大国风范，也深受福特赞赏。

其三，组建团队来不及。虽然福特升任总统，但是他并没有属于自己的治国团队与治国纲领。若是放在竞选阶段，他有足够的时间来组建团队，准备治国纲领，但是现在他是接班人，没有足够的时间准备。所以，他只能延续尼克松政府的政策。

上台后，福特一方面任命基辛格的老上司洛克菲勒担任副总统，另一方面任命基辛格为国务卿。就这样，在变局之中，基辛格成功留任。然而，面对天才政客基辛格，福特也有一大问题，那便是他该如何驾驭基辛格，如何平衡基辛格与国务院及身边心腹的关系。对此，尼克松曾经告诫他：“基辛格是个天才，你一定要接受他所提出的建议。他为人忠诚，但是你不能放任他不管，有时候你要敲打他的脑袋，因为他经常会以为他是总统，当然有时候你要哄一哄他，他有时候像小孩子一样。”

所幸的是福特对基辛格比较熟悉，能对基辛格采取刚柔并济的方式。一方面他尽可能提供宽阔的舞台给基辛格施展，对此，他曾对人说：“你最好让亨利在他享受荣耀的时候尽情发挥”。为了更好地让基辛格发挥聪明才智，他任命基辛格的恩人洛克菲勒担任副总统，这不仅完成了洛克菲勒的总统梦，也能让洛克菲勒帮助基辛格处理国内外政务，减少白宫、国务院、国防部对基辛格施加的压力。

另一方面他则坚持了自己的一些原则。比如，越南问题。美国在 1973 年体面结束战争，但是越南战争并没结束，美军的离开并没有阻止南越、越南北方之间的争斗，战争继续进行。对此，美国国内出现了两种声音，一是彻底停止援助越南，二是支持越南。最终国会通过决议，停止对南越的一切援助。基辛格得知后，大发雷霆，他认为美国彻底抛弃南越是不讲信誉的，跟福特抱怨。福特心里清楚，美国再也不想回到越南那块伤心之地了，而且基辛格只是出于说说而已的目的，好不容易从越战脱身，基辛格怎么可能再次让美国陷入越战。因此，他安抚了一下基辛格。

福特做出了改变，而基辛格呢，有没有因为新领导人不同，而一改其自负态度和我行我素的行为处事风格？很显然，基辛格一点没有变，他依旧是以前的基辛格，做事神神秘秘，脾气暴躁，喜欢吹牛。这倒不是他秉性使然，而是他遇见了一位好总统。

福特为人简单、坦率真诚，坚韧不拔，是一个典型的美国人。他对传统美国价值观充满敬畏与热爱，因此，他在为人处事上处处透露出美国真诚、坚韧的精神，一改尼克松执政时期，那种鬼鬼祟祟、神神秘秘的作风，让美国上下看到了不一样的执政风格。

拥有如此好的总统，基辛格开心不已，同时两人也相当默契，关系友好。基辛格与福特的关系不像他与尼克松那样紧张，相反，他与福特相处得很自然。福特邀请他去戴维营，基辛格就毫不犹豫地带上全家人及心爱的狗前去赴约。这在尼克松时代，是不敢想象的事情。可见，福特对基辛格之信任与宽容。

对此，福特的助手有过经典的评价：

亨利是个天才，过去是、现在也是。他富有激情，喜欢表现，喜欢表演，表演的时候就如同孔雀开屏一样无法控制。对此，福特处理得十分得当，他知道，与这种天才所表现出来的天性过不去是件愚蠢的事情。亨利的虚荣心正是其能力的表现，如果他比其他人需要更多的肯定，福特总统从来不吝啬给他。

福特信任基辛格，给基辛格舞台，但是他底下的人却为福特“鸣不平”，想方设法打击基辛格，削弱基辛格的权力。黑格、霍德曼、厄尔希曼先后与基辛格争斗，不幸的是，他们最终被福特请出白宫，离开白宫高层。然而，这批人刚走，后面又来了一个唐纳德·拉姆斯菲尔德。此人担任白宫办公厅主任，聪明能干、富有魅力，一心想要塑造福特总统的形象。基辛格喜欢抢风头，破坏了他的计划，因此他对基辛格相当不满。在公众场合，拉姆斯菲尔德经常借助声明抨击基辛格，让基辛格难堪。有一次，拉姆斯菲尔德和白宫发言人内森在对外宣称政府向全国征集有关外交政策的意见的时候，指明了福特总统将疏远基辛格。看到报道后的基辛格暴跳如雷，他威胁白宫说，白宫他实在待不下去了，他要辞职。他这一闹，福特没有办法，只好命令拉姆斯菲尔德召开记者招待会，澄清事实。

在福特的支持下，基辛格的才能得到了最大程度的发挥。他说：“从人的因素来讲，我的工作变得容易多了，简直无限地轻松了。”

沦为福特的“政治包袱”

“金钱是政治的母乳，没有金钱，政治则必不长久。”这句话一针见血地指出了政治的金钱本质，美国总统大选则是典型的代表。总统大选是由钱袋子而非政策、脑袋决定的，这是众所皆知的事情。不过，美国20世纪六七十年代的大选却跟金钱似乎没有必然的关系。

1960年，肯尼迪用所谓的“导弹差距”理论击败尼克松，获得了总统宝座，1968年约翰逊则因为深陷越南战争而不得不放弃连任竞选，而1974年尼克松由于搞出“水门事件”而被轰下台。前一瞬间还是美国的英雄人物，可是转眼间却成为了美国的“罪人”。

1976年，福特也遇见了与此相类似的问题。首先，他擅自赦免了尼克松。尼克松触犯了美国宪法，是美国宪法的“耻辱”，这是举国上下都知道的事情，然而福特却不顾美国上下不满，特赦尼克松。这也是他未能连任的主要原因。事实上，福特这么做是对的。后来调查表明，美国有60%的民众认为赦免尼克松是正确的选择。

其次，中东危机，美国石油消耗殆尽，导致原本不景气的经济雪上加霜。不过，最富喜剧性的便是基辛格的外交政策“导致”了福特连任总统的美梦扑空。

1976年，杰拉尔德·福特竞选团队都将基辛格看作是“灾星”，远远躲着基辛格。竞选主席霍华德·卡拉维甚至怂恿福特跟基辛格保持距离，福特的竞选主任罗杰斯·摩尔顿则声言“他（基辛格）不会干过今年”。为此基辛格雷霆大怒，却无能无力。

不过，福特并没有冷眼对待基辛格，而是公开声明：“只要我是总统，我就会让基辛格做国务卿。我认为，国务卿基辛格将在我的指导下与我一起为美国利益和世界和平做出贡献。”

为了避免给福特竞选带来不利影响，基辛格便决定避开。他在大选初期便有意识地离开美国，周游世界。

当然，基辛格遭人讨厌是有原因的。从基辛格从政之日开始，他就一直推行着三角外交，也叫缓和政策，尽管取得了一定的成就，但是美国人还是很恼火，认为基辛格损害了美国利益，委曲求全。现如今，这个缓和政策遭到了美国上下的反对，而里根则利用美国上下的反对声来挑战福特总统的外交政策。

里根，出生于加利福尼亚，一生传奇。踏入政坛之前，里根担任过运动广播员、救生员、报社专栏作家、电影演员、电视节目演员、励志讲师，而且是美国有知名度的演讲高手。他早期支持民主党，后来感觉共和党能够对抗共产党，因此转而拥护共和党。1966 年担任加利福尼亚州州长，并且成功连任，1968 年竞选总统，败于尼克松，此后一直积极参与竞选共和党的总统候选人活动。1976 年，他与共和党元老级人物卡特争夺共和党总统候选人。

里根紧紧抓住福特和基辛格缓和外交政策的把柄。他说，缓和政策是单行道，并且举出了因为施行缓和政策而导致美国频频遭受挫折的事例。此外，里根还特别强调，福特与基辛格组织的赫尔辛基会议和索南费尔特主义是错误的，他认为此举使得美国出卖了东欧的盟友，他说：“福特和基辛格认为这些国家应该放弃主权要求，成为苏联的一部分”。

然而，明眼人都明白，这些无非是挑动美国人反对福特政府而已。这些抨击缓和外交政策的坚定主义者口口声声说要给苏联颜色看看，然而美国一出兵海外，里根和其他保守派便说美国出兵是干涉行为，指责政府出兵，干涉别国内政。比如，在安哥拉事件上，里根一伙人非但没有强烈要求美国派军援助，反而是和基辛格站到一起，依靠“冷战”与苏联的关系来解决安哥拉问题。

但是，美国民众岂能看出政治的潜规则，他们只听信“有道理”的言论。因此，好莱坞明星和演说高手里根赢得了不少人的支持。基辛格得知后，愤怒不已，为此他写了一份长达 10 页的辩解词。不过，解释就是掩饰，他的这一举动，非但没有消除美国民众的误会，反而提高了里根的知名度。

受到里根的影响，福特也开始动摇了，他决心不用“缓和”这两个字，而改成“通过力量实现和平”。这种举措很明显，福特也开始疏远基辛格。不过，他的这个举动被认为是福特最愚蠢的行为之一。

福特的这一举动让基辛格十分尴尬。福特总统都不用“缓和”这两个字，那么基辛格不得不重新思考如何给“缓和”定义，他曾说，缓和是“寻求与苏联建立更具建设性的关系”，缓和是为了“阻止苏联扩张”。后来有人问基辛格：“基辛格博士，您能否评价一下里根所说的‘缓和是个单行道’这句话吗？”基辛格幽默地答道：“让我描述一下那曾被称为‘缓和’的政策都包含哪些东西。”引起台下大笑。

除了抨击福特和基辛格的缓和政策，里根还拿巴拿马运河说事。里根逢人便说，巴拿马运河是美国人出钱建的，美国应该拥有它。这位急于打败福特和基辛格的政客不管此事是否会引发中美洲民族主义浪潮，信口胡说。

此外，里根团队还抨击基辛格的悲观主义历史观。联邦参议员祖沃特说，基辛格认为，美国已经度过了历史最高点，现在历史的力量已经在苏联那一边，两者关系好比雅典与斯巴达的关系。对此，里根则充分利用，他说：“据传闻，基辛格博士曾说他认为美国是雅典，苏联是斯巴达，美国的好日子已经过去了。”

基辛格听后，恼羞成怒，他站出来澄清。他愤怒地说道：“我不相信美国会被击败，我也不相信美国在走向衰落。”

不过，这些都是小打小闹，真正起决定作用的还要算共和党大会。1976 年 8 月，共和党提名大会在堪萨斯城召开。此时，里根依旧没有拥有足够的选票。为此，里根团队给他出了个妙计。里根提出制定一项规则，让所有候选人提前公布竞选搭档。这样做有利于打乱共和党内意见，能够混淆视听。不过，福特阵营强烈反对，此计划最终不了了之。

一计不成，又出一计。里根战略专家为他策划了一个修正案《外交政策中的道义问题》，企图采用激将法的方式让福特难堪。这个修正案赤裸裸地抨击了基辛格，说基辛格在搞“缓和”政策的过程中鬼鬼祟祟做坏事。

此文一出，福特阵营个个面有愠色，福特更是恼怒异常。福特甚至想要不顾一切地“搞掉他（里根）”。不过在竞选经理詹姆斯·贝克（后来成为国务卿）的劝说下，福特阵营还是忍住了，采取了不动声色的策略，结果里根一无所获。至此，福特获得了共和党总统候选人资格，与民主党人吉米·卡特角逐总统宝座。

告别白宫，在卡特当政后解甲

可以这么说，在美国，参与竞选总统的候选人背后都有一段富有共性与个性的传奇故事。此次与福特角逐总统宝座的卡特也是一样。

詹姆斯·厄尔·卡特，出生于佐治亚州。其父亲是个典型的美国人，先是从事农业，发达之后，从事商业，商业成功之后，转而从事政治，成为佐治亚州议员，其母亲则为家庭主妇。在这样普通家庭出生的卡特过着普通人的生活。

他先后于佐治亚州西南大学和理工学院读书并于 1943 年进入马里兰州美国海军军官学校学习。1946 年服兵役，在美国海军服役。退役后继承父业，一边经营农场，一边从事政治活动。商业小有成绩，政治活动也风生水起。1974 年任民主党全国委员会议员竞选委员会主席。1976 年作为民主党代表竞选总统。

面对农场主出身的卡特，福特也不轻松。卡特专挑福特政府的软肋。他说，尼克松、基辛格、福特的外交政策是“偷偷摸摸的、幕后操纵的、不可靠的”，与美国基本价值背道而驰。他说，尼克松与福特政府衍生出一种秘密外交、一种靠个人搞国际冒险的外交。这种外交是建立在“秘密的、严加看管的和非道德的”基础之上。而后，他认为美国外交政策应该是坦率而又真诚的。

所幸的是，没有了共和党内部的争夺，福特压力小了很多。在第二轮辩论开始时，他的支持率稳步上升，大有胜出的趋势。可惜，这位温和的总统在辩论会上因为中了激将法而输给了卡特。

这场辩论赛的主题是外交政策。这是福特的长项，他从政多年，阅历丰富，且担任美国总统，外交政策对他来说，是手到擒来的事情。卡特则不同，尽管他能说会道，但是他没有经过考验，可信度不高。这场原本毫无胜负悬念的辩论，结果却让人大跌眼镜。

卡特紧抓福特脾气暴躁的特点，采用激将法来打乱福特的阵脚。他一开场就批评福特签署赫尔辛基协定以及“索南费尔特主义”，指责“索南费尔特主义”是美国抛弃东欧的政策。他认为福特犯了严重的错误，对美国外交政策一无所知。事实上，这是卡特“睁眼说瞎话”。

福特政府采取了一种划分势力范围的方式默认苏联在东欧的势力范围，跟苏联相处，以达到井水不犯河水、维持世界和平的目的。只是，这种互相默认的事情往往是在背地里做，却不能拿到台面上来说。

虽然福特团队早就有了应对之策，但是在现场，福特因为遭受卡特的人身攻击勃然大怒致使分寸大乱，丧失了主动权，以至于最后以 2% 的选票之差惜败于卡特，无缘美国第 39 任总统。

卡特当选后，锐意改革经济，然而遭受国会反对，国内改革缓慢。在外交上，他积极主动出击，硕果累累。其中最为辉煌的成就便是与中国建交，1978 年 12 月 16 日中美联合发布《中美联合公报》，1979 年 1 月中美正式建交。

从卡特任期内所取得的成就来看，他获得连任是不成问题的。不过，他却因为贸然发动“鹰爪行动”而在 1980 年大选中惨遭失败，但是，在执政期间，中美正式建交，他为中美关系做出了突出的贡献。

退休后，他笔耕不辍，写了 18 部著作，享誉文坛。与此同时，他还访问世界各国，主张人权，身体力行，2002 年获得了诺贝尔和平奖。2009 年 1 月，他还曾到中国参加中美建交 30 周年纪念活动。

至于福特，这位在“水门事件”中未经选举而直接登上总统宝座的总统也为美国做了不少好事。他临危受命，在彻底结束越战、赦免尼克松、团结民众、努力发展经济上做出了巨大的贡献。在美国最黑暗的时候，他带领美国人民走出了黑暗，迎来了光明，是美国一位了不起的总统。

其中，福特还对中美关系做出了巨大贡献。1975 年 12 月 1 日至 5 日，福特总统访问中国，得到了毛泽东主席和邓小平副总理的会见，双方重申遵守《上海公报》，促进了中美关系的发展。1983 年 3 月，福特与尼克松、卡特共同担任在纽约成立的美国 - 中国协会名誉主席。

既然福特光荣离任，那么基辛格呢？事实上，他的去留完全掌握在卡特手里。卡特上台后，任命约瑟夫·奈为国安会助理（此人因为提出“软实力”而享誉世界），任命塞拉斯·万斯为国务卿。很显然，卡特并不想给基辛格舞台。没有了舞台，基辛格只能离开政坛。

1976 年 12 月，基辛格参加北约会议。这是他的最后一次外事访问，也有“告别”政坛的味道。因此，许多北约高官都送礼物给基辛格借以表达敬意。北约秘书长约瑟夫·隆斯对基辛格说道：“你会因成为这个世纪最高效的外交部长而名垂史册。请允许我引用莎士比亚的话来总结我们此刻的心情：‘他是个真正的男人，他功名彪炳，我将再不能见到与他比肩之人。’”

虽然这是最后一次外事访问，但是基辛格依旧保持幽默作风。面对记者的提问，他的幽默风趣让人记忆深刻。有个记者问他：“您认为您最大的成功和最大的失败之处分别是什么？”基辛格则笑着回答说：“我不是特别明白你第二点指的是什么。”

回到美国，基辛格开始回顾自己的政治历程，他在全国新闻俱乐部告别会上说道：“我曾经给你们留下伟大的公共政策，如果我假装说离开无所谓，那实在是伪善。我真忌妒你们所拥有的那份激情、责任和机会。”这次，美国民众不再批评他，而是全体站立、鼓掌，向美利坚合众国最伟大的国务卿致敬。

几天后，基辛格在外交政策协会上发表演说，他动情地说道：

1938 年第一次踏上这片土地，我就读的乔治·华盛顿高中让我就“做一名美国人意味着什么”这个主题写一篇作文。我是这样写的：离开一起长大的人们和你熟悉的故土固然艰难，但我认为，这是一个让人可以昂首挺胸阔步走路的国家，所以一切都值了。对于世界上其他国家的人们来说，美国意味着希望，这种希望能够让每个角落的人们都昂首阔步。作为美国人，我们长久肩负的责任就是让目的超越差异。

此后，基辛格退出白宫，成为一个普通的美国公民。

第十三章 在权力边缘徘徊的基辛格

这家伙忙得要死，你好像是在和一位国务卿在旅行。这也有道理，他就是吃这碗饭的。

——罗伯特·戴伊 西部信托投资公司主席

没有公文包的部长

爱默生说："你要么享有权力，要么享有乐趣，两者不能兼而有之。"权力和乐趣犹如鱼和熊掌，常人是难以兼得的，但对于基辛格来说，两者兼得是小菜一碟。

退休后，基辛格虽然在曼哈顿生活得有滋有味，但是他并没有忘却权力。尽管民主党与共和党在后面的几任政府既没有提供给基辛格发挥才能的地方，也没有给他一个名正言顺的职位，可是基辛格却从未离开政坛。

卡特执政期间，基辛格的政治路是悲喜有加。喜的是超级大国总统卡特重视他。虽然卡特总统看不惯基辛格，但他对基辛格还是颇为敬重，毕竟是挽救美利坚帝国的英雄。在基辛格生病期间，卡特亲自打电话慰问。

"悲"的是基辛格"不识好歹"。俗话说，不在其位不谋其政，但基辛格却喜欢"管闲事"，结果，与卡特政府发生了严重的冲突。

1979 年，美国的盟友伊朗发生政变，巴列维政府被推翻。基辛格得知后大发雷霆，公开批评道："整整一代人的时间里，美国外交最大的政策争议就是我们的盟友伊朗政府被推翻，而美国袖手旁观，甚至连一点起码的理解都没有表示。"

事实上，他勃然大怒的原因，除了认为美国政府不应该抛弃伊朗巴列维之外，还有一个重要原因，那就是美国政府"耍"了他。

伊朗政变发生前，国务卿万斯就曾让基辛格出面帮助巴列维在美国找个住处，以免显得美国做得不厚道。面对政府的非正式"求助"，基辛格满心答应，并付诸行动。

经过一番打点与努力，他终于完成了政府交给他的任务，帮助巴列维找到了一个合适的住所。不过，就在巴列维飞离伊朗前往美国之际，卡特政府不愿意了，卡特政府声明巴列维"不适合"来美国。

看到报道后，基辛格生气了。一方面背地里让自己满世界找"房子"，另一方面却公开拒绝巴列维前来美国，这不是“玩”了自己吗？他勃然大怒，决定给政府一点颜色看看，他出现在公共场合发表演说，说美国政府背信弃义等等。

由于基辛格在美国拥有不可估量的政治影响，经过他这么“振臂一呼”，美国上下很快群起响应。没多久，全国上下形成了一股抨击卡特政府的“热潮”。最后，卡特政府只好同意让巴列维到纽约治病。

跟政府对着干还取得了圆满成功，基辛格很是兴奋。于是，他继续“不思悔改”，甚至还想要竞选参议员。为了竞选参议员，他频频出入各种社交圈、政治会议、学术会议、国际活动等。

功夫不负有心人，他很快重新成为政治社交的焦点。在那一阶段，几乎所有的美国妇女以认识基辛格为荣，基辛格每次出席宴会，现场总会有数不清的“基粉”。从这架势看，基辛格重磅回归美国政治是毫无疑问的事情。

不过，基辛格并未能如愿。因为他身边的娇妻不满意了。此前南茜为了基辛格付出了许多，验证了每个成功的男人背后一定都有一个伟大的女人的经典名言，但是，南茜现在不愿意再过政治生活了。

于是，她生气了。她威胁基辛格，如果基辛格胆敢再次从政，那么她将投身民主党（共和党死敌）并且与基辛格离婚。老婆很生气，后果很严重，久经政治场的基辛格一看南茜一脸严肃，丝毫没有回旋的余地，也就只好将竞选参议员的事宜搁下不提。

不过，权力的诱惑很强大，基辛格无法抵挡诱惑。1980 年，美国大选时刻到来。基辛格再度投入政治场，准备大干一场。当时，在 1976 年被福特挫败的里根东山再起，马上就要获得共和党提名，参与总统宝座角逐。

为了增加胜算，里根邀请福特作为竞选搭档。他承诺，一旦自己当上总统，便任命福特为副总统，共享荣华富贵。福特收到邀请后，没有立即答应而是权衡再三。

作竞选搭档可以，做副总统也没有问题，可是福特不想做一个有名无实的副总统。但福特深知，在美国除非总统出现意外，否则副总统只有随声附和的命运。出于这样的考虑，他没有答应里根。

得知福特犹豫不决，里根使出了杀手锏——派出助手请求基辛格帮忙游说福特。一见重返政坛有望，基辛格便欣然答应。因为老上司福特一旦复出，那么他也将重返政坛。在福特召集幕僚商讨是否接受里根要求的会议上，基辛格开始了游说工作。

他说，虽然里根不可能与福特共享实际权力，但是这是福特报效祖国的大好机会。福特应该为了祖国大义而接受里根邀请，正如同当年洛克菲勒建议基辛格接受尼克松的邀请一样。

为了国家而当个毫无权力的副总统，基辛格愿意，但福特不愿意。福特认为，牺牲自己，做一个充数的政治人物去成全里根，这种荣誉他接受不了。因此，福特还是决定继续考虑一阵子。

几天后，福特发话了。他说，出任副总统可以，前提是里根要任命基辛格为国务卿。里根团队虽然讨厌基辛格，但为了大选，还是答应双方派出代表商讨组阁方案，组阁方案包括两个方面：副总统权力问题及基辛格国务卿问题。

在副总统权力方面，经过讨价还价，双方达成了共识：一旦里根成功上任，福特便出任白宫“首席运营官”和办公厅主任，拥有国安会监督权，并执掌国安会的国内事务部分，里根则出任主席与首席执行官，拥有最终决策权。

对于这点，里根颇感满意，但，一提基辛格，里根便大发雷霆。在他看来，分享权力已经是让步了，再让跟自己政见不合的基辛格当国务卿，那自己以后就没法当家了。所以，他在这点上毫不退让。

可惜的是，福特也不退步，最终双方不欢而散。福特继续过自己逍遥的日子，而里根则只好邀请美国前常驻联合国代表乔治•布什作为竞选搭档，开始不确定的竞选之路。

面对这样的结局，基辛格很郁闷，但是郁闷归郁闷，里根还是没有重用他的意思。不过，不被重用的基辛格也不忘空谈时政。在公开场合，他没少说政府的“坏话”，给政府出难题。比如，针对里根同意苏联一把手戈尔巴乔夫提出的全部销毁两国中短程核导弹的建议，他就很有意见。他说，不管谁当家，苏联都是美国的心腹大患，“我可没有被戈尔巴乔夫给我们带来的喜悦冲昏头脑。”

事实上，虽然基辛格从国务卿退下来后再也没有进华盛顿核心高层，但是他的言论却依旧影响着美国政局直到今日。

基辛格与尼克松：误会到和解

基辛格解甲之后，与尼克松还保持着一定的联系。这对曾经的最佳搭档，曾经患难与共的政客，将美国从越战中解放出来，与苏联分庭抗礼，他们对维持中东和平，团结欧洲，做出了巨大贡献。然而，两人的私交似乎并不如白宫合作那般友好。

退休后，尼克松虽然已经61岁了，一般而言，他应该过隐居生活，安度晚年，可是，尼克松的晚年生活却并非如此。他将大部分精力放在了“救赎”上——挽回自己的公众形象。他一边不断反思自己，一边参与国际大事。

此后20年时间里，他为美国政府出谋划策，四处演讲，并撰写了《尼克松回忆录》、《六次危机》和《领导人》等畅销书。此外，每年的“水门事件”纪念日，他都出现在各种不同的场合，面对媒体的责难，他都用耐心和真诚来应对。最终，他的真诚赢得了美国人的认可。

在参与国际大事方面，尼克松也丝毫不落下。除了到欧洲各国访问外，尼克松还数次访问中国。1976年，尼克松第二次访问中国。这一次，虽然他是以美国公民的身份前来中国，但却依旧得到了中国政府总统般的待遇，中国最高领导人毛泽东亲自接见了他，并与他进行了长达1小时40分钟的会面，只比福特总统在1975年12月同毛泽东的会面少10分钟。

尼克松的公众形象逐渐高大起来，但尼克松与基辛格的关系却出现了问题。这两个相互猜疑，没有安全感的男人在退休后时而相依为命，时而互相辱骂。就这样过了几年，两人的关系在1977年跌到了谷底。原因是，尼克松在接受英国著名时事评论员大卫·弗罗斯特的采访过程中，谈及了基辛格。

说到基辛格也没什么，问题是尼克松说了基辛格的“坏话”。他说基辛格是一个行事诡秘，喜欢使阴谋诡计，私下总是喜欢说别人坏话的人，是一个贪念权力的家伙。他还说，第四次中东战争爆发，基辛格居然畏惧苏联而不敢支援以色列，最后还得他下令美国强力支援以色列。此外，在外交政策上，他说是他自己规划了世界格局而非基辛格。最后，尼克松还用尖酸刻薄的语气谈到基辛格追求权力的癖好及其动不动就发脾气的坏毛病。

当时，正在著名小提琴家阿尔索普家里做客的基辛格看到报道后，气得是唾沫横飞，在屋里大步走来走去，口中怒骂老上司尼克松贬低他的外交成就。女主人见状，便给尼克松写了封信。尼克松也回了封信：

听完我对亨利的评价，我相信没人会对我们两个在任期内所取得的外交政策成就感到失望。

我录了10个小时的录音带，可惜只留下8分钟。在里头，我一通又一通地指出，没有基辛格创造性的外交技巧，我们永远都不可能成功地取得和中国外交政策的突破、和苏联签订削减战略武器协定、签署越南和平协议或缓解中东地区的紧张局势。我个人的评价是，他将被铭记为我们这一时代最伟大的外交家……此外，这礼拜五是亨利的生日，如果你看见亨利，请代我拥抱他！

理查德·尼克松

看到信件之后，基辛格才释然。第二年，《尼克松回忆录》出版，在回忆录里，尼克松一改常态，大幅度地夸奖基辛格。此后，尼克松回到纽约，买了房子潜心写作，直到去世。

观其一生，不得不说尼克松是一大传奇。他任命基辛格打造了中美苏三足鼎立的局势，是第一个访问中国的美国总统，是登上《时代周刊》封面次数最多的人物，却也是一个因为丑闻而下台的总统。美国前国防部长、前中央情报局局长罗伯特·盖茨在《责任：一个战时国防部长的回忆录》书中称其为“最奇怪的总统”，的确是有点意思。

不过，潜心写作并不意味着尼克松退出美国政治。相反，尼克松在美国政治高层中依旧有着巨大的影响力。20世纪80年代，里根对苏联采取了强硬的外交政策，导致美苏兵戎相见，美国再次遇到麻烦了。

这让许多美国人开始怀念尼克松政府那种缓和政策所带来的种种好处。于是，他们希望尼克松能够到政府中来担任要职，为国家效力。但经历过政治起伏的尼克松则淡然一笑，他拒绝了。不过，他大力推荐能臣基辛格，希望里根总统能够重用基辛格。他在公开场合赞赏基辛格是“重量级的谈判者”，能够让美国政府在世界外交界中纵横驰骋。

既然老总统尼克松都举荐基辛格了，里根再怎么不喜欢基辛格，也总得给点面子。于是，里根政府便开始给基辛格安排职务，而这一安排，引起了美国政治高层的热烈讨论。因为，对于基辛格的回归，美国各方意见不一。

持反对意见的人数不少，比如左派人士就说，基辛格参与柬埔寨战争，是一个犯罪分子，不应该为国效力。但是力挺基辛格的也大有人在，比如，圣安东尼奥民主党市长说：“尽管基辛格当过国务卿，但是他耐心、公正，智慧过人。”

基辛格能否如愿以偿重返政坛呢？

化敌为友到剑拔弩张——基辛格、里根与布什

总的来说，基辛格的人气指数还是不错的。1983 年，里根总统任命基辛格为美国对中美洲政策两党委员会主席。基辛格迎来了进入美国核心高层的大好时机。上任后，基辛格开始恢复之前的工作状态，将行程安排得满满的。

1983 年 10 月，他率领委员会骨干对中美洲 6 国进行为期 6 天的外交访问。虽然他已经离开政坛 7 年，但是他的言行举止依旧保留着超级大国高层政治家的风范。几乎每一站，各国政府高官要员都要前来迎接，基辛格则在公共场合进行演说表演，成为新闻的焦点。

经过磋商、研究，委员会出了一份长达 100 多页的报告。对此，《华盛顿邮报》盛赞道："要不是基辛格担任委员会主席，我们相信委员会的工作性质肯定是模糊不清的。"

基辛格将报告递交给里根，里根政府便开始研究报告，当他们看到基辛格所递交的报告如此详细、富有见解的时候，他们便对公众吹捧，并且声明美国政府将签署一个价值 8 亿美元的军事与人道主义援助计划。事实上，基辛格受到了冷落，因为这份倾注大量心血的报告并没有真正被施行过，而是成为了无人问津的废纸。不过，基辛格也无能为力，他的权力梦想落空了。

可是，他依旧没有放弃政治梦。

1986 年，基辛格有意与民主党的马里奥·库尔莫竞选州长，不过最后扑空。

1988 年，他受到了共和党人的青睐。在共和党总统竞选人提名期间，他迎来了一次机会。当时，参议员罗伯特·多尔和众议员杰克·肯普竞选提名，由于他们两人都是保守派，急切需要强有力的外交高手，因此他们都有意邀请基辛格入阁。然而，这一次，上天并没有给他机会，因为他的老对手布什出现了。

乔治·赫伯特·沃克·布什，1924 年 6 月 12 日生于马萨诸塞州密尔顿。其

父是银行家，其母则是政客，布什是“官二代”、“富二代”，但是由于家教严，布什只能兢兢业业地学习，接受良好教育。20世纪30年代，他进入菲利普斯学院学习，毕业后，加入美国海军，当起海军飞行员来，试图建功立业。当时二战爆发，美军加入反纳粹联盟，出兵攻打纳粹国家，布什受命执行任务。布什作战勇敢，屡受嘉奖。退役后，到耶鲁大学攻读经济学。

获得学士学位后，布什开始经商。他首先开展得克萨斯州石油业务，大获其利。1951年创办了开发公司，成为富甲一方的商人。60年代初，他转身从事政治活动。由于他拥有无数的财富，加上他为人处世精明圆滑，在官场顺风顺水。先后担任过国会众议员、美国常驻联合国代表、共和党全国委员会主席、美国驻中华人民共和国联络处主任、中央情报局局长等职务。

商业，成功了，政治，小有成就，布什开始退出政坛，做起了学术。他到赖斯大学担任副教授，开始了教学生涯。然而，没过多久，里根邀请他当副总统，他毅然放弃学术，回头从事政治工作，担任副总统。此后，他获得了连任副总统的机会。

1988年，布什参加共和党总统候选人提名。此刻他羽翼丰满，展翅高飞，打败了罗伯特·多尔与杰克·肯普，获得了共和党候选人提名，打败了民主党候选人迈克尔·杜卡基斯，成为白宫的新主人。

布什的胜出意味着基辛格政治梦的破灭。因为布什既不保守，又不缺乏优秀的外交政客。当然，这些都是次要的，最为重要的是布什不喜欢基辛格。在尼克松政府时期，基辛格大搞神秘外交，惹得布什在联合国十分被动，工作十分不好做，布什为此对基辛格产生了厌恶感。在竞选期间，布什不留情面地对基辛格大加辱骂。

当上总统之后，他更是无视基辛格。他不但没有听从高层建议给基辛格一份体面的工作，反而从基辛格的咨询公司挖走了两个得力干将：伊戈尔博格和斯考克罗夫特，并且重用这两人。他任命伊戈尔博格为助理国务卿，斯考克罗夫特为国家安全事务助理，让基辛格十分尴尬。

然而，更让基辛格尴尬的是布什与国务卿詹姆斯·贝克实行赤裸裸的现实主义政策，对基辛格所谓的“战略视野”嗤之以鼻。此外，1989年，贝克抛出了“第二个雅尔塔”计划，羞辱基辛格。

20 世纪 80 年代，美苏冷战进入到关键阶段，美国抛出了新型军备竞赛政策，而苏联则不堪重负，大有摇摇欲坠之势。基辛格认为，美苏可以在这个重要阶段达成互惠互利的协议，即苏联允许东欧国家重获自由，美国承诺不采取危及苏联的军事行动。

1988 年 12 月，基辛格将详细的计划告诉给了布什、斯考克罗夫特和贝克。他说，布什总统有可能是第一个结束“冷战”的美国总统。布什听后很感兴趣，于是就让基辛格处理此事。1989 年 1 月，基辛格前往莫斯科与苏联领导人戈尔巴乔夫会晤。经过基辛格的劝说，戈尔巴乔夫最终答应，让多勃雷宁和基辛格保持联系。正当基辛格满怀信心准备大干一场的时候，贝克不干了。虽然他对基辛格这个计划感兴趣，但是他并不希望由基辛格全权处理，夺取大功劳。他鼓动国务院高级官员反对基辛格、限制基辛格，甚至到最后，将基辛格的秘密计划曝光，以至于基辛格这个计划被人戏称为“雅尔塔第二”，基辛格瞬间成为美国政客的笑柄。不仅如此，贝克还笑里藏刀地讽刺基辛格，说他这个计划“纯属脱裤子放屁——多此一举”。

基辛格一见自己被政府出卖，愤怒不已，他在报纸上回应贝克，说东欧走势虽然好，但是没有必要与苏联商量的看法则是错误的。

经此事件，基辛格与布什政府的关系便冷淡了，而基辛格重新入阁的想法也越来越淡了，他开始了别样的新生活。

带着“权力后遗症”开始纽约新生活

“权力是最好的春药”，这句话对于基辛格来说，是再准确不过的了。当他从国务卿的位置“沦”为普通公民的时候，他开始有些不习惯，不习惯过普通公民的生活。

解甲后，他得自己乘坐飞机回纽约。这原本是很正常的事情，人不在其位，就不能享受高级待遇。不过，他适应不了。以前，他总是乘坐类似“空军1号”的飞机，于是他找洛克菲勒借了私人飞机，从华盛顿飞往纽约。在他看来，像他这样有身份的人跟美国大众一样去搭乘商业飞机是有失身份的。后来，他每次接受别人邀请做演讲，或者做咨询，他都会提及提供私人飞机往返的待遇。

回纽约要高级待遇，平时办事，他也希望有保镖保护。退休后，基辛格还希望能够保持身边有特工护卫的待遇。对此，卡特总统倒是比较开明，知道基辛格是一个备受争议的人物，是有必要维护他的安全，因此，依旧加派特工护卫基辛格，让基辛格出风头。可是，没过多久，担任国家安全事务助理的布热津斯基讽刺基辛格退休后还享有特工护卫待遇，不仅不符合政府法规，还浪费国家钱财。卡特总统一看，众人都愤怒不已，便只好取消了基辛格的特殊待遇。

按道理说，人一从高位上退下来，自然要过着平凡低调的生活，美国以前的总统、国务卿都是如此。不过，基辛格却不这么看，他渴望获得别人的关注，他想要名声经久不衰，因此，他参加各种政治宴会，出入各种社交场合。1978年，《华盛顿人》杂志有个调查：“谁是当今华盛顿的头号巨星？”结果是前国务卿亨利·基辛格。

这种结果丝毫不足为怪，因为，基辛格有着自己的秘诀。他依靠着他独特的个性及其智慧的脑袋赢得了美国的认可，世界的认可。在公共场合，他总是光彩四射，在私下也总是幽默风趣，让人印象深刻。

1977 年，他举家搬往曼哈顿，买下了一套带四间卧室的复式公寓，此外他还花了 47 万在康涅狄格西北角肯特市买了一个乡村别墅，日子也算过得舒舒服服。然而，军人出身、从政多年的基辛格似乎闲不下来，他习惯了忙碌的生活。

首先，他找了哈佛老同事，希望能够回到哈佛继续教书。对此，哈佛大学认可了他，再次向他发出了邀请函，基辛格如愿以偿地回到哈佛，担任哈佛政府学院国际关系教授一职。不过，回归的基辛格似乎找不到当年的热情，在这里，他不仅要承担烦琐的教学任务，而且还要面对冷板凳。这下子基辛格受不了了，他对老朋友亨利·罗索夫斯基（哈佛文理学院院长）抱怨道："我是世界知名人物，过不了这种普通教授的日子"。

最后，他还是离开了哈佛。离开哈佛后，哥伦比亚大学、牛津大学相继向他发来邀请函，但是基辛格都一一拒绝了。他不再从事教育活动，而是加盟了全国广播公司，做起了节目评论员和顾问。在这里，他不仅能够成为公众人物，而且每年还可以获得 20 万美元的报酬。此外，他加盟曼哈顿银行，成为国际咨询委员会成员，担任乔治大学兼职教授等多个职位。

当然，基辛格并非是一个彻底的物质主义者。退休后，他主要的工作是撰写回忆录，一个坐冷板凳的活。为了更好地写作，他租了间办公室，组建了写作团队，专心研究撰写回忆录。1979 年，《白宫岁月》第一卷完美出版，这卷主要讲述 1969 年到 1972 年间白宫高层所发生的事情，此书一出版便雄踞图书排行榜榜首。这对基辛格来说，是一大鼓舞，因此他又埋头书案，开始撰写第二卷。三年之后，第二卷《动荡的岁月》完成，这一卷主要回顾了尼克松第二任期内的事务。此卷在 1982 年出版，也获得了无数的掌声。不过，此后，基辛格便决定不再写回忆录，转而写专栏，这样比较省心，而且还能够多赚钱。

首先，他签约《洛杉矶时报》集团，每年负责 12 个专栏。这些文章先后又被《华盛顿邮报》、《纽约邮报》等报纸转载，他收获颇丰。其次，他还与《新闻周刊》签约撰稿。由于他的文风犀利，见解独到，深受大众喜欢，又促使他成为媒体评论明星。后来，基辛格与时俱进，签约全国广播公司，频繁出现在电视上做演讲、评论，成为众所皆知的电视评论员。就在他与全国广播公司合约到期之际，美国广播公司立即将他挖走，担任时事政治评论员。1989 年，他跳槽到哥伦比亚公司，成为该公司的董事会成员。

这位曾经在政坛上叱咤风云的政客，宝刀未老，在新闻媒体上纵横驰骋，开辟了新天地，再次成为美国社会的焦点，验证了心有多大，舞台有多大的至理名言。不过，1983 年，顺风顺水的基辛格遭遇到了一件尴尬的事情。

当时有人出版了一部名叫《权力的代价》的书，这本书详细介绍了基辛格担任尼克松国家安全委员会助理阶段的所作所为。由于此人有意跟基辛格过不去，因此，此书措辞严厉，严厉批评了基辛格诡秘行事、钻营邀宠的做法。

如果说这本书没有分量，那么出版了也不会有什么效果；如果说这本书投放到市场，没有人附和起哄，那也掀不起大浪。然而，事实上，没有如果。此书作者是知名作者，而且此书一出版，立刻引起了一股讨论基辛格的大潮，许多人借着这本书批评基辛格，就连白宫政客也不例外。其中，与基辛格是死对头的霍夫曼在《纽约时报》上撰文表扬了这本书，讽刺基辛格。民众起哄也就算了，现在居然连白宫老同事都跟着起哄，这让基辛格很是恼火。就在这尴尬时刻，基辛格高龄父亲气不过了，都想写信替基辛格鸣不平了。

或许是出于这方面的考虑，基辛格开始将重心转向了商业，慢慢地淡出了新闻媒体界。

从政治家到商业家的完美“转型”

在官场一直流传着这么一句话：有权不用，过期作废。这种现实主义的当官理念将崇“正”的政治场搅得昏天黑地。“当官不为民做主，不如回家卖红薯”，似乎成了政治场上的一种通病，满世界传染。专制国家政治腐败严重，民主国家政治似乎也逃脱不了腐败的魔咒。

所以，许多高官一从公职中退下来，便闲不下来，要么自立门户当律师，要么作为说客帮助商人游说政府，过起了风风火火的别样生活。基辛格也不例外。只是他不是一退下来就搞商业，而是苦等五年之后才转行做生意。

其实，就在他刚退休的时候，高盛公司就向他发出了邀请信，邀请他担任高盛集团首席分析师，年薪 30 万美元。基辛格接受了，但是他并不满足，他不愿意再给别人打工，他想要当一回 BOSS，这样才更符合他那我行我素的性格。

因此，没过多久，他便向高盛等 3 家银行借了 35 万美元（还款期限为 5 年），随后在曼哈顿繁华街区开了家公司，同时邀请曾在国家安全委员会任职的斯考克罗夫特与伊戈尔博格加盟。两人欣然答应，斯考克罗夫特担任公司副董事长与经理，而伊戈尔博格则辅助基辛格处理相应事务。

这个金三角在政治上是一流团队，在经商上也都是好手。在三人的努力之下，咨询公司很快名声大噪，获取了巨额利润。公司在第二年就全部还清贷款，而斯考克罗夫特年薪高达 30 万美元，伊戈尔博格到里根政府任职前，年薪高达 67 万美元。公司 1987 年年利润高达 500 万美元，90 年代则翻了两番。

此后，基辛格又扩大了团队，招募精英。到了 20 世纪 90 年代，基辛格的咨询公司已经拥有庞大的客户群，其中四分之三都是美国的大公司，比如美国运通、可口可乐、爱立信、贝尔电话、沃尔沃等。

很多人也许会认为，基辛格公司规模这么大，那在曼哈顿应该拥有标志性的建筑，应该门庭若市。然而，事实并非如此，尽管基辛格喜欢高调，高调做事，高调为人，但是其从商则保持了低调处事的风格，犹如他做国务卿时期搞秘密外交一般。

他所开设的公司，没有标志性建筑，没有奢华的办公环境，甚至连写字楼大厅也没有列出公司的名字，公司看上去似乎就像一个中等企业一般，根本不惹人注目。由此可见基辛格用心之良苦，他的这种做派还真是越有钱越低调、高手总是深藏不露的典型范例。

在商业上获得如此成功，无非两种可能：借用曾经拥有的权力资源；充分利用人脉、名气。基辛格充分利用两种关系，大获其利。基辛格会利用没有消退的权力介绍客户给各国国家领导人，收取一定的费用。比如，他曾经帮助安东尼雷立公司总裁海因茨见到土耳其和象牙海岸的总统；带领美国国际集团毛利斯·格林博格会见中国领导人邓小平等。

然而，单纯靠着曾经拥有的权力去做“中介”挣钱，基辛格并不喜欢。跟这种单纯的中介方式相比，他更喜欢的是作为中间人，充分发挥协调的作用。在基辛格担任美国国际集团公司国际咨询顾问小组主席时，基辛格就充分利用了自己的特长。

比如，他帮助国际集团打入韩国保险市场就是一个活生生的例子。此前，国际集团想要在韩国开设人寿保险分公司。为此，国际集团花了好多年时间申请韩国出售人寿保险营业执照，但是一次都没有成功过，这让国际集团“很受伤”，于是，他们便邀请基辛格帮忙。基辛格自然责无旁贷，前往韩国，拜见韩国高官，很快有了效果。1989 年，国际集团成功地在韩国成立了第一家分公司。

虽然做协调人能给他的公司带来效益，但是这也不是基辛格咨询公司效益的主要来源。基辛格公司效益的主要来源是基辛格的洞察力和外交分析能力带来的盈利，即以高昂价格向私人企业提供外交政策咨询。其具体做法便是，他所成立的咨询公司采取口授或者电话的形式，每年向客户提供定量的国际形势报告。

比如，自由港公司总裁莫菲特曾邀请基辛格担任咨询顾问。该公司每年向基辛格支付咨询费 20 万美元，项目费 60 万美元，并且享有推荐项目返还 2% 的利润。20 世纪 80 年代，该公司准备在海湾地区开展金矿业务，然而当时海湾地区不稳定，金价随着战争上下波动。为此，莫菲特请基辛格做海湾局势评估。政治分析是基辛格的强项，于是基辛格侃侃而谈，给大公司高层演说海湾局势，确保了该公司在该地区金矿业务的开展。

后来，自由港公司准备在印尼开展金矿业务，他们又请基辛格做政治评估。为了更好地做出详细的评估报告，基辛格亲赴印尼，调查研究，写出一份有关印尼未来10年到20年的风险分析，最终促成了自由港5.5亿美元的投资生意。

所谓，君子爱财，取之以道。如果说，基辛格为了挣钱而利用各种关系做非法之事，那么基辛格最多也就落得个“奸商”的名号，钱越多，名声越臭。然而，让人诧异的是基辛格并非以“权”谋私，并非商业利益至上，相反，他分清是非，甚至连法律的擦边球他都没有触碰，可以说是一个合格的商人。

他通过政治评论、商业评论、风险分析从而为自己争取了利益，为自己的客户赢得了利益。不过，在国家利益和经济利益上，他做出了权衡，他选择了国家利益至上。在担任媒体评论员时，他谈及了军控、欧洲安全、海湾战争等国际问题，比较客观公正，并没有直接涉及其他客户的利益，也没有替客户说话。

当然，基辛格有时候也会根据美国的实际情况，来帮助客户，为客户服务。其中，最为典型的例子便是墨西哥减债的问题。20世纪八九十年代，墨西哥虽然进行私有化改革，但是债台高筑，国家经济有崩溃的趋势。当时，美国政府和美国大公司诸如运通银行、西部信托投资公司等给了墨西哥高额贷款。眼见墨西哥经济即将崩溃，巨额贷款将损失殆尽，这些大公司便联合起来，游说美国政府对墨西哥伸出援助之手。

基辛格作为这些公司的顾问，自然也就不能袖手旁观。这个时候，他利用媒体著名评论员和高级官员非正式顾问的身份，向政府建议采取宽容措施对待墨西哥。他这一不偏不倚的政策刚好符合美国政府的口味。结果，美国政府为了拉美稳定及其国内经济稳定，采纳了基辛格的建议，免除了拉美国家部分债务，维持了美洲国家的稳定大局。

基辛格在商业上取得的成功，可以说是可圈可点。到了20世纪90年代，基辛格年收入高达800万美元，折合当今人民币则为5000多万元，是个富甲一方的商人。然而，这个富裕的商人却没有忘记在闲暇之际好好享受生活。他总是业余时间在公寓或者度假胜地举办晚会，招待各国高官政要、社会名流、娱乐明星。基辛格的日子真如神仙，正如其母亲葆拉·基辛格在她90岁寿辰所说的一句话：“这一辈子活得太值了。”

为官为商为学者，有权有钱有名声。不管做哪一行，基辛格总是能做得风生水起。

加入“罗姆尼阵营”，挑战奥巴马

2012年，世界超级强国美国进行了总统大选备受世界各国的关注。之所以备受关注，是因为在“美国世纪”中，美国总统选举攸关美国全球战略，其战略对世界格局会产生重要影响。此外，我们的主人公基辛格也在这次选举中“闪亮登场”。

此次他前来关注美国大选，主要是支持共和党候选人罗姆尼。罗姆尼是谁？基辛格为何要支持罗姆尼？这就得从罗姆尼讲起。

威拉德·米特·罗姆尼，美国密歇根州人，出生于官员家庭。父亲叫乔治·罗姆尼，也就是我们前面讲到的1968年参与共和党候选人的要角。罗姆尼是典型的“官二代”，后来到哈佛等大学学习，先后获得了5个博士学位。

毕业后，罗姆尼加入波士顿顾问集团。1978年至1984年期间，他就职于贝恩策略顾问公司，凭借自己的聪明才干成为该公司的副总裁。1984年，他与人合伙开创了贝恩资本投资公司，取得了巨大成功，身价倍涨。

在事业蒸蒸日上之际，他离开公司，担任内外交困的盐湖城2002年冬季奥林匹克运动会组委会主席和CEO。当时，奥运会是个“赔钱”项目，没有人愿意接手。可以说，罗姆尼是临危受命。但是，经过他大力改组之后，此次奥运会不仅顺利举办，而且还盈余1亿多美元。

商业成功了，政治路也顺风顺水。2003年，他成功担任马萨诸塞州州长。2007年，他决定参加美国总统竞选，并在共和党初选中赢得了众人支持。不过，次年，他宣布放弃总统选举。2011年，他正式宣布参加2012年的总统选举。

2012年8月27日至30日，美国共和党在佛罗里达州坦帕举行的全国代表大会上正式提名罗姆尼为总统候选人。然而9月4日至6日，美国民主党在北卡罗来纳州夏洛特举行全国代表大会上则正式提名现任总统奥巴马为候选人。

此后罗姆尼开始组建团队，提出政治理念与治国措施，准备与奥巴马大战一场。在美国总统大选中，虽然金钱很重要，但是候选人的政治理念与施政措施更为重要。符合民意的政治主张与治国措施往往能够赢得众人的青睐。对此，罗姆尼打造了富有特色的治国纲领。

内政上，他的治国理念是以经济带动政治。对此，他推出了税收计划，即如果他当选总统，那么他将不会大幅度削减税收，而是将尽快帮助美国走出赤字阴影。但是他的这个计划对富有者有利，对中产阶级却不利，未能打动中下层民众。这也是他在 2012 年 11 月 6 日，以 203 票败于 344 票的奥巴马最重要的原因之一。

对外政策上，他强烈支持布什总统的战争策略，即增兵伊拉克，呼吁美国公众给予支持。在中国崛起与美国政策的问题上，罗姆尼本身态度是多变的。

担任马萨诸塞州州长期间，他继承共和党的主流态度，对中国的态度比较温和。2003 年，他在波士顿接待中国总理温家宝的时候，盛赞中国对中美贸易的贡献。在申奥问题上，他不但反对以人权问题限制中国申请举办奥运会，而且大力支持中国申办奥运会。

不过，在竞选总统期间，他却一改过去的温和态度，转而对中国采取强硬措施。他公开声称一旦当上美国总统，他会将中国定为“汇率操纵国”。

且不说罗姆尼为何对中国政策发生重大变化，先说基辛格为何支持罗姆尼。事实上，基辛格支持罗姆尼有这么几个原因：首先，罗姆尼的政治理念跟基辛格的理念一样，对内搞经济，对外要强硬；其次，罗姆尼的父亲与基辛格是好友，他怎么着也得帮助老朋友儿子一把；再次，罗姆尼与基辛格都是哈佛毕业生，精于学术，灵活应变，颇有才华，基辛格认为罗姆尼有能力“领导”美国。

虽然基辛格大力支持罗姆尼，为罗姆尼拉选票，但是基辛格并非认可罗姆尼的所有理念，尤其是罗姆尼的对华态度，他甚至对罗姆尼以及奥巴马的对华态度进行了强烈的批判。

2012 年 10 月 22 日，罗姆尼和奥巴马进行最后一场辩论赛。这一场辩论的重点是外交政策。其中，一个话题是“中国的崛起和未来世界”。随着中国的崛起，美国势必再次将战略重点转向亚太地区，压制中国，与中国和平崛起产生了严重的冲突。中美关系将面临着许多不确定的因素，中美两国将如何应对新形势，中美未来关系将会如何，便成了许多人关注的重点，也是美国总统竞选人的重点。

因此，两人都提出了自己的观点。奥巴马一直认为中国是美国的威胁，需要美国强有力地限制，他曾说过：“如果10多亿中国人也过上与美国人和澳大利亚人同样的生活，那将是人类的悲剧和灾难，地球根本承受不了，全世界将陷入非常悲惨的境地。美国并不想限制中国的发展，但中国在发展的时候要承担起国际上的责任。中国人要富裕起来可以，但中国领导人应该想出一个新模式，不要让地球无法承担。”

罗姆尼则强硬地说：“如果我当上总统，一定要将中国列为汇率操纵国，一旦中国胆敢作弊，那么美国将出手教训中国。”

对此，基辛格提出了严肃批评，他说将中国列为“汇率操纵国”的所谓“理论家们”实际上没有真正地研究中国或者与中国打交道，他们试图将此变成一场“讨伐运动”。

基辛格认为，中国的崛起势必会影响世界格局。然而，面对这种势不可挡的历史大趋势，基辛格认为美国应该采取客观对待的态度，与其“在遏制中国的基础上引领亚洲，或者为了意识形态的圣战而建立一个民主政权集团”，不如同中国合作，建设一个新的“太平洋共同体”。

基辛格还认为美国不仅要放弃大国思维，还应该更加理性地对待中国。他说：“中国人治理国家已经4000年，是历史最悠久的国家，他们没有美国的帮助，蹒跚前行也有3800年的历史。美国不应假设我们知道所有问题的答案，在心态上应该更开放。”

这位中国人的老朋友，从毛泽东时代开始就主导着美国对中国的外交政策，他见证了中国四代领导层的变迁，富有政治经验，虽然早已退出政坛，但是美国政治高层也许该听听这位“外交家”的建议。

基辛格发表了自己的看法后，美国《华盛顿邮报》资深记者沃尔特·平卡斯也撰文支持基辛格，他指出美国两位总统候选人在中国问题上都应该倾听基辛格的建议。

甚至澳大利亚前总理陆克文也撰文支持基辛格。他认为中美除了最高领导人直接来往外，中美关系中还需要一个非常能干，能够代表各自国家利益的关键对话人物。从美国方面来说，美国就需要一个像基辛格这样的人物，代表中美之间的利益，处理中美之间敏感的问题，共同制定遵守亚太地区“游戏规则”的对华政策。

然而，下一个基辛格会在哪里呢？

尾 声　为世界而生的外交家

时势造英雄，还是英雄造时势？

纵观基辛格一生，我们不难发现，基辛格既是时势造出来的英雄又是造时势的英雄。

一战后，反犹运动此起彼伏，德国尤其严重，希特勒上台，开始将反犹运动推向高潮——种族屠杀。作为犹太人的一分子，基辛格一家被迫流浪他国，这是时代有负于他。

到达美国之后，基辛格先是接受了美国先进、民主的教育，继而参军加入美国国籍，成为美国公民。不得不说，时势改变了基辛格的命运，也弥补了基辛格。到达部队之后，基辛格凭借自身的努力获得了部队将领的认可，一路高升。退役后，他毅然进入哈佛潜心学习，在高人指点之下，小有成就。不过，由于他所学所研究的是当时不被众人重视的“死历史”，他未能顺利踏入白宫实现从政的梦想。

20 世纪六七十年代，度过黄金期的美国陷入了失去霸主地位的危险。所谓时势造就英雄，一直相时而动的基辛格顺势而发，最终进入尼克松政府，担任尼克松助理。至此，可以说，时势造就了基辛格。

进入白宫后，基辛格凭借所学，利用高超的谈判技巧和政治手腕，纵横捭阖，驰骋世界外交大舞台，极大地影响了世界格局，成为世界上当之无愧的伟大的外交家之一。

1969 年，基辛格立足美国国情，预测国际形势的发展趋向，制定了灵活多变的外交政策，最终使美国在美苏争霸中转危为安，立于不败之地。当时，美国陷于越战，不能自拔，加上西欧、日本崛起，美国不可能再像二战后初期那般发动凌厉的外交攻势。于是，他制定了“均衡外交”，采取了缓和苏联、和好中国的策略，并取得了很好的效果。最终，美国从越战中脱身，维持了在中东的优势，并且和平渗透到非洲多数国家。

当然，基辛格的均衡外交的出发点是美国的根本利益，因此，它的这个政策并未能真正实现世界和平。比如，中东问题，美国强力支持以色列，分化打击阿拉伯国家，以至于中东地区至今冲突不断；再比如印巴问题，为了避免印度投入苏联的怀抱，美国未能有效约束印度，以至于第三次印巴战争爆发，导致印巴问题复杂化；还比如非洲问题，美国采用和平渗透的方式来赢得非洲国家的支持，可是，一些国家生搬硬套美国的民主制度，结果内乱不止。

20世纪70年代，基辛格认为世界上将会出现美、苏、中、日、欧五个力量中心。后来事实证明，基辛格是对的。国际形势开始变化，中国通过改革开放，实力发展迅速。后来，基辛格预测未来世界将是美、日、中、俄、欧、印六级世界。美苏“冷战”结束后，国际形势发生了极大变化，两极对抗结束，开始形成了以美国超级大国为主导、多股政治力量并存的格局，整个世界形势正沿着基辛格所预测的那样发展。

退休之后，基辛格老当益壮，壮志不已。他经常利用媒体发表言论，影响美国高层决策。美国历届政府也高度重视基辛格，并且频繁地请教基辛格，任命基辛格处理国际事务：

比如，印巴问题。2001年，基辛格作为非官方的印美联合工作小组中的美国代表之一抵达新德里和印度专家进行磋商。他说，美国主张印巴通过谈判解决克什米尔争端和建立新关系。

比如，中国问题。面对世界流行的“中国威胁论”，基辛格在“第二届全球智库峰会”开幕式上说，作为世界第二大经济体，中国在解决全球金融危机方面发挥了巨大作用，中国的经济增长在2008年阻止了全球经济的下滑。基辛格认为中国将在10年到20年内或成全球最大经济体。

比如，中美关系问题。基辛格认为中美最初建立的关系本质上是一种遏制共同敌人的战略关系。现如今，拥有悠久历史的中国地位越来越重要，美国应该理性对待中国，与中国寻求新的合作契机，正如同《论中国》整本书的主题一样——

“双方合作、共同建立一个新的世界体系”。

“一个新的世界体系”，是的，基辛格对正在形成中的世界新秩序做了谨慎的预测：“21 世纪的国际关系会出现一个似乎相矛盾的特点：一方面愈来愈分散，一方面又愈来愈全球化……国际关系已首次真正的全球化了。通信已是瞬间完成;全球经济活动在各大洲同步进行；有许多问题只能以全球式的方案加以解决。”放眼全球，毋庸置疑，基辛格点破了当代世界格局的实质——21 世纪的世界是一个政治多极化、经济全球化的世界。

如果说，20 世纪 30 年代到 20 世纪 60 年代是时势造就基辛格，那么 20 世纪 70 年代，基辛格则造就时势，他设计了现代国际格局，并且深深影响着当代国际格局。

参考文献

（美）基辛格著，陈瑶华等译，白宫岁月（1～4卷）【M】．北京：世界知识出版社，1980.

（美）基辛格著，胡利平等译，基辛格论中国【M】．北京：中信出版社，2012.

（美）基辛格著，顾淑馨，林添贵译，大外交（修订版）【M】．海南：海南出版社，2012.

（美）沃尔特·艾萨克森著，刘汉生等译，基辛格：大国博弈的背后【M】．北京：国际文化出版公司，2012.

张宏喜著，基辛格【M】．北京：东方出版社，2014.

郑必坚，基辛格等著，世界热议中国【M】．北京：中信出版社，2013.

龚洪烈著，基辛格的外交思想与战略【M】．江苏：南京大学出版社，2009.

（美）基辛格著，慕羽译，基辛格越战回忆录（修订版）【M】．海南：海南出版社，2012.

周一骏著，重新思考基辛格【M】．北京：时事出版社，2014.

龚洪烈，高金虎著，基辛格：外交“魔术师”【M】．北京：北京大学出版社，2014.

宋长琨主编基辛格传【M】．吉林：时代文艺出版社，2003.

张蕾芳著，基辛格【M】．辽宁：辽海出版社，1998.

古越著，白宫首席外交智囊基辛格【M】．北京：团结出版社，2008.

陈有为著，基辛格评传【M】. 北京：世界知识出版社，1980.

（美）格劳巴德著，基辛格：一个智者的画像【M】. 上海：上海人民出版社，1974.

（美）阿什曼著，基辛格：一个德国佬的冒险生涯【M】. 北京：现代出版社，1989.

（美）基辛格著，核武器与对外政策【M】，北京：世界知识出版社，1959.

（美）基辛格著，美国对外政策【M】. 上海：上海人民出版社，1972.

（美）丹·拉瑟著，白宫卫士【M】. 北京：商务印书馆，1978.

（美）尼克松著，伍任译，尼克松回忆录【M】. 北京：世界知识出版社，2001.

（美）杰弗里·佩雷特著，陈淑鸿，方红，舒静译，肯尼迪【M】. 湖北：长江文艺出版社，2013.

（德）威廉·恩道尔著，赵刚译，石油战争【M】. 北京：知识产权出版社，2008.

（英）李德·哈特著，钮先钟译，第二次世界大战战史【M】. 上海：上海人民出版社，2015.

安维华，钱雪梅著，美国与“大中东”【M】. 北京：世界知识出版社，2006.

徐天新，沈志华主编，冷战前期的大国关系：美苏争霸与亚洲大国的外交取向（1945-1972）【M】. 北京：世界知识出版社，2011.

（日）田上四郎著，军事科学院外国军事研究部译，中东战争全史【M】. 北京：解放军出版社，1985.

北京编译社译，美国对非洲的外交政策【M】. 北京：世界知识出版社，1960.

高祖贵著，冷战后美国的中东政策【M】. 北京：中共中央党校出版社，2001.

解力夫著，越南战争【M】. 北京：世界知识出版社，1995.

（德）格哈尔德·康策耳曼著，第四次中东战争【M】. 北京：商务印书馆，1975.

附录　基辛格名言警句

政治家的风格要求懂得何者不能改变，同时也要懂得在哪种范围内可发挥创造性。

外交是通过对峙进行的。对峙是双方借以考验对方决心的一种方法。

一位领导人的重要作用，是要在难以抉择的迷雾中承担责任，做出决断。

面临危机时大胆的方法往往最安全。

有效的外交，并不取决于个人的能言善辩，而是取决于对方对得失利害的估计。

在整个历史上，各国的政治影响大体上是跟它们的军事力量相关联的。尽管各国在其制度的道义价值和威望上各不相同，外交技巧可以增加而绝不能替代军事实力。说到底，软弱总是招引侵略；虚弱无力的结果是放弃政策。对苏联的态度，就是不能软。

领导人在跃居高位前所形成的信念，是他们智慧的资本，在任职期将要逐渐消耗掉。

只有浪漫主义者才会以为靠诡计就能在谈判中取胜；只有书呆子才相信使人困惑会有好处。外交的艺术不在于比对方更精明，而是要让对方相信彼此之间有共同的利益，或者意识到如果僵局继续下去，将会产生不利后果。

历史当然不是一本提供预先试验过的食谱烹调书。它是通过类比法，而不是通过格言来教育人的。历史可以阐明在类似的情况下的各种行动的后果。然而，每一代人都必须自己去找。

一个人认识到自己的局限性，绝不是一个容易的过程。最后可能导致失望或者反抗，也可能引起一种怨自己的心情……

成功的谈判要求每方都承认，不可能乘其不备击败自己的对手。

领导人最需要的是勇气，领导人或政治家的任务，是把国民从现在引向未知的世界。能否上升到最高责任人地位的重要标志是看其能否描绘出光明的未来。

政治家首先需要有分寸感和均衡感，需要从一大堆表面现象中看出本质的能力，需要一种直觉，在许多看来同样有道理的关于前途的假设中，判断哪一个假设可能是正确的。

太平日子过久了，悲惨是什么滋味已经不知道了。国家可以覆灭，乱子有时无法收拾，这一切都忘光了。

政治家必须权衡一下成功的奖赏和失败的惩罚。因为只许他猜一次，他不像一个观察家，在他的判断被证明是错误的时候，有权在另一篇论文中修正它。政治家的错误很可能是无法挽回的。

保守和革命两种力量的斗争是永不止息的。

在外交事务中，人们往往必须在姿态和政策之间进行选择。人们的实际地位越强大，就越没必要去讲对方的失败。在对方的失败上面火上浇油往往是不明智的。外交手腕的一个重要方面就在于，做必须做的事情，而不节外生枝地去激发对方进行报复的念头，留有余地使双方能在其他问题上进行合作。

每个谈判者必须做出决断，到了什么程度小利就不值得再争下去了，那种不择手段的争执会失掉对方的信任。

衡量一个人不仅要看他是否成功，更要看他是否发愤：要胸怀大志而不要苟且偷安。

在外行眼里大外交家是狡诈的；而明智的外交家懂得，他不能愚弄对手；从长远的观点看，可靠和公正这种信誉是一笔重要资产。

后 记

对于喜欢历史写作的人来说，自己所写的东西能够顺利出版是最大的奖赏。我们不确定别人是什么样的心态，但对我们而言，的确如此。但凡写作的人大体都清楚，从资料搜集到去粗存精再到最后创作，每一个步骤都十分艰难。

在本书的写作过程中，我们也碰到了各种问题。比如，从什么角度来写传主？传统严肃式地讲述一个叱咤风云的政治人物，还是采取通俗的写作手法来展示一个具有国际影响的政治家？是从其政治贡献入手去阐述伟大外交家的人生事迹，还是从其本身的传奇人生入手去写一个更接地气的英雄人物的跌宕人生？……至于写作过程中，碰到的资料取舍等问题，更是一桩苦差。

幸运的是，我们坚持了下来，花了近两年的时间，修改了五六次，虽然还是有缺陷，但还是暂时完成了它。在此过程中，我们要感谢：

首先，感谢自己的坚持。作为北漂，生存的压力与写作的兴趣经常打架，我们时常在想：要不，算了吧。但是，最终我们还是扛了过来，利用业余的时间查阅各种资料、写作，坚持到了最后。

其次，感谢前辈们的努力。在本书写作过程中，我们碰到了许多问题，其中最大的问题便是史料的搜集与甄别。传记作者都知道，史料至关重要，有时甚至起到了决定性的作用，没有第一手、全面的资料，写作便成了空谈。幸运的是，国内出版了相关的著作，给本书写作带来了巨大的帮助，在此对前辈们表示敬意。通过国内外有关基辛格的论著，我们得以较为客观地写作。当然，我们在写作过程中还得到亲朋好友、业界同仁的帮助，如得到了温锦婷、王静、卢静、晋璧东、康艳、李吉奎、沈娜萍、李传燕、白武浩、贾琦、吴玲、薛迪、李西泽等人的帮助。

最后，我们感谢世界知识出版社编辑龚玲琳和张萱。若没有她们对本书价值的认同，没有她们在本书出版过程中不辞辛苦地指导与帮助，恐怕本书难以在这么短的时间内与读者见面。对此，笔者对她们表示深深的敬意。